AF618226

WIDMUNG

Dieses Buch ist all denen gewidmet, die diese burmesischen Abenteuer möglich machten. Die Namen wurden alphabetisch angeordnet, nicht nach Wichtigkeit, denn ihren individuellen Verdienst haben sie längst, wie buddhistisch üblich, an alle fühlenden Wesen verteilt.:

U Aye Bo, der Gastgeber und als jüngerer Bruder adoptiert.

Daw Nyunt, die zeitweise Äbtissin vom Maha Bodhi Zentrum.

Sayalay Daw Saranawati, Übersetzerin und Begleiterin.

Saya U Thein, Lehrer der Meditation und geistiges Oberhaupt des Zentrums.

Daw Toke Gale, die nach Sydney kam und alles in Gang setzte.

JOURNEY INTO BURMESE SILENCE

BURMA - REISE IN DIE STILLE

Marie Beuzeville Byles

London, GEORGE ALLEN & UNWIN LTD. 1962

Ruskin House Museum Street Journey into Burmese Silence

Übersetzung Hannelore Lechner

1. Auflage (2018)

Autor (Original): Marie Beuzeville Byles
Übersetzung und Herausgeber: Hannelore Lechner
Umschlag: tao.de
Editionshilfe: Chiemgau-Net GmbH
Mitwirkende: Chiemgau-Net GmbH

Verlag: tao.de in Kamphausen Media GmbH, Bielefeld
www.tao.de, eMail: info@tao.de
Herstellung: tredition GmbH, Halenreie 40-44, 22359 Hamburg

Bibliografische Information der Deutschen Nationalbibliothek:
Die Deutsche Nationalbibliothek verzeichnet diese Publikation in der Deutschen Nationalbibliografie; detaillierte bibliografische Daten sind im Internet über http://dnb.d-nb.de abrufbar.

ISBN Hardcover: 978-3-96051-984-3
ISBN Paperback: 978-3-96051-997-3
ISBN e-book: 978-3-96051-985-0

KLAPPENTEXT

Marie Beuzeville Byles, 1900 – 1979, war erste Rechtsanwältin in South New Wales, Australien. Sie vertrat die Rechte der Frauen und war Naturschützerin, also schon damals eine sehr moderne Frau. Als eine missglückte Operation ihr nicht mehr erlaubte, weiter hohe Berge zu besteigen, begab sie sich auf die Suche nach dem Sinn des Lebens, einer inneren Stimme folgend, wie sie es selbst empfand. Ihr Weg führte sie von Indien nach Burma, einem zutiefst buddhistischen Land. In Mönchs- und Nonnenklostern lernte sie die Vipassana – Meditation, die sie als besonders geeignet für Menschen aus dem Westen erlebte, da weder eigene Kultur noch individuelle Religion verlassen werden müssen, um zu innerer Ruhe und Glück zu finden.

INHALT

VORWORT DER AUTORIN

The mind is its own place, and in it self

Can make a Heav'n of Hell, a Hell of Heav'n. (Milton)

(Der Geist ist ein eigenständiger Ort,

und er kann aus der Hölle einen Himmel machen - und umgekehrt.)

Das ist das Fazit einer Suche nach einem ruhigen Rückzugsort, um dort die Kunst der Meditation zu lernen, das heisst, wie die Gedanken zur Ruhe gebracht werden können und die Einsicht zu finden, die jenseits des Intellekts liegt. Es erzählt von dem letztendlichen Finden solch eines Ortes im Maha Bodhi Zentrum in Burma, von dem Leben dort und an anderen burmesischen Zentren der Meditation.

Obwohl die Suche erst Ende 1957 erfolgreich war, begann sie doch vermutlich ganz unbewusst fast zwanzig Jahre früher, als Burma besucht wurde, nicht in Suche nach Meditation, sondern nach Bergen. Also beginnt das Buch damit und erzählt auch von erfolgloser Suche in Burma und Indien 1953 und 1954.

Die Meditation, die in Burma geübt wird, ist bekannt als Vipassana oder Einsicht Meditation, und die, die das praktizieren, als Yogis. Der Gebrauch der Bezeichnung 'yogi' ist etymologisch korrekt, wird aber gewöhnlich nicht in buddhistischen Textbüchern gefunden.

Das letzte Kapitel ist ein Versuch, einige Aspekte der Vipassana Meditation in Bezug zu setzen zu Jungs Theorien, und auch zum angeborenen Egoismus. Es endet mit einer Untersuchung, inwieweit ein Lehrer notwendig ist, um Vipassana Meditation zu lernen, und einer vorbereitenden Übung, die für westliche Menschen geeignet ist.

Der Anhang ist eine Übersetzung des Büchleins der Unterweisungen für die Vipassana Meditation, wie sie am Maha Bodhi Zentrum praktiziert wird, durch meine Freundin, die buddhistische Nonne Sayalay Daw Saranawati. Er wird veröffentlicht mit der Genehmigung von Saya U Thein, dem Instrukteur an diesem Zentrum.

Es versteht sich von selbst, dass ich durch eigene Erfahrung überzeugt davon bin, dass das Ausüben der Vipassana Meditation, verbunden mit Übung der anderen Stufen von Buddhas Achtfachem Pfad einen praktischen Weg zur Verfügung stellt, um Befreiung vom Leiden hier und jetzt zu finden. Ich bin ebenso überzeugt, dass dieser Weg um Bemühung, Ruhe, Frieden und Glück jedem offen steht, der bereit ist, das Lernen auf sich zu nehmen und den notwendigen Preis dafür zu zahlen. Buddhismus oder irgendeine andere Religion dafür anzunehmen gehört jedoch nicht zu diesem Preis.

Herzlicher Dank gebührt den burmesischen Freunden, denen das Buch gewidmet ist, und deren Güte die Abenteuer möglich machten, und auch meiner alten Freundin Erika Wohlwill, der 'Fussabdrücke Gautama Buddhas' gewidmet wurde und die das vorliegende Manuskript wie auch frühere las und dadurch stark verbesserte; Dank auch Beryl Ross, der in ähnlicher Weise half; auch an Dorothy Hasluck, die die Rechtschreibung verbesserte und an Jean Maddock, die den Einband entwarf. Die meisten Fotos stammen von U Aye Bo, der mich als seine ältere Schwester adoptierte. Ich bin ihm zutiefst dankbar dafür, dass er sie machte und mir erlaubte, sie zu benutzen. Dass die anderen Fotos besser sind, als die, die ich in kürzlichen Jahren machte, verdanke ich meinem Freund, Alan Hull und seinen Ratschlägen hinsichtlich Kameras und Fotografie allgemein.

Die Verse und Abschnitte des letzten Kapitels sind schon im 'Maha Bodhi Journal' und 'Welt des Buddhismus' erschienen und diese Zeitschriften entsprechend angegeben.

Schliesslich halte ich meine Dankbarkeit fest für Clem Cleveson, der Korrektur las und für Gerald Yoke, der voller Sorgfalt den vorläufigen Entwurf des Manuskripts durchsah und Vorschläge machte, die es radikal änderten und verbesserten.

Anerkennung gilt 'Messrs Luzac & Company Limited' für die Erlaubnis einen Abschnitt jeweils aus dem 'Compendium of Philosophy' und dem 'Book of Kindred Sayings', Bd. 1 zu zitieren.

Kapitel 1

DIE SUCHE

'Es gibt eine Gottheit,

die unser Schicksal formt,

wie grob wir 's auch entwerfen.'

Shakespeare, Hamlet 1827

Meditation und Yoga waren bis in die Mitte meines Lebens ganz unbekannte Begriffe für mich. Bis dahin gab es, abgesehen von meiner Tätigkeit als Rechtsanwältin, nur ein Ziel, nämlich Berggipfel erklimmen, vorzugsweise solche, die noch niemand bestiegen hatte. Unter ihnen ragte Mount Sansato in China heraus, 6000 m hoch, der sich wie der Flügel eines weissen Drachen über der S-ähnlichen Krümmung des Yang Tse - Flusses nahe der Grenze zu Tibet auftürmte

Es gab einige Schwierigkeiten, aber dann konnten doch fünf andere dazu bewegt werden, 1938 mit mir zusammen den Versuch zu wagen, diesen Berg zu erklimmen. Es gab zwei Wege, die hauptsächlich benutzt wurden, den Mount Sansato zu erreichen. Der leichteste und kürzeste führte durch Indochina. Ein seltsames Verlangen aber liess mich den längeren und gefährlicheren durch das nördliche Burma und über den Kambaiti Pass wählen. Ein Grund für diese Wahl bot sich durch den Krieg Japans mit China an, der sich nach Westen ausdehnte. Aber das hielt mich nicht davon ab, die Rückkehr durch die Gefahrenzone von

Hinter-Indien zu planen Es scheint, dass ein Bekanntwerden mit Burma und dem Buddhismus von der Gottheit verlangt wurde, die unser Schicksal formt.

Ich wusste nichts von Buddha oder Buddhismus und war nicht im geringsten interessiert an buddhistischen Pagoden.

Aber wie es so geht, kurz bevor wir Rangun erreichten, gab es Auseinandersetzungen zwischen Muslimen und Buddhisten, und der Britische Leiter der Polizei warnte uns davor, die touristische Hauptattraktion, die Shwedagon Pagode zu besuchen. Kaum hatte er von Gefahr gesprochen, da entwickelte ich ein Interesse an buddhistischen Pagoden. Einer der Hauptanziehungspunkte des Bergsteigens lag in der Gefahr, die den Unternehmungen innewohnte. Und hier bot sich eine kleinere Gefahrensituation, noch ehe wir Rangun verlassen hatten. Also entschieden sich die Abenteuerlustigeren unter uns für einen Besuch der Shwedagon Pagode - inmitten der Vorbereitungen für die Tour, wie chinesisches Geld und die nötigen Visa zu besorgen und Stoffstiefel, Schlafzelte und dergleichen anzuschaffen. Zögernd stellte uns der Polizeichef zwei junge christliche chinesische Studenten als Begleitung zur Verfügung. Die gefährliche Expedition musste barfuss unternommen werden, und die meisten der Gruppe wuschen ihre Füsse sorgfältig in antiseptischer Lösung und bedeckten die Fusssohlen mit Pflaster. Aber die Pagode erwies sich als sehr sauber, da sie andauernd von den Gläubigen mit Wasser begossen wurde, um dadurch Verdienst zu erwerben, erklärte unsere Begleitung.

Uns wurde auch gesagt, dass Buddhisten nicht beten, dafür aber meditieren und da war tatsächlich ein Skelett in einem Schrank zu sehen, das ermutigen sollte, über die Vergänglichkeit des Lebens zu meditieren. Man erzählte uns auch von den guten Vorsätzen, die die einfachen Menschen jeweils zum Viertelmond fassten. Dabei beeindruckte mich ganz besonders, dass es vernünftige Vorsätze waren, so, wie nicht die Unwahrheit zu sagen, anstatt so etwas, wie nicht zu morden, wozu ich nie die leiseste Veranlassung gefühlt hatte. Die jungen Leute erklärten uns weiterhin, dass die Gebildeten nie beteten, aber die Unwissenden doch, und in dem Zusammenhang zeigten sie uns einen kleinen Schrein für die Nats (Naturgeister) im Aussenbereich der Pagode.

Die Shwedagon Pagode hinterliess den Eindruck einer Universal-Kirche, die Platz bot für alle möglichen Leute und Befindlichkeiten, von denen, die einfach nur meditierten, zu denen, die die Geister unbelebter Natur verehrten. Und wieder war ich beeindruckt.

Und dennoch erinnere ich mich an eine westliche Touristin, die über Szenen aus dem Leben Buddhas brütete und uns fragte, ob wir Licht hinein bringen könnten. Ich dachte da, wie seltsam, dass Menschen aus dem westlichen Kulturkreis sich dafür interessieren sollten!

Die Zugreise in Richtung nördliches Burma war höchst interessant - eine buntfarbige Menge lächelnder Menschen, Nahrungsmittel zum Verkauf für die Reisenden, in Glasbehältern auf dem Kopf von Stationsangestellten getragen, bunte Longyis (röhrenförmige Stoffstücke, von

Männern an der Seite, von Frauen vorn gebunden), und kleine Buben, die auf Bäume kletterten, ungeachtet der Behinderung durch die Röcke.

Weisse, die wir in Rangun trafen, verhielten sich unangenehm verachtungsvoll gegenüber den Einheimischen, die aber waren ein glücklich lächelndes Völkchen, ich liebte sie und entschied, dass sie unter den entzückendsten Menschen sein mussten, die Mutter Erde hervorgebracht hatte. Und diesen Eindruck musste ich auch später nicht revidieren, als ich unter ihnen lebte.

Der erste Tag führte uns durch grüne Reisfelder mit weissen Pagoden, die hier den Platz kleiner Häuser einnahmen, die man in England antrifft. Doch als wir dann in Mandalay aufwachten, hatten wir eine trockenere Zone erreicht. Der Zug musste dort eine Stunde warten und so nahmen wir ein Taxi, um die Ruinen der Altstadt zu besichtigen und die Mandalay Anhöhe zu sehen, wo hunderte überdachter Stufen durch viele Schreins rechts und links ganz nach oben führten.

Zwanzig Jahre später sah ich einen Monat lang jeden Abend von der Stille eines Buddhistischen Meditationszentrums aus die untergehende Sonne die heiligen Schreine erleuchten, die jetzt im Dämmerlicht lagen.

Wenn mir aber jetzt jemand gesagt hätte, dass ich gerade den Vorhang beobachtete, der über der ersten Szene der Reise in die Stille zu fallen im Begriff war, ich hätte ihn ausgelacht, denn damals stellten Berge das einzige Drama dar, das mich interessierte.

Am nächsten Tag trafen wir in Myitkina auf eine Menschenmenge, die uns wie Räuber anmutete, aber es waren nur Kulis, die unser Gepäck tragen wollten. Dann war da der erste Tag in einem Rasthaus, die Freundlichkeit der Missionare der Baptistischen Kirche und dann die Überquerung des Flusses Irrawaddy, an dessen anderer Seite wir für fünf Monate den Verkehr auf Rädern hinter uns liessen. Unser Gepäck wurde auf Maultiere geladen, und vier Tage lang marschierten wir durch saftig grünen Wald, von dessen Bäumen Schlingpflanzen hingen und wo die Luft gesättigt von Feuchtigkeit und der Hitze des Sommers war. Wir überwanden den 2400 m hohen Kambaiti-Pass und liessen sehr bald Wälder und die primitiven Kachin-Stämme, die im nördlichen Burma lebten, hinter uns. Nun kamen wir hinunter nach China durch Wiesen, in denen hin und wieder Pinien zu sehen waren, in ein Land uralter Kultur, wo durch die Jahrhunderte steinerne Fusswege glatt getreten worden waren durch Füsse in Sandalen, und wo immer noch Frauen in gebundenen Füssen dahin stolperten. Nach etwa drei Wochen waren wir bis auf fünfzig Meilen an die Grenze nach Tibet gekommen, da, wo die Nashi leben, bei denen die Frauen grosse Möbelstücke vom Markt auf ihrem Kopf heim tragen, die Männer dagegen nicht mehr als einen kleinen Korb mit wenig Gemüse und ein oder zwei Eiern.

Es machte richtig grosses Vergnügen, diese Reise durch das wenig bekannte China, und unsere Hoffnung wuchs ins unermessliche, diesen jungfräulichen, 6000 m hohen Berg zu bezwingen, an dessen Fusse wir nun angelangt waren.

Drei Monate später kamen wir von den hohen Schnee-Regionen wieder herunter. Es hatte nicht geklappt. Mount Sansato, der Flügel des weissen Drachen, stieg so rein und jungfräulich in die Azur-Bläue wie zuvor. Das Scheitern war das Ende von zwei Jahren Planung und zehn Jahren des Verlangens. Ich hatte etwas so leidenschaftlich gewünscht, und weil ich es nicht erreichen konnte, schien die Anforderung, die das tägliche Leben stellte, eine unerträglich schwere Last.

Ob dieses geradezu absurde Leiden etwas damit zu tun hatte, ich weiss es nicht. Aber was Menschen im Okzident das 'Reifen des persönlichen Karma' nennen, schien stattzufinden, so dass ich nach meiner Rückkehr nach Australien 1939 ein seltsames Interesse an moralischen und spirituellen Werten entwickelte, Dinge, für die ich während meiner Studienzeit in den frühen Zwanzigern nichts als äusserste Verachtung hatte. Wenn andere es als möglich ansahen, dass Menschen durch liebende Güte ('Loving Kindness') bewegt wurden, wiesen wir solche Ideen als Viktorianischen Unsinn ab, drehten uns weg und versuchten unser verlegenes Erröten zu verbergen. Menschen wurden durch das Gesetz von Angebot und Nachfrage zum Handeln veranlasst, dazu kamen Wechselkurse und so weiter.

Dann ging zufällig der Pfarrer der Presbyterianischen Kirche vorbei, und ich ertappte mich, wie ich heimlich zu seiner Kirche schlich. Kein Mitglied einer respektablen Familie, der einen verbotenen Handel mit Alkohol anfangen wollte, hätte mehr Angst haben können, dass es heraus kam.

Drei Jahre später setzte eine nicht gelungene Fussoperation allem Bergsteigen und Trampen ein Ende und nahm mir so die Dinge, die ich in meinem Leben am meisten liebte. Doppelt notwendig wurde nun das Bedürfnis nach geistigen und moralischen Werten, um dem Leben einen Sinn zu geben. Das um so mehr, als es mit dem Körper mehr und mehr bergab ging. Es folgten dreizehn lange Jahre Leiden - körperlich und seelisch.

In dieser Zeit erwuchs ein Interesse an Meditation, daran, die Gedanken zur Ruhe zu bringen und zu entdecken, was jenseits von Wahrnehmung und Verstand liegt. Als sich 1953 die Möglichkeit öffnete, ein Jahr Urlaub zu nehmen, gab es drei Ziele und eins davon war, einen ruhigen Ashram zu finden, wo Meditation gemeistert werden konnte. Was den Wert eines Lehrers, Guru, anging, auf dem man in Indien bestand, so war ich skeptisch und mehr an der burmesischen Art der Meditation interessiert, die wissenschaftlicher erschien, wenn auch vielleicht nur, weil der Begriff 'Gott' keine Erwähnung fand, ein Begriff, der wegen der Universitäts-Tage ein Gefühl der Unsicherheit hervor rief, obwohl inzwischen völlig klar war, dass es auf die Bedeutung ankam, die hinter dem Begriff stand, nicht auf das Wort selbst.

Wie immer auch, das erste der zwei Ziele lag in Indien, und so wurde die Reise nach Indien gebucht mit der (leisen) Hoffnung, dass der Weg zu einem burmesischen Zentrum für Meditation sich öffnen würde, wenn unser Boot in Rangun Halt machte, noch dazu ich dort einen Australischen Freund hatte, der an Meditation interessiert war.

Das Boot kam im November 1953 in Rangun an. Seit 1938 - meiner ersten Begegnung - war die Stadt teilweise durch Bomben zerstört worden und die Burmesen hatten die Unabhängigkeit erlangt. Sie warfen daraufhin alles, was Britisch war, raus, viel drastischer, als in Indien, aber sie hatten keinen Mahatma Gandhi, der sein Leben für Frieden zwischen den entzweiten Parteien gab. Deswegen und auf Grund der Nachwehen der japanischen Besatzung schien das Land in Aufruhr zu sein.

Da das Boot mindestens zwei Wochen im Hafen liegen würde, war ausreichend Zeit, irgendetwas von burmesischer buddhistischer Meditation zu sehen. Ich hoffte sogar, einen 'arahat' oder Heiligen zu treffen. Der Aufruhr im mittelalterlichen Europa hatte Heilige hervorgebracht, und wenn man die Ernsthaftigkeit in Betracht zieht, mit der Meditation jetzt angegangen wurde, dann könnte in Burma dasselbe geschehen. Aber da es als unsicher angesehen wurde, Rangun auch nur zu verlassen, würden tausende Heilige irgendwo für den, der hier den einen suchte, nichts nützen.

David Maurice, der australische Freund, der den Buddhismus mit ganzem Herzen angenommen hatte, führte mich zu einem kleinen Kloster, wo er Meditation geübt hatte, leider war der, der ihn darin unterwies, inzwischen gestorben. Das Gebäude war aus Bambus, kühl und angenehm, und ich versuchte ehrlich, seinem Beispiel zu folgen, dem phongyi, Mönch, der das Kloster leitete, 'meinen Respekt zu erweisen' indem ich in die Knie ging, die Handflächen auf den Boden und das Gesicht auf die Handoberflächen legte - und das drei Mal. Das bedeutet wesentlich mehr als das Auf - und Niedergehen mit gefalteten Händen, aber das macht wohl auch deutlich, warum ich es nie tun konnte, ohne innerlich zu kichern, obwohl ich es nach vier Jahren ausreichend gut beherrschte, um in einer Menge nicht aufzufallen. Wahrscheinlich ist es nicht weniger lächerlich, dass ein Man seinen Hut lüftet - wenn er denn einen trägt -, um einer jungen, bedeutungslosen Frau 'Respekt zu erweisen'. Aber die eigenen seltsamen Sitten nimmt man eben so hin.

Natürlich mussten wir die Shwedagon Pagode 'machen', aber diesmal gab es keinen kühlen Regen, der das Pflaster wusch, noch schlugen irgendwelche heidnische Europäer vor, die Fusssohlen mit Hansaplast zu bedecken. Die Sonne brannte erbarmungslos hernieder von einem klaren Himmel und das Pflaster glich heissem Eisen. Für ein Weilchen sassen wir zu Füssen einer der Buddha-Statuen. Neben mir wiederholte eine junge Frau die ‚Drei Zufluchten' ('Three Refugees'), während sie den Rosenkranz betete. Wir hätten in einer katholischen Kirche sein können, sässe die Frau nicht auf ihren Fersen statt zu knien, und anstatt 'Heil sei Maria, bete für uns' zu rufen sagte sie: 'Ich gehe zu Buddha für Zuflucht (Refuge)! Ich gehe zur Gemeinde ('Dhamma') für Zuflucht! Ich gehe zum Orden (Sangha) für Zuflucht! Das bedrängte Herz sucht Zuflucht unter verschiedenen Bezeichnungen, aber es ist doch immer dieselbe Zuflucht, die es findet.

Schliesslich verliessen wir das brennend heisse Pflaster und betraten kühlen Baumschatten, wo eine Nonne zu einer Gruppe Anhängern sprach. Es wurde gesagt, sie habe fünfzehn tausend.

Dann gingen wir zu dem grossen Meditationszentrum, wo wir uns ansprechende Bambushütten ansahen und eine Reihe ganz neuer 'Zellen' aus Zement, nicht annähernd so attraktiv. Ich hätte gern dort einige Zeit verbracht und etwas von der Methode erfahren, die da angewendet wurde, aber das war offensichtlich nicht möglich. Das beste, was getan werden konnte, bestand darin zu arrangieren einige meditierende Mönche zu photographieren. Diese schlängelten sich mit ihren orangenen Schirmen, die ihre geschorenen Köpfe schützten, den gewundenen Fussweg entlang und versammelten sich auf den Stufen zur Ordinationshalle und zwar in strikter Wahrung der Hierarchie von Wichtigkeit und Alter innerhalb des Ordens. Das war alles sehr formell und ein wenig zum Fürchten.

Nach der Strapaze an diesem Tag, an dem wir über Feuer liefen, erwachte ich am nächsten Morgen mit geschwollenen und so schmerzhaften Füssen, dass ich sie kaum auf den Boden aufsetzen konnte. Jedoch durch den guten Einfall, sie für eine Stunde in Eis zu packen, konnte ich eine Verabredung mit Francis Storey einhalten, der mich zu einem Nonnenkloster führen wollte. Birmanische Männer und Frauen sind in der Figur sehr ähnlich, und mit geschorenem Kopf verstärkt sich das noch. Jedoch tragen die Nonnen in Burma nicht Orange wie die Mönche, sondern kleiden sich in einer Farbe, die an Aprikosen erinnert oder an Lachsrosa. Francis Storey äusserte, dass seiner Meinung nach unter Nonnen mehr tief empfundene Verehrung herrschte als bei Mönchen. Aber ihnen wird kein besonderer Respekt bezeugt wie den Mönchen und sie sind nicht mehr Mitglieder des Ordens (Sangha), wie in den Tagen Buddhas. Sie sind bescheidenes, gewöhnliches Volk, aber vielleicht waren die, die wir trafen, gerade deshalb allesamt so liebenswert. Die Nonnen, von denen man in den Pali - Texten liest, waren sehr oft verheiratet oder auch Kurtisanen, aber die wir hier in dem Kloster trafen waren alles Jungfrauen, im Alter von sieben bis neunzig.

Die Äbtissin, 59, erweckte den Eindruck grosser Liebenswürdigkeit und aus ihren Augen schien innerer Frieden zu leuchten. „Ja, zu Buddhas Zeit gab es auch weibliche Heilige (arahat)", sagte sie traurig, „aber nicht heutzutage". Wie ich sie so ansah dachte ich, dass sie selbst bald eine arahat werden könnte. Die Nonnen schliefen nur drei bis vier Stunden in der Nacht und meditierten die übrige Zeit. Am Tage aber nur kurze 20-Minuten-Perioden nachdem sie am Schrein gebetet hatten, ansonsten rezitierten sie das ‚Abhidhamma', eine Aufzählung und Kategorisierung des menschlichen Geistes, also ein Textbuch der Psychologie, das aber dennoch als Heilige Schrift galt. Da aber einige der Nonnen erst kleine Mädchen waren, gaben sie vielleicht einfachere Passagen wieder, so wie die, als wir hereinkamen:

'In der Zusammenfassung der Grundlagen zählen zu dem, was wir Grundlagen nennen, fünf: Auge, Ohr, Nase, Zunge Körper und Herz. In der Kamaloka sind alle diese enthalten. In der Welt der Form, Rupa, gibt es keine Grundlagen, Basen, von Geruch, Geschmack, Fühlen. In der Welt von Arupa existiert keine der genannten Grundlagen.

Die fünf Elemente der Sinnes - Erkennung geschehen ganz und gar in Abhängigkeit von den fünf Sinnesorganen und deren entsprechenden Basen. Aber die fünf Elemente des Geistes - also Hinweise und Aufnahme der fünftürigen Eindrücke geschehen völlig in Abhängigkeit vom Herzen. Das Element geistigen Bewusstseins. ...' (Kompendium der Philosophie, S. 122.)

Wer etwas von Pali und der Buddhistischen Terminologie versteht, findet diese Passage ganz einfach und verständlich. Aber die meisten sind nicht so einfach. Mir scheint das ein sehr wenig anziehender Weg zu innerem Frieden und Nirwana.

Da es kein Angebot gab, irgendwo Meditation zu praktizieren, verbrachten wir den letzten Tag an der Sulay Pagode und beobachteten das Kommen und Gehen, sehr ähnlich einer katholischen Kirche, während der Mittagspause. Männer und Frauen stiegen die Stufen hoch, warfen sich nieder, Stirn am Boden, opferten Blumen und Räucherstäbchen und sassen dann für eine kleine Weile auf dem Boden, vielleicht die Drei Zufluchten rezitierend oder sie betrachteten das Relief, das an den Mauern oben herum lief und erzählten sich selbst die Geschichte, die dort dargestellt wurde. Einige wenige sassen einfach still. Dort, wo wir uns befanden, war Devadatta dargestellt, der gerade den grossen Felsen warf, um Buddha zu töten, aber Der Gesegnete sass ruhig weiter da mit gekreuzten Beinen und unterrichtete seine Anhänger. Dann sah man Devadatta, wie er mit den Hütern der Elefanten überein kam, den Killer-Elefanten frei zu lassen, aber Der Glückliche umgab ihn mit Strahlen liebender Gedanken, so dass man im nächsten Bild den Elefanten sah, wie er sich zu Buddhas Füssen verneigte. Welches Thema auch behandelt wurde, immer hatten die Bilder im Zentrum die Figur Buddhas, in sich ruhend und glücklich lächelnd inmitten der Leiden der Welt. Einer der Passagiere erzählte mir, was für Freude es ihm bereitet hatte, die grosse anglikanische Kirche zu besuchen und dort die Fahnen der Truppen zu finden, die da während zweier Weltkriege gebetet hatten. In burmesischen Pagoden waren keine Armeefahnen zu finden und auch keinerlei patriotische Symbole. Da gab es nur Statuen und Bilder des gelassen Glücklichen, sitzend oder ungestört umher gehend und Liebe, Ruhe und Glück verbreitend. Und wissen Sie, wie immer weit sich seine Anhänger von ihm und seiner Lehre entfernt haben mögen, sie entehrten niemals seine Schreine mit den Zeugnissen von Blutvergiessen.

Diese Tage in Rangun hinterliessen eine Erinnerung an Licht, Fröhlichkeit und Farbe.

Da gibt es keine

> 'Reich verzierte Fenster in der Höhe,
>
> Ein dämmriges religiöses Licht verbreitend,'
>
> (Milton)

sondern Schreine, die sich Luft und Sonnenlicht öffnen, fröhlich mit Gold, Silber und farbigen Dingen geschmückt, sowie mit kleinen Schirmen, die von den Gläubigen dargebracht werden, wie auch Blumen, Kerzen und Räucherstäbchen, und immer da diese in sich ruhende Figur von Frieden und Glück - stille, glückliche Orte, wo man sich für eine kleine Weile von der Welt zurückziehen und ein wenig von dem Frieden spüren kann, den Buddha kannte.

Hätte sich in Burma ein Weg geöffnet, um Meditation zu erlernen, ich wäre dahin zurückgekehrt. Aber die Tür öffnete sich nicht. Das Schiff fuhr weiter nach Indien, dem geheimnisvollen Indien, und ich blieb dort ein Jahr.

Das Schiff legte in Kalkutta an und wurde von frohen Gesichtern gegrüsst, die die anderen Passagiere willkommen hiessen. Für mich gab es nur viele Briefe, die zeigten, dass die hoffnungsvollen Kontakte mit ruhigen Ashrams vergeblich waren, alle sagten ab. So nahm ich ein Taxi zur Rama Krishna Mission, wo man so freundlich gewesen war, mir eine gastliche Unterkunft bei einem reichen Geschäftsmann und seiner charmanten Frau, die leider kein Englisch sprach, zu arrangieren. Der Hausherr fungierte also als Gastgeber sowie Übersetzer. Er sagte mir, dass für Hindus der Gast ein Gott sei. Dieser Gast aber fühlte sich alles andere als ein Gott und daher ein wenig verlegen und sehr niedergeschlagen.

Viele glauben, dass Rama Krishna eine der Verkörperungen war, die Gott sich jeweils zu verschiedenen Zeiten gab, und es besteht keinerlei Zweifel, dass die Rama Krishna Mission, ins Leben gerufen durch den wichtigsten Anhänger, Vivekananda, heutzutage unter den belebenden Kräften Indiens ist. Sogar Europäer geben das zu und bewundern Waisenhäuser, Schulen und Krankenhäuser, die durch sein Wirken entstanden sind. Und Östliches Denken wurde vor allem durch ihn im Westen bekannt, besonders die Praxis der Meditation. In Indien gibt es nur ein wirklich gutes Zentrum für

Meditation, Mayavaiti im Himalaya, in der Nähe von Almora. Da nun Burma nichts geworden war, würde ich wohl dort landen, nachdem die buddhistische Pilgerreise und der Besuch von Gandhis Ashram in Sevegram beendet waren.

Der Sekretär der Rama Krishna Mission in Kalkutta war so freundlich, mich zu dem grossen Kloster am Ufer des Ganges, Belur Math, zu bringen. Dort hatte Vivekananda den Orden errichtet, und ich traf dort zwei Brahmacharinis, Novizinnen. Sie gehörten zu der Kalifornischen Vedanta Gruppe und hatten unter einem Rama Krishna Swami oder Lehrer in Bangalore ‚studiert', das heisst sie praktizierten den ‚geistigen Weg' begleitet von viel Ritualen und Zeremonien, oder Pujas. Einen Ashram, in dem man leben konnte, gab es nicht, sie hatten Zimmer in der Stadt gefunden. Von allem, was sie erzählten, wurde es deutlich, dass dieses hier nicht mein Platz war!

Wir assen gemeinsam im Speisesaal des Klosters zu Mittag, wo ein Vorhang Männer und Frauen voneinander trennt; natürlich sassen wir auf dem Boden und assen mit den Fingern. Zuerst brachte ein Mann ‚prasad', Segen, d. h. Speise, die an Rama Krishnas Altar geopfert worden war, dann den üblichen gelblichen Gemüse-Eintopf, bei dem die Ingredienzien nicht mehr erkennbar waren, und am Ende Joghurt. Nach dem Essen werden die Blatt-Teller und Tonschalen weggeworfen und man wäscht die zum Essen benutzte rechte Hand, die linke ist ‚unrein' und darf keine Nahrung berühren.

Anschliessend mussten Frauen ohne jede Ausnahme Tempel und Umgebung wegen der Mittags-Siesta verlassen - aber nichts hinderte sie daran, auf den Stufen hinab zum Ganges zu gelangen. Danach wurde es arrangiert, dass ich eine Audienz bei Maharaj haben würde, der das Kloster leitete. Sorgfältig wurde ich in der spirituellen Etikette unterwiesen, und wie ich das Gesicht auf den Boden zu legen hätte, sowie beim leisesten Hinweis, dass das Treffen nun zu Ende sei, zu gehen. Die Mädels machten mich furchtbar nervös, und als dann zuerst meine Handtasche, dann die Kamera ‚plonk, plonk' auf dem Regal landeten, war ich total verwirrt.

Ich erzählte ihm von meinem Plan, nach Mayavaiti zu gehen. Er ermutigte mich nicht. Bangalore sei der Platz für mich. Er machte einen bescheidenen und sanften Eindruck, hatte aber keinerlei Verständnis für die Bedürfnisse einer Australierin mittleren Alters. Beim kleinsten Nachlassen des Gesprächs nahm ich - Gesicht auf dem Boden - meinen Abschied.

Ich fühlte mich ein wenig einsam, als ich mich von den beiden weiss gekleideten Novizinnen verabschiedete. Sie würden durch Indien reisen, sicher in den Armen ihrer Mutterkirche und alles für sie arrangiert. Ich aber würde nicht wissen, was jeweils am nächsten Tag wäre und nirgendwo jemand, der für mich sorgen würde. Meinem Körper ging es überhaupt noch nicht gut und die auflösende Macht des Selbstmitleids machte alles noch schlimmer.

Der nächste Versuch, einen ruhigen Ashram zu finden, verlief viel seltsamer als der erste. „Ihr Anruf", sagte die Hostess, die wahrscheinlich mehr Englisch konnte, als sie zugab. Es war Govinda Das, dessen Namen ich von einem zufällig getroffenen englischen Journalisten bekommen hatte. Er und sein Guru kamen durch Kalkutta. Miss Maitri, eine Dame, die ich in der Mission getroffen hatte, übernahm das Dolmetschen. Wir fuhren im Auto zu einem Dorf namens Bali und nahmen unterwegs noch einige Universitäts-,Professoren' mit, die für diesen Titel sehr jung wirkten. Später erfuhr ich, dass in Kalkutta jeder Dozent ein ,Professor' ist, mein Gastgeber war ein Professor, weil er dreimal in der Woche Ingenieur-Studenten unterrichtete.

Wir trafen auf einen reichen Geschäftsmann mit breiter Bauchbinde und blossem Oberkörper, und auf einige charmante Damen, die unablässig wiederholten: „Wir sind so froh, Sie bei uns zu haben!" Sie führten uns zu einem ruhigen Schlafzimmer, wo wir unsere Sandalen liessen, bevor wir zu Seiner Heiligkeit geführt wurden. Auf dem Weg dorthin trafen wir Govinda Das, über das ganze Gesicht lächelnd, einem ulkigen Bart, langen Haaren, einem Lendentuch, einem Rosenkranz aus grossen Holzkugeln und zwei weissen Markierungen auf der Stirn, die seine Zugehörigkeit zu einer Religionsgemeinschaft angaben. Unablässiges Rufen und Singen war aus den hinteren Räumen zu hören und nun wurden wir in einen riesigen Pavillon aus Tüchern geführt und einen Weg, der die Reihen der Gläubigen teilte, entlang zu zwei Sitzen direkt neben Seiner Heiligkeit geleitet. Mir war klar, dass ich mich hätte auf mein Gesicht niederwerfen sollen, hatte aber den Mut dazu nicht und auch Frau Naitri tat es nicht. Sie mochte übrigens das ganze Abenteuer gar nicht, sie war durch und durch westlich eingestellt und schämte sich eher dieser typisch indischen Szene. Der Guru war gekleidet wie sein Anhänger Das, schien aber nicht dieselbe lächelnde Güte auszustrahlen. Die Atmosphäre hallte wider von dem unaufhörlichen Schlagen von Trommeln, dem Rufen ‚Hari Om! Hari Om!' und trug den Atem der vorwärts drängenden Menge, die die Füsse des Heiligen berühren wollten. Heisses Verlangen und Anbetung strahlte aus allen Gesichtern, allen, ausser einem Winzling, dessen Kopf sein Vater herunter beugte, um die heiligen Füsse zu küssen. Es war die Audienz eines Heiligen. Sie alle erhaschten ein Fünkchen der Gnade, die er in unzähligen guten Leben angesammelt hatte. Vielleicht würden sie eines Tages so heilig sein wie er; bis dahin lasst sie die Segnung erfahren, die im Berühren eines solchen lag.

Inzwischen versuchte einer der ‚Professoren' die Lehre des Gurus zu erklären. Sie basierte auf dem unablässigen Rufen vom Namen Gottes, Hari Om. Er wollte wissen, ob ich Fragen hätte. Aber ich konnte nur gestehen, dass die Menge mich überwältigte. Ich konnte an gar nichts denken.

Schliesslich erhob sich Seine Heiligkeit und schickte sich an zu gehen. Die Menge öffnete nur mit Schwierigkeit den Weg, denn viele wollten noch den Staub von seinen Füssen nehmen, während er ging. Wir folgten ihm nach draussen und kamen zu dem ruhigen Schlafzimmer, wo uns auch etwas zu essen angeboten wurde, zumeist Salat, den, da er nicht gekocht, also roh war, Ausländer meiden sollten, um nicht an Durchfall zu erkranken. Man fragte mich, ob ich Seine Heiligkeit in Privataudienz sprechen wollte. Ich aber sagte, dass ich gern Govinda Das treffen würde. Als er kam, fragte ich ihn, ob man nach der Initiation durch den Guru die Fähigkeit erlangte, sich über Ärger und Hass zu erheben? Er meinte, das sei ganz sicher der Fall und diese Gefühle würden nie wieder kommen. Dann wollte ich wissen, ob für einen, der Erleuchtung anstrebte, ein Guru notwendig wäre? Er antwortete, dass ein Guru nicht unbedingt erforderlich sei, der Prozess verliefe aber schneller mit ihm. Das stimmt wahrscheinlich. Das Problem ist, dass es nicht an dem Individuum ist zu entscheiden, ob der Prozess langsam oder schnell verläuft und ob er einen Guru findet oder auch nicht.

Und nun - unglaublich aber wahr - da ich nicht zu diesem Guru ging, kam er zu mir! Später meinte jemand, meine Zurückhaltung hätte ihn neugierig gemacht. Aber ich neige zu der Annahme, dass er wirklich an der Rettung meiner Seele interessiert war. Ich fragte ihn, ob Menschen, die zu seinem Darshan kamen, ihn verändert verliessen. Man sagte mir, das sei ganz sicher so und auch, dass viele heimkehrten und auf Grund der erfahrenen Inspiration sechs Stunden ohne Unterbrechung meditierten. Der Guru nannte mich seine ältere Schwester und sagte, dass er mich in einem früheren Leben gekannt habe. Und als er seinen Segen zum Abschied erteilte, umarmte er mich auf eine unpersönliche Art.

Wieder fühlte ich Neid. Diese Leute waren geborgen und sicher. Sie hatten jemand, an dem sie Halt fanden. Ich aber wusste, dass es für mich nie die Arme einer Mutter Kirche gab, und wahrscheinlich auch nicht die Gnade eines Guru.

Nach den Abenteuern in Kalkutta begab ich mich auf buddhistische Pilgerschaft in dem Land Buddhas, immer auf der Suche nach einem ruhigen Ashram und einem Lehrer der Meditation. Ich traf viele Anhänger verschiedener gut bekannter Gurus, sie waren insgesamt nicht gerade überzeugende Werbung für ihre Lehrer. Natürlich sollte man nicht über andere urteilen. „Beurteile einen anderen nicht," sagt Buddha," wer andere beurteilt, gräbt seine eigene Grube". Vielleicht reifte ja tief unten der Samen geistigen Wachstums, aber an der Oberfläche konnte ich nicht die Abwesenheit von Ärger erkennen, was eigentlich die unmittelbare Folge der Initiation hätte sein sollen, wie der Guru gesagt hatte.

Almora, das Berg-Städtchen in den Himalayas, liegt ungefähr 1500 m hoch auf einem etwa eine Meile langen Bergsattel, mit steil abfallenden Tälern vorn und noch steileren dahinter. Es hängt zwischen zwei mit Pinien bewaldeten Erhebungen und hat vor sich die mit weissem Schnee bedeckten Throne der Götter. Aber vor allem liegt es zwischen zwei heiligen Pilgerrouten, eine zur Quelle des Ganges und die andere zum Kailash in Tibet, dem heiligsten Berg der Erde, verehrt gleicherweise von Hindus und Buddhisten. Mir wurde gesagt, in Almora seien die geistigen Vibrationen sehr gut, auch wurde erwähnt, dass es Ashrams in Hülle und Fülle gebe. Und dazu war Mayavaiti nur 14 Meilen entfernt, wo die Rama Krishna Mission ihr Meditationszentrum hatte. Einen Ableger der Mission gab es auch in Almora, wie in den meisten wichtigen Städten Indiens, und ich schlug dem Swami, der ihn leitete, etwas kleinlaut vor, dass Mayavaiti gut für Meditation sei. Wieder wurde ich freundlich zurückgewiesen. Es schien, als sei Mayavaiti nichts für allein reisende Frauen, auch wenn die Haare bereits ergrauten. Tatsächlich hinterliessen die so freundlichen

Rama-Krishna-Mönche den Eindruck, dass sie sehr sex - bewusst waren und wirklich Angst vor Frauen hatten.

Als nächstes nahmen ein Freund und ich teil an einer ‚puja' in dem Ashram der Anandamaya am Rande des bewaldeten Bergs, Almora gegenüberliegend. Das Bild der Anandamaya befand sich in der Mitte und die Ehrerweisung, 'puja', fand statt in Anbetung von ihr als einer Verkörperung Gottes. Die hier ihre Verehrung darbrachten, waren kleine Jungs mit gelben Schals für die Zeremonie, an deren Rändern in Sanskrit ‚Mutter' zu lesen war. Nach der ‚Puja' wurden sie kleine weiss gewandete Novizen, die sich weltlichen und geistigen Texten der Hindu-Tradition folgend unter Anleitung eines Guru widmeten. Auch ein Franzose studierte in dem Ashram. Er hatte Schweigen gelobt und meditierte fast immer, aber es war eine Schule für Jungen, kein Meditations-Zentrum. Keine weibliche Person ausser Anandamaya selbst war jemals hier und auch die kam selten.

Der ideale Platz für einen Meditations - Ashram war ein einsamer Tempel, der hinaus in das steil abfallende, blau-neblige Tal im Süden ragte, das irgendwie Bilder des Grand Canyon in Arizona hervor rief. Er war am Ende einer Art Schlucht errichtet worden, und der schmale Pfad von der Stadt führte hinab zwischen Steinwällen und Terrassen, die fast so hoch wie weit waren. Über den Tempel herrschte ein Brahmane in gelber Robe. Ich liess meine Sandalen am Fuss der Treppe, die zu seinem Heiligtum hinauf führten. Zwei Frauen sorgten für Seine Hochwürden und sie hiessen mich bis zum Ende der Treppe mit Lächeln willkommen. Dort aber gaben sie mir den Segen und deuteten an, dass ich nicht weiter könne.

Leute aus dem Westen dürfen nicht weiter gehen, denn sie wie indische Unberührbare waren Outcasts. Der eine in der safrangelben Robe las ein heiliges Buch, während er unter einem heiligen Bodhi- oder Banyanbaum sass, demselben ficus religiosa, unter dem Buddha sass, als er Erleuchtung erlangte. Ich dankte den Frauen mit einem Lächeln, nahm die Szene in mich auf und konnte dann nichts anderes tun, als lächelnd die Stufen hinabzusteigen.

Immerzu traf ich auf Yoga - Jünger und hörte von Yogis, aber nie sah ich so eine gelbe Robe um die Ecke verschwinden, noch fühlte ich mich im Geringsten geneigt, das Geld zu investieren für eine Busfahrkarte und zu folgen. Mit dem Ergebnis, dass statt eines ruhigen Ashrams mit einem Guru ich einen einsamen Bungalow in Binsar fand, 2500 m hoch, mit der ewigen Audienz (Darhan) des weissen, reinen Schnees von Trisul, dem Dreizack von Gott Shiva, der das Irdische zerstört, um das Ewige finden zu können. Ich lebte also als Einsiedler in den Himalayas und versuchte vergeblich, den übermüdeten Körper gesunden zu lassen.

Ich verliess das Himalaya-Gebirge, wo ich offensichtlich viele Wahrheiten erfahren hatte, ohne dass es mir jedoch wohlgetan hätte, weder physisch oder geistig und ganz sicher ohne ein Könner der Meditation geworden zu sein.

Zwei interessante Dinge ereigneten sich während des zweiten Jahres nach meiner Rückkehr aus Indien. Erstens die Wiederherstellung perfekter Gesundheit, im Wesentlichen, soweit ich erkennen konnte, weil ich körperliche Schmerzen und Büroprobleme einfach akzeptierte, ohne Ablehnung oder ungute Gefühle. Dass ich Hatha - Yoga gelernt hatte mag mit geholfen haben, nicht aus der geistigen Perspektive, sondern einfach nur, weil Kopfstand und ähnliche Übungen die Verdauung in Gang bringen, die Hauptursache vieler körperlicher Probleme. Zweitens, es bildete sich eine winzige Gruppe, die sich hauptsächlich aus der ‚Buddhistischen Gesellschaft' speiste. Sie kamen einmal im Monat zu meiner Buschland-Hütte ‚Ahimsa', vor allem, um zu meditieren.

Für alle, die Frieden und Einsamkeit lieben, ist Sydney wundervoll gelegen, inmitten unfruchtbarem, für Bauern ungeeignetem Sandstein, so dass etwa 15 Meilen im Umkreis der Stadt, von der man als ‚zweite des Empire' spricht, wildes Buschland und bewaldete Hügel vorherrschen. Im Winter und Frühjahr sind sie übersät mit wilden Blüten, und die Luft ist erfüllt mit Vogelgesang. Wahrscheinlich lernte unsere kleine Gruppe nicht so viel über Meditation, aber das Miteinander war gut und so auch, eine Zeit lang still zu sitzen und den geschäftigen Verstand zur Ruhe zu bringen.

Am Ende einer unserer Zusammenkünfte brachte ein Nachbar eine Birmanin zu uns, Daw Toke Gale, die in Sydney Sozialarbeit studierte. Da der Nachbar Sekretär im Y.M.C.A. gewesen war, nahm ich es für selbstverständlich, dass sie zum Christentum konvertiert war, und diese Konvertierten sind bei weitem nicht so interessant wie Buddhisten! Als sich herausstellte, dass das nicht zutraf, erkundigte ich mich bei ihr über einen Aufenthalt in dem grossen Zentrum für Mediation in Rangun. Obwohl mir Burma die kalte Schulter gezeigt hatte, spürte ich doch einen unerklärlichen Ruf, dorthin zu gehen. Sie hielt das

Zentrum in Rangun für nicht so geeignet für mich, aber wenn ich nach Mandalay, ihrer Heimatstadt, käme, sei sie sicher, genau das Richtige für mich zu finden.
Eigentlich schien es unmöglich, eine sich ständig erweiternde Rechtsanwaltspraxis aufzugeben. Dennoch, die Idee liess mich nicht los, und bald schon fing ich an, mich über Flüge nach Mandalay zu informieren. Aber zu gehen schien dümmer als jemals zuvor, noch dazu plötzlich keine Briefe mehr von Daw Toke Gale kamen und ich auf mindestens ein halbes Dutzend von mir keine Antwort bekam. Doch in anderen Richtungen öffnete sich eine Tür nach der anderen. Ich wusste nicht, wohin ich gehen würde, buchte aber eine Flug. Erst kurz vor der Abreise erhielt ich Antwort auf einen Brief an einen gewissen U Aye Bo, dem ich, neben vielen anderen, deren Namen mir gegeben worden waren, geschrieben hatte. Und endlich kam auch ein Brief von Daw Toke Gale, aber zu spät, um darauf zu reagieren und so fuhr ich zum Flughafen ohne eine klare Vorstellung davon, was passieren würde, wenn das Flugzeug in Mandalay landete.

Zweites Kapitel

IN DIE STILLE

Sechsmal hatte ich Australien schon verlassen und jedes mal voll Hoffnung auf Abenteuer mit Bergen oder Yogis. Diesmal aber gab es keine Erwartungen. Es war einfach eine Reise, die das Schicksal bestimmt hatte, was dabei passieren würde, davon hatte ich keinerlei Vorstellungen. Darüber hinaus gab es keinen vernünftigen Grund für diese Reise. Es war bekannt, dass in Burma die orange gekleideten Mönche eine Verehrung erfuhren, für die sie ein Kardinal der Römisch-Katholischen Kirche beneiden dürfte. Niemand wagte, sie zu kritisieren, und alle fielen vor ihnen nieder auf die Stirn. Das widersprach total meiner nicht nur protestantischen, sondern unitarischen Herkunft und noch mehr einer inneren von den Quakern stammenden Überzeugung, dass es keinen Berufspriester oder Ordensbruder gibt; und dass nur, insoweit das innere Licht des Geistes aus einem Individuum strahlt, er als geistiger Führer oder Lehrer angesehen werden konnte. Meine Kontakte mit den Gelb-Gekleideten hatten bisher nicht erkennen lassen, dass sie das Licht überzeugender als gewöhnliche Sterbliche durchscheinen liessen. Warum um alles in der Welt war Burma gewählt worden? Ich weiss nur, dass nicht ich diese Wahl traf.

Nachdem ich fast das Flugzeug in Bangkok verpasst hatte, fuhr ich schliesslich bei Einsetzen der Dämmerung durch die Strassen von Rangun, als die ersten Gläubigen die Stufen zur Sulay Pagode hinauf stiegen und die Sonne die goldene Shwedagon erstrahlen liess. Ich war also wieder angekommen im Herzen des burmesischen Buddhismus mit Fröhlichkeit, Licht und Farben.

Am Flugplatz wurden die Passagiere ‚von' Mandalay aufgerufen anstelle ‚nach' oder auch ‚für'. Und die falsche Präposition zusammen mit dem Abflug 20 Minuten früher als vorgesehen verursachten beinahe noch einen verpassten Flug, aber das Schicksal hatte bestimmt, dass ich Mandalay zur festgesetzten Zeit erreichen sollte.

Wir flogen über Gebirge, deren gezackte Spitzen auf weichen Schäfchenwolken schwebten. Es wurde gesagt, dass dort Banditen hausten, aber sie lagen friedlich im hellen Blau des frühen Morgens und nur hin und wieder zeigte ein wie von Motten heraus gefressener Fleck, dass da Menschen lebten. Im Westen war das Land flach und gelegentlich schlängelte sich dort der Irrawaddy ins Bild. Dann landete das Flugzeug über den Spitzen weisser Pagoden und Häusern auf Stelzen, die wie graue Krabben über schlammige Flächen krochen. Und schon beim ersten Halt wusste ich, dass ich Burma mögen würde. In der Luft spürte man den klaren, kalten Hauch von Winter; weiss gekleidete katholische Priester beugten sich gemeinsam mit orange gekleideten Mönchen über das Buch desselben Kontrolleurs, und dann war da ein fröhlicher kleiner Junge mit einem grossen Ball; er war der erste von vielen Burmesen, in die ich mich verliebte. Sollte mich in Mandalay niemand erwarten, würde ich problemlos auf den nächsten Burmesen in europäischer Kleidung zugehen und sagen: Bitte, ich bin den langen Weg aus Australien hergekommen, um einen Monat in einem Meditationszentrum zu verbringen, was würden Sie mir raten? Was ich damals noch nicht wusste war, dass ein

Burmese in europäischer Kleidung - anders als ein Inder - nicht notwendiger weise Englisch sprechen würde!

Wir flogen über bewaldete Hügel, gefärbt durch flammend rot blühende Bäume, und dann setzte das Flugzeug über den weissen Pagoden von Mandalay zur Landung an. Es war hier trockener und keine 'grauen Krabben krabbelten über matschige Mulden'. Als das Flugzeug endlich stand, blickte ich in drei Paare lächelnder Augen. Da war Daw Toke Gale, deren zufälliger Besuch in meinem Ashram 'Ahimsa' an jenem Sonntag Nachmittag diese Reise möglich machte; ausserdem U Aye Bo, dessen Name mir durch Sir Lalita Rajapakse ein paar Wochen vor der Reise zugeschickt worden war und eine kleine, kahlköpfige, Englisch sprechende Nonne in einer Robe rosa wie Blütenblätter, Sayalay Daw Saranawati. Daw Toke Saranawati hatte verschiedene Meditationszentren in der Nähe von Mandalay besucht, und war zum Maha Bodhi Zentrum gekommen, wo sie Daw Saranawati, eine frühere Freundin aus Universitätszeiten, traf, die erst vor ein paar Monaten beschlossen hatte, den 'Kreis von Geburt und Tod' zu durchbrechen und Nonne zu werden. Niemand anders an einem der Zentren sprach Englisch, und so fiel die Entscheidung, welches Zentrum es sein sollte, schon auf dem Flugplatz.

Um die Sache noch einfacher zu machen, gehörte die Schwester von U Aye Bo, Daw Ma Malay, zu den dreissig Bürgern von Mandalay, die dieses Zentrum unterstützten. Sayalay Saranawati (Sayalay wird eine einfache Nonne genannt, zum Unterschied von Sayagyi, der Bezeichnung für eine ältere Nonne) war meine hingebungsvolle Gefährtin in den folgenden Wochen, und ich lebte noch nie zuvor mit jemandem, der so von liebender Güte erfüllt war und sich so sehr selbst verleugnete. Sie kam aus dem Bergstädtchen Maymyo, das knapp 1000 m hoch liegt und hatte eine christliche Schule besucht mit Englisch als Unterrichts-sprache. Anders als sonst bei birmanischen Frauen waren ihre Ohren nie für Ohrringe durchstochen worden, was in einer Zeremonie etwa gleichzeitig stattfindet, wenn ihre kleinen Brüder die gelbe Robe anlegen, um für kurze Zeit ein Mönch zu werden. Die Leute dachten dann schon mal, dass sie bereits als Kind eine Nonne geworden war. Vielleicht wusste sie im Unterbewusstsein, dass sie in der Mitte ihres Lebens Nonne werden würde, bewusst war ihr aber nur, dass sie Angst vor dem Schmerz gehabt hatte, wegrannte und sich versteckte. Bei allen anderen Nonnen sah ich grosse Löcher dort, wo, die Ohrringe gewesen waren. Sarana hatte elf Geschwister, ihr Vater starb, als sechs von ihnen noch zur Schule gingen und sie selbst gerade ihr Universitätsstudium begann. Sarana schluckte ihre Enttäuschung herunter und nahm eine Stelle als Telefonistin an, um zum Familieneinkommen beizutragen. Dort blieb sie 16 Jahre, und deshalb konnte sie so fliessend Englisch. Im Allgemeinen sprechen selbst Birmanen, die eine englische Schule besucht hatten, die Sprache nicht so fliessend wie Inder, denn unter sich benutzen sie sie nicht. Zuletzt war sie Lehrerin für Birmanisch an einer Klosterschule, wo sie und ihre Schwester die einzigen waren, die nicht dem katholischen Glauben angehörten.

Ihre Öffnung für die tiefere Bedeutung des Lebens geschah nicht plötzlich. Als junges Mädchen von etwa 13 Jahren verlor sie allmählich das Interesse an Musik, Unterhaltung, persönlichem Schmuck. Dann, am 22. April 1953, an ihrem vierzehnten Geburtstag, kam der Gedanke, dass das nicht alles, nicht genug war, dass sie die Welt insgesamt verlassen musste. Zehn Tage lang verzichtete sie auf das Abendessen und hatte damit keinerlei Schwierigkeiten. Nachdem sie Nonne geworden war, fand sie es viel schwieriger, auf dem Boden zu sitzen, und viele Monate lang entwickelte sie ein unstatthaftes Interesse dafür, wenn immer möglich einen Stuhl zu finden. Aber nach sechs Monaten, als ich sie kennenlernte, waren die Knochen biegsam geworden, und es gab keine Probleme mehr damit.

'Den Kreislauf von Geburt, Tod und Wiedergeburt zu brechen und Befreiung für sich selbst zu finden!' Sie gab zu, dass sie für ihr eigenes Wohl die Welt verlassen hatte, während Dr. Soni, der Inder, für alle lebenden Wesen eintrat. Die Idee der Selbst-Erlösung ist für Aussenseiter im Südlichen Buddhismus mit das Schwierigste zu verstehen und zu rechtfertigen. Aber wenn man Burmesen trifft, zumindest Laien und Nonnen, dann fragst du dich, ob sie sich nicht selbst schlechter machen, denn das Verdienst einer jeden ihrer guten Taten, einschliesslich der Meditation, wird umgehend an alle fühlenden Wesen weiter gegeben. Sie mögen sagen, dass es ihnen nur um Selbst-Erlösung gehe, aber stimmt das? Konsequent zu sein ist eine zweifelhafte Tugend, und es bleibt die Tatsache, dass ich nie zuvor unter Menschen gelebt habe, die so frei waren von jeder Selbstsucht und dem Gedanken an sich selbst.

Als wir die Landebahn verliessen, kam Dr. Soni, der schon erwähnte Inder, um mich zu begrüssen; vier Menschen waren also erschienen, um eine völlig Fremde in ihrem Land willkommen zu heissen. Dr. Soni hatte sich die Aufgabe vorgenommen, die Lehren Buddhas sowohl in Indien als auch in Burma zu verbreiten. Anders als die meisten Burmesen war er strikter Vegetarier, wenn auch nicht wirklich ein Lehrer der Meditation. (Aber natürlich meditierten alle Inder normaler weise bis zu einem gewissen Grade.) Er wirkte durch Worte, nicht durch Schweigen.

Obwohl das Meditationszentrum ausgewählt worden war, verbrachten Sarana und ich einen Tag im Haus von U Aye Bo im Herzen der Stadt. Es gab mehrere Zimmer für Gäste und einen aufwändigen gläsernen Buddha - Schrein mit einer goldenen, mit Halbedelsteinen verzierten Statue. Alle burmesischen Buddhisten haben einen Schrein in ihrem Haus, geradeso wie Katholiken Kruzifixe; bei einigen sind sie besonders schön und prächtig, während es bei anderen vielleicht nur eine kleine Figur ist, davor ein Glas klares Wasser und ein paar Blüten. Sie 'beten' jeden Morgen vor diesem Schrein, wie sie es von Kindheit an gelernt haben. Burmesische Gelehrte schaudert es bei solch einem schockierenden Ausdruck - 'beten, also wirklich! Buddha ist niemand, zu dem man betet!' Wie dem auch sei, ich wiederhole nur, was ich immer wieder von gebildeten Buddhisten, die gut Englisch konnten, gehört habe. Diese sogenannten Gebete bestehen in der Wiederholung der Drei Zufluchten - 'Ich gehe zu Buddha für Zuflucht. Ich gehe zu der Lehre für Zuflucht. Ich gehe zur Gemeinde für Zuflucht.' Dann folgen die Gebote - fünf oder acht oder sogar neun -: Nicht töten, nicht nehmen, was nicht gegeben wurde, sagen der Wahrheit, keine berauschenden

Substanzen nehmen, sich nicht falscher sexueller Leidenschaft hingeben, nicht nach 12 Uhr Mittags essen, nicht zu Veranstaltungen, Tanz und Musik gehen, nicht auf hohen, luxuriösen Betten schlafen, kein Parfüm, keine Kosmetik anwenden oder Girlanden anlegen. Laien verpflichten sich zu den letzteren drei nur bei besonderen Anlässen. U Aye Bo hatte ausnahmslos hohe und luxuriöse Betten für seine Gäste. Bevor Sarana einschlief, musste sie sich daran erinnern, dass sie auf so einem Bett nicht zum Vergnügen war, sondern aus reiner Notwendigkeit. Das nächste 'Gebet' besteht im Durchdringen aller Dinge mit Strahlen grenzenloser Liebe. Dann sollte man Buddha die Ehrerbietung darbringen und seine neun Qualitäten wiederholen, sowie die sechs der Gemeinde. Schliesslich verteile man das Verdienst aller guten Taten, einschliesslich dieser 'Gebete', unter allen fühlenden Wesen. Vielleicht sollten diese 'Gebete' besser Mantras genannt werden. Aber wie sie auch immer heissen mögen, sie werden so oft wiederholt, wie irgendwelche anderen religiösen Aussagen in der Welt.

Wir sollten mit U Aye Bo zu Mittag essen, so mussten wir uns beeilen, vor 12 Uhr in seinem Haus zu sein, sonst hätte Sarana den ganzen Tag nichts essen dürfen. Das Abendessen wäre mit Dr. Soni gewesen, aber Sarana konnte nicht teilnehmen, und da ich die vorherigen sechs Monate auch abends nichts gegessen hatte, schloss ich mich ihr an. Dr. Soni und ich fanden viele Gemeinsamkeiten abgesehen von denselben Büchern auf unseren Regalen. Sich mit ihm zu unterhalten war fast zu anregend für einen angehenden Meditierenden.

Am nächsten Tag beendeten wir 'das Leben in der Welt', indem wir das Zuhause von Daw Toke Gales besuchten, das den Stempel von Menschen trug, die unter europäischen Einfluss gekommen waren. Es gab da Hunde, die genau so geliebt wurden wie bei uns und auch normale Tische und Stühle und sogar Nescafé. Aber es gab auch einen Schrein für die Nats, die Naturgeister.

Dann fuhren wir zum Zentrum für Meditation. Noch immer fühlten wir keine Erwartungsaufregung und hatten keine Vorstellung davon, was es wohl bringen würde. Es war einfach ein wichtiger Programmpunkt.

Das Maha Bodhi Zentrum für Meditation ist von einer hohen Mauer umgeben, bei der jeder Teil den Namen des Spenders trägt, der die Mittel gab, um sie zu bauen, und so verhält es sich auch mit den Meditationshütten. Natürlich verteilte der Spender sogleich das Verdienst, das er durch die Spende erwarb. Ein Europäer mag argwöhnen, dass er auch ein bisschen Ehre und Glanz für sich selbst wollte, obgleich er das Verdienst weiter gab. Vielleicht auch findet der Europäer, der Mühe hat, Mittel für einen guten Zweck zu sammeln, dass es ein guter Weg ist, den Namen von Spendern bekannt zu machen, um andere zu ermuntern, es gleich zu tun. Wie man es auch ansehen mag, es scheint viel dafür zu sprechen, die Welt wissen zu lassen, wer was gab, statt es nur in den jährlichen Rechenschaftsbericht zu schreiben und damit für den Papierkorb!

Über dem Namen des Zentrums am Haupteingang war ein Symbol, das die drei Glieder eines perfekten Lebens darstellt - Sila (Tugend oder Moral), Samadhi

(Aufmerksamkeit, Meditation und Konzentration) und Panna (Höchste Weisheit). Hinter dem Eingang gab es einen schön gestalteten Teich mit grossen Fischen und noch grösseren Schildkröten, die aus dem Wasser heraus auf die steinerne Umfassung kamen, um sich zu sonnen. Es war einst der Lustgarten eines Prinzen, und noch immer kommen Kinder am Sonntag Nachmittag, um die Fische zu füttern, ohne sich um den Hinweis am Teich zu kümmern, wo die Regeln des Zentrums standen. U Aye Bo hatte sie für mich übersetzt am Tag, bevor wir das Zentrum besuchten, um alles zu regeln. Sie beeindruckten mich, weil sie so aussergewöhnlich vernünftig waren; es waren Regeln, wie ich sie auch gemacht haben würde.

Die wichtigste war 'Teo Teo', die ich für mich als 'Daw Daw' aussprach - 'schweig schweig' oder 'sprich leise', 'psch! psch!' Die Birmanischen Buchstaben dafür, die auf dem Staubüberzug standen, sind so etwas wie zwei Fragezeichen - falsch herum. Sie sahen dich von jeder geeigneten Fläche aus an, auch Pfosten oder Baum. Wenn man sie beim Vorbeifahren an der Strasse sah, wusste man sofort, dass hinter dem Tor ein Meditationszentrum war.

Die anderen Regeln lauteten (als wir das nächste Mal kamen, waren es viel mehr geworden):

Sei still und halte dich von Freunden fern.

Schlaf nicht während der Meditation.

Folge den Anweisungen des Lehrers und vertraue ihm.

Während du der Methode eines Lehrers folgst, geh nicht zu einem anderen.

Lass dir das, was du gelesen hast, nicht im Kopf herum gehen.

Konzentriere dich auf die Gegenwart, nicht auf Vergangenheit oder Zukunft.

Bleib bei einer Methode der Meditation. Wechsle nicht.

Lass dich nicht von Trägheit überwältigen.

Ob du meditierst oder nicht, sammle deine Gedanken.

Du kannst im Liegen, Stehen oder Gehen meditieren.

Vergiss nicht, dass vom Edlen Achtfachen Pfad die ersten Schritte wichtig bleiben, obwohl du dich ursprünglich auf die letzten drei – Bemühung, Achtsamkeit und Meditation - konzentriert hattest.

Wenn du geduldig daran arbeitest, wirst du Erfolg haben.

Neben der Anzeigentafel befand sich der Tagesplan, und der schien mir auch sehr vernünftig, indem er auf ein Reglement zwischen einem asketischen Leben und Luxus hindeutete.

Am Tag zuvor war ich schon meinem Lehrer Saya U Thein vorgestellt worden. Er war kein Mönch sondern ein Laie, und das fand ich sogar noch besser als die Regeln und den Zeitplan, denn es passte perfekt zu meiner inneren Quaker - Einstellung. Er hatte verschiedene Fragen in Bezug auf meinen Werdegang und meinen Hintergrund gestellt. Dabei schien er mir fern und beiläufig, und ich mochte ihn weder noch lehnte ich ihn ab. Noch immer war ich voreingenommen gegen Gurus, aber schiesslich war ich hier, um anzunehmen, was mir gegeben werden sollte.

U Aye Bo verliess Sarana und mich und fuhr davon. Die Welt versank hinter mir, und ich war für wenigstens einen Monat hier, moralisch daran gebunden, nicht ohne die Einwilligung meines Lehrers wegzugehen oder auch nur danach zu fragen, mindestens für mehrere Tage, wenn auch nur, um zur Post zu gehen oder zur Bank. Ich entschied mich für eine Hütte zur Meditation, die am weitesten entfernt von der Halle für die Mahlzeiten und dem Versammlungszentrum lag, die den Mittelpunkt der kleinen Gemeinde bildeten. An einem Baum gegenüber war eine Notiz: 'Ruhe', und an dem Baum über mir hingen ein paar Vogelnester, die zur Hälfte gefüllten Weihnachtsstrümpfen glichen. Die Hütte war über Wasser gebaut und konnte über eine hölzerne Brücke erreicht werden.

An diesem Abend gingen Sarana und ich in die Gemeinschaftshalle, um dem Buddha und unserem Lehrer U Thein 'Respekt zu erweisen', indem wir uns niederliessen und unsere Gesichter auf die Hände auf dem Boden legten. Dreimal solcherart 'Respekt zu bezeugen' ist eine sehr gute Übung, um die Figur eines Schulmädchens zu behalten. Es war erst mein zweiter Versuch und ziemlich wenig gelungen.

Ohne sich lange aufzuhalten begann der Lehrer mit den Unterweisungen und schloss daran das Ritual der Einweihung an. Ich sollte Konzentration erlangen durch die Beobachtung meiner Gedanken, und das Aus- und Einatmen durch die Nase zu spüren, 'apana' genannt, es war aber eine einfachere Methode als die Variationen, die üblicherweise in den Textbüchern beschrieben werden. U Thein betrachtete es als Energieverschwendung, den Weg des Atems hinunter zum Nabel und wieder nach oben zu beobachten, oder die Bewegung des Bauches. Wenn man einen Baumstamm zersägt, dann ruhen die Augen auf der Stelle, wo die Säge das Holz zerschneidet. Er erklärte, dass das Ziel der Bemühung die Erreichung von Erleuchtung war und nichts sonst. Ich wand ein, dass ich Erleuchtung nicht für mich selbst suche, sondern für alle existierenden Wesen, und überhaupt gab es kein individuelles Selbst, um die Erleuchtung zu finden, denn alles war Nicht - Selbst, Anatta. Sarana übersetzte treulich, und er schien von meinem Protest angetan und stimmte zu; er habe nur selbstsüchtige Motive von Vergnügungslust und Macht ausgeschlossen. Dann sagte er, man könne im Sitzen, Stehen, Gehen oder Liegen meditieren. Als er sah, dass ich in der Lotusstellung sitzen konnte, mit den nach oben gewendeten Füssen auf den Oberschenkeln, gab er seine Zustimmung. Anders als Inder verwenden Burmesen diese Stellung nicht für die Meditation. Männer sitzen im Schneidersitz und Frauen mit den Füssen zu einer Seite unter sich, was erklären könnte, dass viele Meditierende leicht hinken. Zweifelsohne werden von nun an die Menschen in Mandalay annehmen, dass Europäer mit Freude die Lotusposition einnehmen, und es wird ihnen nicht in den Sinn kommen, dass der nächste Europäer im Zentrum einen Stuhl bevorzugen könnte!

Sarana gab einen kurzen Überblick über die Zeremonie, die nun folgen würde. Sie begann mit den drei Zufluchten - Buddha, Lehre, Gemeinde -, schloss die bereits erwähnten Gebote ein und fügte einen letzten dazu, den grenzenloser Liebe. Ich wurde aufgefordert, dem Ritual zuzustimmen dadurch, dass ich so gut es ging teilnahm und 'La! La!'

sagte oder so etwas Ähnliches, und ich versuchte nach Kräften so ernsthaft wie möglich mitzuwirken. Ein Wort zog meine Aufmerksamkeit auf sich, das häufig wiederholt wurde. Meinem phonetisch nicht trainierten Ohr klang es wie 'Bandy'; es war aber 'Bhante', oder 'Herr', was ich natürlich hätte vermuten können.

Die drei Zufluchten 'aufzusuchen' und das häufige Anrufen des Herrn das hat grössere Bedeutung, als Menschen aus dem Westen im allgemeinen zugestehen. Buddha selbst legte so viel Wert darauf, dass alles von uns und unseren Bemühungen abhing, dass wir oft sein Beharren übersehen, das er vor allem Ananda gegenüber vor seinem Tod an den Tag legte, dass wir nämlich Zuflucht zur Lehre, dem Gesetz oder der Wahrheit, und zum Selbst, der Unsterblichen Essenz oder Lampe in uns nehmen sollten. Wenn Menschen sich vom Christentum abwenden, lassen sie Zuflucht zu Christus und der Kirche hinter sich und fühlen sich wenig geneigt, sie mit Buddha und der Gemeinde zu ersetzen. Sie nehmen die drei Zufluchten als Formalität, sie bedeuten wenig bis nichts für sie. Aber während sie die Spreu wegwarfen, warfen sie den Weizen auch mit hinaus. Namen sind unwichtig, aber die psychologische Haltung des Sich-Hingebens und in eine Macht, unabhängig von einem selbst, zu vertrauen, ist tatsächlich ungeheuer wichtig. Es ist nicht der Doktor oder die Schiene, die den gebrochenen Knochen heilen; diese Dinge schaffen nur die geeigneten Voraussetzungen für die Heilung. Gleicherweise ist es nicht die Meditation, die den aus den Fugen geratenen Geist heilt; Meditation schafft nur die richtigen Bedingungen dafür. In jedem dieser Fälle wird die tatsächliche Heilung durch diese Macht ausserhalb von uns erreicht, nenne sie wie du willst. Selbstbemühung und Zuflucht zu einer anderen Macht sind zwei Seiten derselben Medaille. Jede braucht die andere, ist nutzlos ohne die andere.

Die Gebote wurden bereits erwähnt. Die wichtigsten sind: Nicht-Töten im Sinne von ahimsa bzw. keinen Schaden verursachen, Nicht-Stehlen, Nicht-Nehmen was nicht gegeben wurde, Keuschheit und das Vermeiden von berauschenden Mitteln. Weniger wichtig sind: Nichts essen nach 12 Uhr mittags, das Vermeiden von Unterhaltungsveranstaltungen wie Shows, Tanz und Musik, sich zu schmücken, sowie unnötige Kosmetika und hohe, luxuriöse Betten. Mönche fügen noch ein Gebot hinzu, nämlich das Hantieren mit Gold und Silber. Wir stimmten allen ausser dem letzten zu.

In wie weit sind diese Gebote notwendig für den Erfolg der Meditation und in wie weit dafür, um diese Konzentration des Denkens gut für den Meditierenden oder andere sein zu lassen und nicht etwa schädlich?

In Burma gelten sie als wesentlich. Und wenn sie nicht wörtlich, sondern im Geist, der Intention, genommen werden, dann unterscheiden sich die Systeme im östlichen Gedankenbereich nicht grundlegend voneinander, vorausgesetzt, man nimmt Keuschheit als strikte Kontrolle des Sexualtriebs. Wenn man sich aber dem Westen zuwendet, dann finden sich erstaunliche Unterschiede selbst in den fünf wichtigsten Geboten.

Der Katholizismus spricht übereinstimmend in Sachen Zölibat und Kontrolle des Sexualtriebs, aber dort wurde nie die grundlegende Notwendigkeit der Wahrhaftigkeit geltend gemacht, und es wurde nie darauf bestanden, dass 'du sollst nicht töten' unabdingbar sei, um heilig gesprochen zu werden. Quaker betonen nachdrücklich die Notwendigkeit, nicht zu lügen und sie bestehen darauf, nicht zu töten, aber nicht deshalb, weil die Einheit alles Seins nur durch die Ehrfurcht vor allem Leben erreicht werden kann. Das Buch der Disziplin der Quaker enthält kein Wort hinsichtlich des Nicht-Tötens niederer Lebewesen (im Vergleich zum Menschen). Hinsichtlich Zölibat oder die strikte Kontrolle des Sexualtriebs, da schweigt das Quaker Buch der Disziplin auch wieder. Und schliesslich hat keine wichtige westliche religiöse Richtung totale Abstinenz von berauschenden Substanzen als notwendig für die spirituelle Entwicklung erachtet. Ob dieses Unvermögen westlicher Mystik, so zu sprechen wie ihre östlichen Brüder, mit den traurigen Seiten christlicher Geschichte zu tun hat, das mag jeder für sich entscheiden. Natürlich gibt es auch traurige Seiten in der Geschichte östlicher Religionen, aber die sind ganz anders geartet.

So viel zu den 5 Hauptgeboten. Die weniger bedeutenden sind aber doch wichtiger, als es zunächst erscheint. Sie sollen den fünf Sinnen durch die Entfernung von Versuchungen helfen, sich zu beherrschen.

Keine Nahrung nach 12.00 Uhr mittags. Die Vinaya - Regeln für Mönche sprechen von einer Mahlzeit am Tag, aber das wird interpretiert als eine Hauptmahlzeit pro Tag. Da ist nichts Magisches im Hinblick auf die Mittagsstunde. Bevor ich das Zentrum verliess sagte ich U Thein, dass ich vermutlich nicht zur Abendmahlzeit zurückkehren, aber die Mittagsmahlzeit gegen ein Uhr zu mir nehmen würde und am Abend eine Tasse heisse Milch. Er hatte dagegen keine Einwände; Die Nahrungsmenge sollte reduziert werden, das war alles, was gefordert wurde, und man sollte eigentlich denken, dass das eine Regel guter Gesundheit für alle über 30 wäre, es sei denn, sie verrichteten harte, körperliche Arbeit. Was aber jemanden, der östliche Philosophie studiert hat, seltsam anmutet, ist, dass in Burma Fleisch zu essen nicht tabu für den Meditierenden ist, so wie in Patanjalis Yoga Aphorismen und ganz allgemein in indischer Philosophie. In Burma sind die Menschen überzeugte Fleisch-Esser und geben das auch nicht auf, wenn sie meditieren. So lange jemand anders das Verbrechen, Leben zu nehmen, verübt, sehen sie keinen Widerspruch zu 'Ahimsa' oder dem Verbot zu töten. Und sicher stellte der Verzehr von Fleisch kein Hindernis dar zu meditieren; sollte es Gründe dagegen geben, so müssten sie anderswo zu finden sein.

Hohe und komfortable Betten werden wahrscheinlich deswegen ausgeschlossen, weil sie dazu verführen, zu lange zu schlafen. Die Ächtung von Musik, Tanz, Vorführungen, Kosmetika, Parfüm, Girlanden und persönlichem Schmuck ist vielleicht am interessantesten und ganz sicher am umstrittensten, weil all das gelegentlich in religiösen Riten benutzt wird. Aber bei Vermeidung dieser Dinge wird offensichtlich Versuchung von den Sinnen des Sehens, Hörens und Geruchs fern gehalten. Mit dem Anwachsen der Spiritualität und der Gewohnheit zu meditieren verschwindet die Neigung zu solchen Dingen ganz natürlich. Aber wie Elizabeth Fry, die Reformerin von Quaker Gefängnissen, bei ihren Kindern herausfand, und ebenso die Geschichten der Vinaya Regeln für Mönche lehren, ist der Versuch, sich gewaltsam zu enthalten, ein Fehler, bevor die Zeit dafür reif ist. Es ist gleicherweise falsch, sich vorzustellen, die Liebe zu all den Dingen zu erhalten, nicht einmal zu Musik, und das Anwachsen spirituellen Lebens einfach so zu erwarten, noch weniger den Fortschritt in Meditation. Ausgenommen in Perioden intensiver Meditation scheint es keinen Grund zu geben, all die genannten Dinge vollständig abzulegen, und in den frühen Stadien spirituellen Lebens mögen sie sogar hilfreich sein. Die Gefahr besteht darin, dass der Suchende verhaftet bleibt und sein Fortschritt dadurch behindert wird, es sei denn, er ist sich ständig dessen bewusst, sich letztendlich davon zu lösen.

Was den 6. Sinn, den Verstand und die Art Gedanken, die natürliches geistiges Wachstum andauernd verhindern, anbetrifft, dazu äussern sich die Gebote nicht, vielleicht weil es keine Bücher, ganz zu schweigen von Zeitungen oder Zeitschriften, im frühen Buddhismus gab. Am Zentrum war jede Versuchung dieser Art weitest möglich entfernt, denn keine Bücher, Zeitschriften oder Zeitungen waren erhältlich, und wir wurden gebeten, nicht zu lesen. Wie das Essen, mussten auch die intellektuellen Ablenkungen vermindert werden. Es ist nicht notwendig oder auch nur wünschenswert, dass keine Bücher gelesen werden – ausgenommen während der Perioden intensiver Meditation -, aber es stellt sich heraus, dass die Neigung zum Lesen allmählich geringer wird und am Ende ganz weg fällt, wie es auch hinsichtlich Musik, Tanz oder Vorführungen geschieht. In keinem dieser Fälle heisst es, dass man keinen Gefallen mehr an diesen Dingen findet, - tatsächlich kann das sich noch verstärken -, aber es heisst einfach, dass es einem gleichgültig wird, ob man sie hat oder nicht.

So viel zu den Geboten. Nachdem die Zeremonie zu Ende war, bot mir jemand eine Tasse Kaffee an. Es war schliesslich meine erste Nacht hier, aber Kaffee enthält Milch und die wurde als Nahrung eingestuft, so lehnte ich gehorsam ab. Ich würde hier nicht damit beginnen, indem ich eins der Gebote brach, obwohl ich persönlich eigentlich nichts dabei fand. Ob oder nicht deswegen, ich weiss es nicht, aber es war keine angenehme Nacht und die Meditation nicht sehr erfolgreich, bis nach dem Reisbrei-Frühstück um 6 Uhr am nächsten Morgen.

Am zweiten Abend kam freundlicher weise Dr. Soni, um zu übersetzen. Natürlich sprach er perfekt Englisch und wäre theoretisch der bessere Dolmetscher, aber mir wurde hinterher klar, dass der wahre Grund, warum man ihn fragte, nicht darin zu suchen war, sondern einfach deswegen, weil er ein Mann war und Sarana bloss eine Frau. Tatsächlich aber war Sarana besser geeignet, weil sie eine christliche Schule besucht hatte, was es ihr ermöglichte, die Bedeutung von etwas Gesagtem zu verstehen, statt der blossen Worte, und auch deshalb, weil sie die gleiche Meditationsmethode befolgte. Aber selbst mit ihrer Hilfe blieb ein Rest von Missverstehen von Anfang an bestehen. Ich habe mich oft gefragt, ob eine gemeinsame Sprache U Thein befähigt hätte, während dieser ersten Tage hilfreicher zu sein, denn er hatte sicher eine klare Einsicht, aber irgendwie kam kein Kontakt zustande.

Über den dritten Tag gab es noch ein Interview mit ihm, und in Beantwortung seiner Fragen erzählte ich ihm pflichtgemäss von einer interessanten Vision, die am ersten Tag geschah. Er hörte irgendwie nebenbei zu, und erst kurz bevor ich ging, hörte ich, dass die Vision ein gutes Zeichen sei. Insgesamt aber liess er mich völlig im Dunkeln; er sagte nichts, um mich zu ermutigen oder auch zu entmutigen und ganz sicher nichts, um Vertrauen zu erwecken. Es wird nicht als weise angesehen, den Strebenden Hinweise zu geben zu dem, was sie vielleicht erwartet, und auch nicht zur Bedeutung dessen, was geschehen mag. Ihre Arbeit besteht einfach in der Meditation und alles andere der Lehre (Dhamma) zu überlassen, der Natur der Dinge, wie sie sind, und dem Gesetz ihrer Existenz.

Diese Visionen oder Phänomene, wie sie auch genannt werden, kommen fast immer während der frühen Phase der Meditation - ich kann mich erinnern, sie gehabt zu haben, als ich erstmals Meditation praktizierte, vor vierzehn oder fünfzehn Jahren. Im Maha Bodhi Zentrum sah ich sie, als ob ein sich schnell bewegender Film langsamer wurde und plötzlich still stand. Diese Phänomene zeigen, dass ein ganz guter Grad der Konzentration erreicht wurde, sie sind aber als solche nicht weiter wichtig. Jemandem, der nicht meditiert, sollten sie nie erzählt werden, und wenn man nicht bei einem erfahrenen Lehrer praktiziert, sollten sie angeschaut und dann umgehend aus der Aufmerksamkeit entfernt werden. Von einem erfahrenen Lehrer wird man sehr bald angewiesen, sie nicht zu beachten. Sie sind nicht real, und wenn man zu lange auf sie schaut, lenken sie den, der meditiert, vom geraden Weg ab, und in bestimmten Fällen mag das ernsthafte Konsequenzen haben. Die Natur der Visionen wird eingehender im letzten Kapitel besprochen.

Da ich nicht wusste, dass die Vision ein gutes Zeichen war, fühlte ich mich wirklich beunruhigt durch die Tatsache, dass die Aufregung durch die neue Umgebung und neue, interessante Dinge den zu Hause gewohnten Grad der Konzentration verhinderten, bei dem für einen kurzen Augenblick der Vorhang der Gedanken aufriss und das klare Licht des Nichts erschien. Es wurde gesagt, dass wir unsere Position während der Meditation ändern konnten, so lange wir uns dessen bewusst waren, und dass wir also vom Sitzen zum Liegen oder vom Gehen zum Stehen wechseln durften. Und deswegen verliess ich manchmal während der langen fünf Stunden dauernden Nachmittagssitzung die Hütte und wanderte achtsam um den See herum, oder stand und betrachtete die Schildkröten, die sich auf der Steinmauer sonnten, oder die Muster auf dem Wasser, die durch das Schnitzwerk am Dach des Klosters der Mönche entstanden. Hatte mich die Lehre (Dhamma) wieder in ein fremdes Land geführt, nur, um ein weiteres Mal beweisen, dass - wie Gandhi gesagt hatte - es keinen anderen Lehrmeister gibt als Gott? Ich kehrte dann in die kleine Hütte zurück mit einem Geist, wach und lebendig wie eh und je, der herum sprang wie ein Affe, statt ruhig zu liegen, wie er es gelernt hatte, so dass eine tiefere Weisheit zum Leben kommen konnte.

Erst am fünften Tag begann sich das Gehirn zu beruhigen, und es ist äusserst bemerkenswert, dass das geschah, als die Methode, das Ein und Aus des Atems zu beobachten, sich einen Schritt weiter entwickelt hatte und sich auf einen

Punkt konzentrierte, nämlich den Punkt, an dem das Leben fortwährend kommt und geht, endlose Schöpfung und Zerstörung, Entstehen und wieder Vergehen. Ich wusste nicht, dass damit das Thema angesprochen wurde, das sehr bald durch den Lehrer gegeben würde. Im Augenblick wusste ich nur, dass das arme Gehirn endlich etwas Interessantes gefunden hatte, und somit zufrieden war, zur Ruhe zu kommen und zu beobachten.

U Thein warnte nicht hinsichtlich der Visionen, denn es wird nicht als ratsam angesehen, dem Meditierenden Ideen in den Kopf zu setzen, sodass womöglich seine Vorstellungskraft Visionen entstehen lässt und nicht die Lehre (Dhamma). Aus dem selben Grund warnte er nicht vor Unpässlichkeiten, die gewöhnlich zwischen dem ersten und dem neunten Tag auftreten, nachdem intensive Meditation begonnen hat. Sarana hatte meine Hütte mit einem Ziegelstein, auf dem die Kerze stand, einer Bambusmatte, um darauf zu liegen, einem Nachttopf und einem Spucknapf ausgestattet und etwas von 'Erbrechen' gemurmelt. Der Spucknapf schien ein seltsames Möbel zu sein, aber ich dachte nicht weiter drüber nach, denn obwohl sich Leute gelegentlich erbrechen, wird die Gefahr diesbezüglich nicht als gross genug erachtet, um irgendwelche Vorkehrungen zu treffen - ausgenommen an Bord eines Schiffes! Später fand ich heraus, dass einige Meditierende tatsächlich erbrechen und sogar an Durchfall leiden. Mit passierte keine dieser Beschwerden, aber ich wurde wirklich beunruhigt, als mein Körper am zweiten Tag sehr unangenehme Bauchschmerzen bekam und das zusammen mit Durchfall. Natürlich hätte ich diese Dinge U Thein gegenüber nie erwähnt - keine sittsame Dame spricht über so etwas zu einem fremden Herrn. Ich fragte mich, ob ich rohes Gemüse gegessen oder nicht abgekochtes Wasser getrunken und damit irgendeine schreckliche tropische Krankheit bekommen hätte. Ich versuchte es mit einer Verdopplung meiner täglichen Yogaübungen, mit Bauchmassage - alles ohne Erfolg. Glücklicherweise erzählte ich am dritten Tag Sarana davon. Sie lächelte voller Freude. 'Gut, Gut! Der Wandel hat schon eingesetzt, Du musst ein gutes Karma haben!'

Was auch immer die Erklärung für diese physischen Störungen war, sie schienen ganz normal zu sein. Ich sprach mit anderen, die in Burma meditiert hatten, und sie alle berichteten von ähnlichen Erfahrungen. Einer war der Ansicht, dass sogar die Lehrer nicht wussten, dass diese Phänomene einen rein psychischen Grund haben. Sie sprachen einfach von 'Dukkha', Schmerz, und dass man es akzeptieren müsse. Aber U Thein war sich des wahren Grundes sehr wohl bewusst und konnte den Fortschritt des Meditierenden daran erkennen. Menschen aus dem östlichen Kulturbereich gehen sehr viel offener mit ihren intimen inneren Beschwerden um, als wir aus dem Westen. U Thein erzählte uns einmal geradezu jubilierend davon, dass einer der Mönche am zweiten Tag acht Stuhlgänge gehabt hatte!

Sehr wenige leiden überhaupt nicht, und obwohl die Schmerzen ein Zeichen für Fortschritt sind, zeigen sie doch nicht, wie schnell oder langsam Befreiung gefunden wird, denn die Ersten mögen die Letzten und die Letzten die Ersten sein. Und was für Schmerzen es auch sein mögen, man kann nichts anderes tun, als sie zu ertragen und sie als Teil der Schmerzen zu akzeptieren, die aller Schöpfung inne wohnen. Es ist Verschwendung der Kräfte, zum Arzt zu gehen oder Medikamente zu nehmen, auch wenn die Symptome bedrohlich erscheinen, denn weder Doktor noch Medizin können Abhilfe schaffen, solange man meditiert. Wenn die Zeit gekommen ist, verschwindet der Schmerz, und die Gesundheit ist viel besser als je zuvor.

Während dieser ersten Tage gab es zwei kleine Ereignisse, die einen tiefen Eindruck hinterliessen. Als erstes war es der Besuch von U Sein Maung, einem reichen Kaufmann in Palmzucker. Es handelt sich dabei um eine Zuckersubstanz, die von einer bestimmten Palmart (toddy palms) hergestellt wird. Er kam mit seiner Frau, die auch seine Partnerin war, und seiner Tochter Minnie. Die besuchte eine Klosterschule mit der Unterrichtssprache Englisch, so dass sie später für ihre Eltern ins Ausland reisen und dort für das Unternehmen tätig werden konnte. Jetzt war sie viel zu schüchtern, um für ihren Vater zu dolmetschen, aber doch hatte sie genug Voraussicht, um mich nach meiner Visitenkarte zu fragen! Die Familie war am Sabbat gekommen, dem Tag des Viertelmonds, um den Nachmittag an dem Zentrum, das sie auch unterstützten, in Mediation zu verbringen. U Sein Maung sagte mir – durch einen anderen Dolmetscher als seine Tochter -, dass er dadurch Verdienst erwerben wollte, indem er mir sein neues Auto zur Verfügung stellte, nachdem der Monat der Meditation vorüber war, so dass ich zu den Sagaing Hügeln fahren und andere Zentren der Meditation besuchen konnte.

Das zweite ereignete sich, als ich nach 5 Uhr am Nachmittag Zitronensaft mit Traubenzucker trank, was aus irgendeinem Grund nicht als 'Nahrung' angesehen wurde.

U Aye Bo hatte darauf bestanden, es mir zukommen zu lassen, und ich nahm es gern an. Ich unterhielt mich mit Sarana, als ein Mann, zu dem ich eine seltsame Nähe verspürte, still in den Raum kam und sich neben mich auf den Boden setzte. Nachdem er mich für eine oder zwei Minuten intensiv angeschaut hatte, sagte er etwas zu Sarana und sie übersetzte. 'Er sagt, dass ihr euch in einem früheren Leben gekannt habt'. Ich faltete meine Hände, um zu zeigen, dass gegenseitiges Verstehen herrschte, und er nickte zustimmend.

Mich mit englisch sprechenden Fremden oder sogar mit Sarana nach 5 Uhr am Nachmittag zu unterhalten war, wie ich bald herausfand, eine sehr ernsthafte Ablenkung, und ich entschied mich freiwillig, ein Schweigegelübde abzulegen für mindestens zwei Wochen, so dass sich niemand beleidigt fühlen konnte. Aber U Aye Bo war von diesem Gelübde ausgenommen. Er kam gewöhnlich so jeden zweiten Tag und brachte oft irgendetwas Europäisches zum Essen mit, was der reine Luxus war. Wir sprachen still über Lehre und Meditation, und manchmal auch über den moralischen Zustand in Politik und Wirtschaft. Das war vielleicht nicht ganz konform mit den Regeln des Zentrums, aber ich fühlte, dass es nicht gegen deren Geist verstiess, denn diese kleinen Gespräche übten einen beruhigenden, keinen erregenden Einfluss aus, obwohl er fünfzehn Jahre jünger war als ich und voll und ganz 'in der Welt' lebte. 'Aye Bo' heisst 'the cool boy', der Besonnene. Er glaubte nicht, dass er schon weit in Richtung der Besonnenheit von Nirwana gekommen war, aber vielleicht trug er die Möglichkeit dazu in sich, so dass er nicht ablenkend wirkte wie andere englisch sprechende

Besucher. Seine Mutter war eine angesehene Teehändlerin – die meisten der führenden Kaufleute in Mandalay schienen Frauen zu sein. Seine Tochter und die Nichte halfen ihr jetzt. Er war seiner Mutter zutiefst verbunden, und die langsam deutlich werdenden Altersschwächen berührten ihn sehr. Nach meiner Rückkehr nach Australien, an ihrem achtzigsten Geburtstag, übergab sie ihr Geschäft den beiden jungen Frauen und starb bald danach. Tausend Menschen kamen zu ihrem Begräbnis und ungefähr 800 englische Pfund wurden gespendet, so dass 10 Kyats (Burmesische Währung) an einhundert Mönche, 5 Kyats an hundert Nonnen gegeben werden konnten und ausserdem noch eine Steinplatte für ihr Grab angefertigt wurde, so, wie sie es auf dem Totenbett verfügt hatte.

U Aye Bo selbst sah nach der Geschäfts - Filiale seines Bruders und bildete seinen Neffen, Reggie, aus, dessen Bild in akademischer Robe die Wände des Gästezimmers in U Aye Bos Haus schmückte. U Aye Bo täuschte sich nicht mit nur scheinbar richtigen Argumenten über die Tatsache hinweg, dass sein Leben nicht im Einklang war mit den Lehren seines Meisters. Er war tief beunruhigt darüber, wenn er seinen Angestellten erlaubte, Dinge zu tun, die nicht der Wahrheit entsprachen, während er scheinbar nicht wusste, was passierte. Er gab nicht vor, dass Fleisch zu essen ahimsa war, also im Einklang mit dem Gebot, nicht zu töten, nur, weil er selbst die Tötung nicht vollzogen hatte. Die Küche mit 'Leichen' drin machte ihn unglücklich, aber sein Körper verlangte nach Fleisch, und er konnte sich nur während der Fastenzeit enthalten. Nach meiner Heimkehr schickte ich ihm ein Buch über die

Geschäftsmoral der Quaker, die es ihnen erlaubte, die Wahrheit zu sagen, selbst in einer rücksichtslosen Geschäftswelt. Er schrieb, dass es ihm sehr geholfen habe, und es mag zu der späteren Entscheidung beigetragen haben, sein Geschäft zu verändern.

Daw Toke Gale, U Aye Bo und Sayalay Daw Saranawati - ich fühlte mich oft zu Menschen mit dunkler Hautfarbe hingezogen, aber nie zuvor lebte ich unter solchen, die, so fühlte ich, meine Schwestern und Brüder waren. Daw Nyunt und U Thein, mein Lehrer, kamen bald zu dieser Liste, und diesen fünf Menschen ist dieses Buch gewidmet. Was immer auch die geistigen, mentalen und körperlichen Unannehmlichkeiten dieser ersten Tage, der beherrschende Eindruck war der von ganz aussergewöhnlicher Güte. Nie zuvor weilte ich in einer Umgebung von solch grenzenloser Liebe und glücklichen Friedens. Der Garten selbst schien in einer Atmosphäre von Liebe, ruhiger Gelassenheit und Hingabe zu liegen.

Drittes Kapitel

DAS VIPASSANA ZENTRUM FÜR MEDITATION

Während Dezember und Januar gab es wenige Menschen am Zentrum, weil, wie Sarana meinte, 'Burmesen die Kälte fürchten'. Dennoch kamen bald zwei Frauen, ein ungefähr zwölfjähriges Mädchen und ein etwas jüngerer Bub. Die Kinder besuchten eine englische christliche Schule, und was lag da näher, als die Weihnachtsferien an einem Buddhistischen Zentrum für Meditation zu verbringen! Am fünften Tag nach meiner Ankunft und drei Tage nach ihrem Kommen liess uns der Lehrer wissen, dass am nächsten Tag (es war der Weihnachtsabend) die Besucher und ich die zweite Initiation in der Gemeinschaftshalle oder dem Tempel erhielten, danach vier Stunden Meditation, bei der er anwesend sein würde, und diese ersten vier Stunden im Stehen. Mein Körper war nie glücklich, wenn er stehen musste, und als ich das U Aye Bo sagte, meinte er nur, das sei unwesentlich.

Sarana und ich gingen also am Heiligabend zur Gemeinschaftshalle. U Thein legte mir einen weissen Schal über die Schultern und sagte, dass ich nun ein Yogi sei und dass ich den Schal immer während einer Meditation tragen sollte. Die Männer, oder sollte ich besser sagen die männlichen Anwesenden, denn unter ihnen war der kleine Junge, sassen vorn auf dem Boden und die Frauen dahinter. Einige erfahrene Meditierende standen dem Lehrer bei, und ein Cousin von Sarana, er war Angestellter im Postamt, kam vor allem, um als Dolmetscher Verdienste zu erwerben. Er begann damit, einen Vortrag über Nama – Rupa (Name und Form) zu halten. Da ich aber selbst ganz gut buddhistisch predigen konnte, brachte ich das wohl zu einem verfrühten Ende und war bei weitem nicht so dankbar, wie ich dem Mann gegenüber hätte sein sollen, der Saranas Platz besetzt hatte.

Die Zeremonie schien länger als die erste, und natürlich verstand ich nichts, ausser hin und wieder einen wichtigen Satz, der speziell übersetzt wurde. Allerdings verstand ich diesmal 'Banthe' (Herr) und murmelte inbrünstig mit, wenn immer ich es hörte. Eine Zusammenfassung der Zeremonie wurde später durch einen Besucher, einen Richter, übersetzt, und die ausführliche Übersetzung findet man im Anhang.

Dann folgte eine kurze Predigt über die Technik, die wir anwenden sollten. Es klang so wie 'Pee-pay' oder, wenn es schnell gesprochen wurde, wie Peepy-Peepy'. Das Wort, worum es sich handelte, war tatsächlich Phyit-pyet', wörtlich Ein-Aus, Schöpfung und Zerstörung, oder Werden und Vergehen. Wir sollten dieses Prinzip von unablässiger Schöpfung und Zerstörung an der Nasenspitze beginnen, dann zum Scheitel aufsteigen und von da durch den ganzen Körper, bis wir uns bewusst wurden, dass Körper und Geist vollständig aus Teilchen im Prozess ständiger Schöpfung und Zerstörung bestanden, und das ist genau das Prinzip, das die moderne Wissenschaft auf anderem Wege gefunden hat, nach dem nicht nur unsere Körper, sondern das gesamte Universum bis zum fernsten Sternennebel existieren. Wir sollten in dieses Prinzip alles einbringen, was mit Körper und Geist verbunden ist, das heisst also die sechs Sinne und deren Objekte.

Dann wurde ein Vorhang zwischen männliche und weibliche Teilnehmer gezogen und die lange Meditation begann damit, dass der Lehrer unsere Bemühungen anregte durch ständige Wiederholung von 'Phyit-pyet', während er hin und her ging. Sarana bewegte inzwischen ihre Finger an meinem Körper rauf und runter und sagte 'Veränderung - verändere dich - verändere dich'.

Es wurden Kissen verteilt, so dass wir unsere Position zwischen Sitzen und Liegen wechseln konnten. Während ich das tat, zeigten meine Füsse versehentlich in Richtung der Buddha-Statue (hinter dem Vorhang!). Sarana korrigierte das schnell - es ist schrecklich unehrerbietig, irgendjemandem die Füsse entgegen zu strecken, und dann noch dem Buddha! Einmal beugte der Postamtsangestellte den Kopf über den Vorhang und sagte: 'Denk an die grenzenlose Zuflucht zu Buddha und beunruhige dich nicht des Ergebnisses wegen.' Später streckte er wieder seinen Kopf über den Vorhang - oder ich nahm zumindest an, dass er es tat, meine Augen waren, wie es der Situation entsprach, geschlossen - und fragte, ob ich irgendetwas verspürte. 'Ein Kitzeln - nein, mehr darf ich nicht sagen - äh, äh irgendetwas …' Leider konnte ich nichts dergleichen vermelden, ausser der glücklichen Erleichterung angesichts dem Gefühl, dass alles in Körper und Geist unablässig im Wandel war. Nie zuvor hatte ich die Segnung von ständigem Werden und Vergehen erfahren - Ideen, die immerzu entstehen und verschwinden - die Probleme des Körpers: Kommen und gehen - wie wunderbar, dass Dinge nie dieselben blieben. Der Geist war wundervoll friedlich, und es gab nicht die geringste Schwierigkeit, sich zu konzentrieren.

Die anwesenden erfahrenen Meditierenden halfen uns in einer Weise, die man erlebt haben muss, um sie zu verstehen. Sie waren da, um uns am Anfang auf den Weg zu bringen, aber auch, wenn jemand 'irgendetwas verspürte', so wie zum Beispiel eine ein wenig zu starke Erschütterung. Aber von dieser kleinen Gruppe zeigte niemand etwas, es sei denn, völligen Frieden. Um vier Uhr am Nachmittag gingen sie geräuschlos. Man konnte das fühlen, denn eine Kraft verschwand, aber die Konzentration blieb noch für etwa eine Stunde, dann endete die Zeremonie mit dem Verteilen des Verdienstes unter allen fühlenden Wesen.

Da ist dreierlei, was mir bei dieser Zeremonie sehr wichtig erschien, aber es wurde nicht betont, und, offen gesagt, wurde es in den Lehrbüchern nicht einmal erwähnt. Da ist erstens das Gewicht, was darauf gelegt wurde, Zuflucht zu nehmen und sich auf eine Macht ausserhalb von uns zu verlassen. Kein Gläubiger, der Gott oder Jesus Christus anrief, konnte sich noch mehr einem Nicht-Selbst anvertrauen. Diese völlige Hingabe vermeidet Anspannung und Stress und mag im Extremfall zu Neurose und geistiger Verwirrtheit führen. Das zweite ist, Liebe und Vergebung an alle zu geben, die uns verletzt haben und dafür demütig Liebe und Vergebung aller zu erbitten, denen wir weh getan haben. Wir neigten uns bis zum Boden. Meditation oder die Konzentration des Denkens ruft mächtige Kräfte hervor und ohne die Strahlen der Liebe könnten sie durchaus zu Bösem führen. Es wird berichtet, dass Zen - Meditation in Japan zu Kriegszwecken verwendet wurde. Ob das nun so war oder auch nicht, es konnte ganz leicht diese Wendung nehmen, wenn es nicht durch bewusste liebende Güte allen gegenüber begleitet wurde, Feinde eingeschlossen. Als Drittes beeindruckte mich das Verteilen von Verdienst an alle, als noch ein Rettungsschirm gegen die Verwendung der Meditation zu egoistischen Zielen oder irgendwelchen Hintergedanken.

Beim Gespräch mit U Thein am Abend nach der Zeremonie sagte er, dass die eigentliche Arbeit nun begann. Die erste Übung des 'apana', Beobachtung der Atmung, diente nur dazu, Konzentration oder 'samadhi' zu erlangen. Die Vipassana - Praxis fing nun an, indem man die sich unablässig verändernden Elemente ansah, ein-aus, phyit-pyet, Schöpfung und Zerstörung, die in jedem Teil des Körpers und Geistes, die nie getrennt werden konnten, statt fanden. Der Gegenstand der Vipassana - Meditation bestand darin, in der eigenen Erfahrung herauszufinden, dass dukkha (Schmerz), anicca (Übergang) und anatta (Selbst - Losigkeit, Nicht-Ich) Bestandteil von Allem waren, der wahre Kern aller Dinge und dadurch Nirwana zu erreichen, das Verlassen der Erde und das Entstehen von Amata, Unsterblichkeit. Am Ende würden wir durch die Vipassana - Meditation erkennen, dass 'ich kein Mann bin' 'du keine Frau', 'sie keine Nonne'; denn alles besteht nur aus denselben unablässig sich verändernden Elementen.

Visionen sollten keine Beachtung mehr geschenkt werden, denn sie sind nicht real. Das einzige, was U Thein ab jetzt hören wollte, das waren körperliche Reaktionen, die stattfanden - ich dachte, dass ich bereits mehr als genug körperliche Reaktionen erfahren hatte, kam aber nie auf die Idee, sie zu erwähnen, und sie wurden tatsächlich erst am Tag vor meiner Abreise besprochen. Das war der

Weihnachtsabend. Ich wies darauf hin, dass der Weihnachtstag Symbol für die Entstehung neuen Lebens war. Er stimmte zu und fügte an, dass Burma ein Land guter Vorzeichen war. Ich fragte ihn, ob weitere drei Wochen ausreichen würden, um das Training vollenden. Er antwortete, er wisse es nicht; alles hinge vom Karma ab und von Bemühung in den früheren Leben. Ich mochte ihn schon, aber so richtiges Vertrauen herrschte nicht. Er war ein Lehrer, aber auch der Mann, der mir kurz vor meiner Abreise hierher einen unfreundlichen Brief schrieb, was dazu beigetragen hatte, die Luft aus meinem Ego zu nehmen. Und so war alles, was zwischen uns geschah, zugleich angenehm als auch unangenehm.

Der siebente Tag nach meiner Ankunft, der Weihnachtstag, war ganz angefüllt mit Frieden. Die Bauchschmerzen waren verschwunden, Körper und Geist verschmolzen in den unablässigen Wellen der Schöpfung von Werden und Vergehen, und das Denken stand immer wieder lange still. Es gab zwar leichte Wärme, Jucken und Herzklopfen, sie waren aber kaum merkbar im Glück der friedlichen Wellen von Kommen und Gehen. Da erinnerte ich mich an die Lektion, die mich vier Pinien auf der Norfolk Insel lehrten, einem winzigen Stück Land im Pazifik, wo sich türkisfarbenes Wasser in weissen Wellen an schwarzen Basaltklippen mit hellem Kalksteinrand brach, gekrönt von diesen stattlichen Pinien, einem Wahrzeichen der kleinen Insel. Oberhalb meines einsamen Zeltes standen vier davon. Die eine war noch in ihrer Kindheit; ihre symmetrisch, wie Sterne, angeordneten Zweige erhoben sich perfekt übereinander, an der Spitze ein kleines Kreuz; ich bewunderte ihre Vollkommenheit. Die zweite befand sich in ihrer Jugend; ihre 'Sterne' waren nicht mehr perfekt, so doch noch immer sehr schön und eine Freude anzusehen. Die dritte im mittleren Lebensalter hatte ihre Sternenzweige verloren; sie unterschied sich ein wenig von anderen Pinien. Die vierte befand sich im Sterben, und nur noch wenige grüne Nadeln waren zwischen den abgestorbenen Zweigen zu sehen. Daneben, am Abzugskanal, stand noch der tote Stamm eines Baumes. Es war schrecklich schwer zu akzeptieren, dass dem wunderschönen, perfekten jungen Baum keine grössere Bedeutung zukam, als dem sterbenden oder dem bereits toten, dass das Leben ein sich ständig änderndes Drama ist von Geburt, Heranwachsen, Tod und Wiedergeburt, von Schöpfung und Zerstörung, Wandel und Vergehen, dass auch mein Körper und Geist dem Verfall entgegen gehen, und dass in Nichts dieser Welt des Übergangs ein Ende des Leidens zu finden ist.

Nachdem viele Jahre lang diese Lektion gelernt wurde, gab es nun nur noch Freude darüber, mit diesen Wellen von Entstehen und Zerstörung eins zu sein.

Am nächsten Tag, beinah noch bevor ich mich setzte, um zu meditieren und während noch Gedanken herein drangen, entwickelte sich starkes Herzklopfen und eine Atemlosigkeit, als ob ich einen schrecklich steilen Berg erklomm, in grosser Höhe und viel zu schnell. Atemzüge mussten tiefer und tiefer und immer schneller erfolgen, um das Tempo in der dünner werdenden Luft zu halten (obwohl ich tatsächlich nie solche schlimme Atemlosigkeit in grossen Höhen erlebt hatte). Schliesslich legte ich mich hin. Die Atemzüge wurden nicht nur tiefer, sondern auch langsamer und leichter, so wie es auch geschieht, wenn man seinen Schritt - Rhythmus bei einer Bergbesteigung findet. Die geschwätzigen Gedanken verabschiedeten sich langsam, und vollkommene Entspannung und Ruhe kehrten ein. Nach dem Mittagessen kam diese wundervolle Entspannung fast sofort, verbunden mit vollkommener Stille, perfekt ausgeruht ohne geschlafen zu haben, so, als läge man gewiegt auf den sanften Wellen allen Seins. Ich weinte fast angesichts dieser Schönheit und Glückseligkeit, und erst zweieinhalb Stunden später verblasste dieses wunderbare Gefühl; danach konnte ich mich nicht sehr gut konzentrieren. Während dieser zweieinhalb Stunden gab es ein - oder zweimal einen leichten Schmerz in der Nähe des Herzens, aber nicht genug, um den Frieden zu stören.

Als U Thein von dem Schwimmen auf Wellen des Kommens und Gehens erfuhr, lächelte er zunächst zustimmend, bremste sich dann aber hastig und meinte, Erfolg sei gefährlicher als Misserfolg, und wenn man sich darauf ausruhte, wäre es eine Ablenkung, die weiteren Fortschritt verhinderte. Ich war sicher, dass er Recht hatte. Wie Vinoba, Gandhis spiritueller Nachfolger, gesagt hatte, bestand wirkliche Konzentration nicht nur in der Stille des Geistes, sondern in einem fortdauernden Zustand perfekten Gleichgewichts als Folge davon, gleichzeitig in dieser Welt als auch dem Jenseits zu sein. Das war das Gleichgewicht, das Bruder Lawrence als das Erleben der Gegenwart von Gott kannte. Einige Wochen später, als ich andere Zentren der Meditation besuchte, regte mich eine Kleinigkeit auf, und ich erkannte, wie wenig diese und andere Erfahrungen der Konzentration wirklich bedeutet hatten.

U Thein fuhr fort und erklärte, dass die Methode noch nicht korrekt verstanden wurde. Das Ein und Aus, phyit – pyet musste schneller passieren. Die wahre Natur der Dinge waren nicht sanft wogende Wellen, die kommen und gehen, sondern Atome, die sich sehr, sehr schnell verändern. Das sagt ebenso die Naturwissenschaft: Der Tanz der Atome, Teilchen oder kleinsten Wellen, welchen Ausdruck man immer auch verwendet, ist schnell, nicht langsam. (Und das wird tatsächlich auch in der Meditation erfahren, wenn die Lehre, Dhamma, das Gesetz des Seins, einen in Besitz nimmt. Die Geschwindigkeit ist so intensiv, dass sie nicht erfasst werden kann.)

Am nächsten Tag führte ich, wie angewiesen, phyit-pyet rasch aus, schneller als Lichtgeschwindigkeit vom Scheitel bis zu den Solen und wieder nach oben. An diesem Tag gab es drei lange Perioden vollkommener Konzentration, eineinhalb Stunden, dann zweieinhalb und wieder eineinhalb. Inmitten dieser unablässigen Veränderung der Elemente im Körper entwickelte sich ein Nebelwirbel, der den Gedanken zu gleichen schien, die sich noch schneller bewegten. Wieder war da das Glücksgefühl, in Harmonie mit der Schöpfung vollkommen entspannt zu sein, nichts zu erstreben, nichts zu wünschen. Später durchschossen dunkelrote Funken die wirbelnde Masse, aber Frieden und Konzentration blieben.

Am zehnten Tag begannen diese Erfahrungen, die sicher dem stimulierenden Effekt geschuldet waren, den das Meditieren unter erfahrenen Lehrern in der Gemeinde - Halle ausgeübt hatte, langsam zu verschwinden, und ein unbehagliches Gefühl schlich sich ein. Wie schon erwähnt, zwischen mir und U Thein hatte nie völliges Vertrauen geherrscht. An diesem Tag nun brachte eine Kleinigkeit das zutage. Ich fand heraus, dass die Verpflichtung, ihm alles zu berichten, was geschah, das Innere Licht abschwächte. Mit Unmut erkannte ich, dass die abendlichen Konferenzen aufhören müssten. Ich fühlte mich unendlich undankbar meinen so sehr gütigen Freunden gegenüber. Aber so war es nun mal. Als an diesem Abend U Aye Bo kam und ich ihm davon berichtete, meinte er, dass ich natürlich weiter am Zentrum bleiben könnte, auch ohne die Gespräche mit U Thein, aber das liess mich undankbarer denn je erscheinen. Wir gingen zur Gemeindehalle, um ihn zu treffen, und inmitten vieler Besucher versuchte ich, es ihm zu erklären. Es war schon schwierig genug, mir die Situation auf Englisch klar zu machen, aber über einen Dolmetscher schien es schier unmöglich. U Thein übergab U Aye Bo einige 'Temperaturkarten', wie er sie nannte, auf denen er in in Form einer Grafik den Fortschritt, den die Meditierenden machten, verzeichnete. Die erste erinnerte an eine Dame, die Ohrenschmerzen bekam. All das war interessant, aber wenig überzeugend. Schliesslich sagte er, dass er später, wenn ich zu Daw Nyunts Hütte ginge, dorthin kommen und überlegen würde, was angesichts der Situation getan werden konnte.

Daw Nyunt war zeitweise das Oberhaupt des Zentrums, zusammen mit der Schwester von U Aye Bo, einem der Gründer. Sie war völlig selbstlos und überschäumend mit Liebe und Güte. Als ich Sarana gegenüber erwähnte, wie wunderbar gütig sie zu mir gewesen wäre, sagte sie 'nicht nur zu dir, sondern zu allen'.

Sie kam aus einer Familie von Kaufleuten mit Zitrusfrüchten - Mutter, Vater und vier Töchter. (Es scheint seltsam zu sein, dass Firmen Frau (Daw) so und so und Tochter hiessen, aber das ist in Mandalay üblich.) Wahrscheinlich waren die meisten Kaufleute Frauen; Männer schienen die Beamtenlaufbahn vorzuziehen. Erst bei meinem zweiten Besuch in Mandalay erkannte ich, dass auch ihr Vater Kaufmann gewesen war. Sie, Daw Nyunt, war die Älteste, und als sie mit zwölf Jahren die Schule verliess, arbeitete sie als Verkäuferin für die Firma. In der Schule hatte sie die drei R's gelernt, nämlich die Buddhistischen Schriften, speziell für den Gebrauch im Unterricht ausgewählt, Legenden aus Buddhas früheren Leben und die Geschichte und Geografie Burmas. Das war alles. Ihre neue Arbeit als Verkäuferin von Zitrusfrüchten gefiel ihr. Als ihre Mutter zum Teil arbeitsunfähig wurde, übernahm sie mehr und mehr Aufgaben, und eine Tante, die sie sehr liebte, bekam Einfluss auf sie. Aber als sie achtundzwanzig war, unterzog sich die Tante einer Operation und starb, Daw Nyunt war zutiefst traurig. Sie konnte an nichts anderes mehr denken. Die Schwester von U Aye Bo übte Meditation unter U Thein an dem Zentrum für Meditation in der Nähe von St. Johanns Lepra Krankenhaus. Sie schlug vor, ihre Trauer dadurch zu lindern, dass sie lernte zu meditieren. Sie akzeptierte das und überliess das Geschäft ihren Schwestern. Sehr bald verlor sich die Trauer, so aber auch das Interesse an der früheren Arbeit im Zitrusgeschäft.

An Zentrum gab es keine Möglichkeit zu bleiben, und so kehrten sowohl Lehrer als auch Lernende am Abend nach Hause zurück. Am selben Zentrum gab auch ein Mönch Unterweisung und natürlich mochte er, der offensichtlich aus eigener Erfahrung nichts von anatta, Selbstlosigkeit kannte, keinen Rivalen, noch dazu einen Laien, der mehr

Interessierte anzog als er selbst. So begannen die Schüler von U Thein, auch Daw Nyunt, die nun 30 war, nach einem eigenen Zentrum Ausschau zu halten. Sie fanden schliesslich den Lustgarten eines früheren Prinzen, den sie kauften und Maha Bodhi nannten. Sie pflanzten einen Bodhi- oder Weisheitsbaum, um den Namen sowohl materiell als auch spirituell zu rechtfertigen. Maha Bodhi heisst 'Grosse Weisheit'. Daw Nyunt zog dahin und praktizierte Meditation täglich zwölf Stunden lang.

Sie machte keine halben Sachen. Als sie mit der Meditation anfing, legte sie ihren Schmuck weg - die Ohrringe hinterliessen Löcher in den Ohren - und gab auch ihre drei anderen burmesischen Laster auf, nämlich Rauchen, das Kauen von Betelnüssen und das Essen von sauer eingelegtem Tee, währenddessen sie angestrengt meditierte, tatsächlich zu angestrengt, denn nach drei Jahren hinterliess die Bemühung Spuren an ihrer Gesundheit.

Das Zentrum war in diesen drei Jahren sehr schnell gewachsen. Begonnen hatte es mit nur einem Koch und wenigen Bewohnern. Aber nun überforderte die Tätigkeit als Manager den Koch. Als der Doktor da meinte, sie solle mit dem Meditieren für einige Zeit aufhören, schlug U Thein vor, sie solle stattdessen das Management übernehmen und nur in ihrer freien Zeit meditieren. Sie akzeptierte das und ihre Gesundheit besserte sich. Sie war nun siebenunddreissig Jahre alt. In sich trug sie weiterhin den Wunsch, nur zu meditieren und als Nonne die Welt zu verlassen. Aber ihre Mutter stimmte dem nicht zu bis sie vierzig war. Dann sagte sie glücklich 'phyit-pyet'. Alle diese Jahre hatte sie für andere gearbeitet, jetzt mit vierzig würde sie das für sich selbst tun!

Das Problem war, dass es im Zentrum niemanden gab, um ihre Arbeit zu übernehmen. Sie war nicht nur das gütige Herz von Allem, sondern sie hatte auch die gleiche geschäftliche Fähigkeit wie ihre Mutter und die Schwestern, obwohl, soweit ich das erkennen konnte, ihre Idee, Geld sicher aufzubewahren, war, es in leeren Zigarettendosen herumliegen zu lassen. Sie musste sich nicht nur um Bauarbeiten, um die Unterbringung der Gäste, den gesamten Haushalt und jedermanns tägliche Wünsche kümmern, sondern sie wirkte auch als Assistentin bei jeder Einweihungszeremonie mit, sowie manchmal, wenn eine der Frauen irgendetwas 'fühlte', und das bedeutete nicht, bloss drei Stunden mit Novizinnen zu meditieren.

Auf der Verandah ihrer Hütte gab es den hübschen, kleinen Buddha Schrein, wo täglich frische Blumen hingestellt, die Schalen ausgewaschen und mit frischem, klarem Wasser gefüllt und kleine Speisen als Opfergabe (die warf man später den Vögeln zu) hingelegt wurden. Aber es gab keine Buddha Statue, 'weil so viele Menschen zu Daw Nyunt_kamen, die würden dann alle einer Buddha Figur ihren Respekt zeigen wollen - mit den Gesichtern auf dem Boden - und das wäre höchst unbequem für sie!' Mit ihr lebte eine ältere meditierende Frau, die die lebenslange Gewohnheit der Burmesen, dass immer jemand anders mit ihnen das Schlafzimmer teilen sollte, nie abgelegt hatte und daher nicht gern allein schlief. Neben dem kleinen Schrein hing einer der dreieckigen, glockenförmigen Gongs, die man in allen Tempeln und Gemeindehallen sah, mit einem tiefen, nachhallenden Klang, der noch lange, nachdem er angeschlagen worden war, vibrierte. Wenn Daw Nyunt und alle, die mit ihr meditierten, ihre 'Gebete verrichtet' hatten, schlugen sie den Gong, um ihren Verdienst zu verteilen. Und später, als ich verschiedenen Zentren für Meditation kleine Zuwendungen hatte zukommen lassen, wurde mir gezeigt, für diesen Zweck selbst den Gong zu schlagen, um meinen Verdienst an alle fühlenden Wesen weiter zu geben.

U Aye Bo ging nach Hause und Sarana, und ich warteten in Daw Nyunts Hütte, wie der Lehrer vorgeschlagen hatte. Ich erinnere mich nicht an das, was passierte oder was der Lehrer sagte, aber als Resultat kamen wir zu völligem Einverständnis. Offensichtlich hatte er angenommen, ich sei so wie einige der gelehrten Mönche, die das Pali Tripitaka auswendig konnten und sehr stolz darauf waren, aber von tatsächlicher Erfahrung überhaupt nichts wussten. Nun sagte er, er habe völliges Vertrauen in mich, – und Vertrauen des Lehrers in einen Lernenden ist wichtiger als umgekehrt. Daraufhin fanden die informellen Gespräche zu zweit auf Daw Nyunts Veranda fast jeden Abend statt. Ich sage zwar 'informell', aber natürlich beugten wir uns bis zum Boden, wenn der Lehrer kam. Jemand aus dem Westen kann nur schwer Respekt und Ehrfurcht würdigen, die einer aus dem Osten dem Lehrer gegenüber fühlt, eine Verehrung, die beim Lehrer leicht zu Stolz und Selbstüberschätzung führen kann und ebenso dazu, das Innere Licht zu verdunkeln, sowie auch, das Selbstvertrauen des Schülers zu schwächen. Ich entwickelte nie so etwas wie Ehrfurcht für U Thein als einem spirituellen Lehrer, Guru, noch betrachtete ich ihn als weniger fehlbar als einen Universitätslehrer, aber doch lehrte er ein Thema, das unendlich wertvoller war als Philosophie oder Geschichte, und er war dazu absolut wahrhaftig und auch bescheiden, und er hatte keine Angst davor zuzugeben, etwas nicht zu wissen. Das war es, was letztlich Vertrauen schuf. Und weiter, er versuchte nicht, etwas zu unterrichten, das er nicht beherrschte. Doch sonst war er ein einfacher Sterblicher, vielleicht höchstens irgendwie dem Rauchen von Cheroots (burmesische Zigarren) verfallen!

Wer war also dieser U Thein, der Lehrer? Kein 'Gelehrter', wie er selbst sagte, und genau das war sein Vorteil. Wäre er es, hätte ich vielleicht gedacht, mehr zu wissen. Er aber lehrte aus Erfahrung, aus einer Erfahrung von Dingen, die ich nicht kannte. Geboren 1897, der einzige Sohn von sechs Kindern eines bäuerlichen Ehepaars, das in einem Dorf etwa 15 km südlich von Rangun lebte. Wie es für Jungen in Burma schon immer Brauch war, besuchte er die Klosterschule von sechs bis zwölf. Dann wechselte er in eine weltliche Schule, wo er bis siebzehn blieb. Als Vierzehnjährigem – er war noch ein Kind - kam ihm plötzlich die Idee, dass ein Mensch täglich entweder Wissen, oder Reichtum oder Verdienst erwerben solle, und das gab seinem weiteren Leben den Sinn.

Als er die Schule verliess, wollte sein Vater, dass er den bäuerlichen Betrieb weiter führen solle, aber das gefiel ihm nicht, also schickte ihn sein Vater nach Rangun zu einem Reishändler, und er fand sich ganz gut in das Leben eines Kaufmanns hinein. Mit zwanzig kam er durch Zufall - so würden wir es ausdrücken - nach Mandalay, oder – wie er selbst sagte – fand er sich in Mandalay wieder, da es ihm bestimmt war, die buddhistische Mission in Nordburma auszuführen. Dort traf er Daw Daw Mi, die einzige Tochter eines Kaufmanns in Mandalay, und heiratete sie. Mit sechsundzwanzig kehrte das Paar mit seinen Kindern zurück nach Rangun, wo er zunächst als Büroangestellter arbeitete und später als Kaufmann in einem grossen Dorf einige Kilometer ausserhalb Ranguns, wo es neben anderen wichtigen Einrichtungen wie einer Post und einer Oberschule auch ein Zentrum für Vipassanameditation gab, einem Gebäude mit sieben Türmchen und dem Oberhaupt Saya Thet, wohin jährlich ungefähr tausend Leute kamen - Mönche, Nonnen und Männer und Frauen, Laien. Das Zentrum hatten Saya Thets Eltern errichtet, und es war sehr wahrscheinlich eins der frühesten Zentren für Laien.

U Thein arbeitete hart für das tägliche Brot von Frau und Kindern, und erst mit siebenunddreissig nahm er sich eine Auszeit von einem Monat. Nach zehn Tagen wohlverdienter Ruhe wurde ihm plötzlich klar, dass, ungeachtet des festen Entschlusses mit vierzehn, die Tage vergingen, und er weder Reichtum, noch Wissen noch Verdienst erwarb. Das einzige von diesen Drei, was er vielleicht erwerben konnte, war Verdienst, und so ging er zu Saya Thet, um Meditation zu praktizieren. Sieben Tage lang meditierte er in dem Gebäude mit den sieben Türmen. Sein Lehrer war begeistert von dem Fortschritt, den er in der Methode des Atmens machte und übergab ihn der speziellen Fürsorge seines Assistenten, Saya Nyo, der ebenso zufrieden war. Gern hätte er den Rest seiner Ferien an dem Zentrum verbracht, aber die Pflicht rief ihn zurück an seine Arbeit.

Aber seine Aufgabe im Leben war nun klar. Er und seine Frau hatten ein Geschäft auf dem Dampfer, der regelmässig zwischen Rangun und Mandalay verkehrte. Während der Arbeit war sein Geist auf die Lehre gerichtet, und seine ganze freie Zeit verbrachte er mit Meditation. Nach drei Monaten dieser Art Meditation hatte er 'wunderbare Geschehnisse'. Was sie bedeuteten, verstand er nicht, und so ging er zu Saya Thet, als sie das nächste Mal in Rangun festmachten. Sein Lehrer sagte drei Mal: 'Sehr gut' und prophezeite eine lohnende Zukunft für die Anwendung seines Talents, warnte ihn aber gleichzeitig davor, sich ablenken zu lassen von seiner wahren Aufgabe, gute Werke und gütige Handlungen zu verüben. Die buddhistische Lehre ist die grösste aller Gaben, das sagen die Schriften wieder und wieder. Wer sie weitergeben kann, sollte nicht seine Zeit mit Unwichtigerem verschwenden. Eine letzte Warnung besagte, nicht vor fünfzig ein Lehrer für Meditation zu werden. (Es möge mir verziehen werden, dass ich mich frage, ob Priester, kirchliche Mitarbeiter und Pfarrer ihre Mission nicht besser erfüllen könnten, bekämen sie eine ähnliche Warnung.)

Nach seiner Rückkehr auf das Boot verbrachte er weiterhin all seine freie Zeit mit der Meditation von Vipassana und unterwies seine Frau und die Kinder ebenso darin.

Drei Jahre lang ging das so. Dann, mit vierzig, sagte er seiner Frau, dass er nach weiteren fünf Jahren dieses Leben verlassen müsse, um sich ganz der Meditation zu widmen. 'Ich habe dich und die Kinder zwanzig Jahre lang unterstützt. Wirst du, wenn ich fünfundvierzig bin, mir erlauben, den heimatlichen Haushalt um der Mediation willen zu verlassen?' Seine Frau verstand die Situation nur zu gut und gab ohne Zögern ihre Einwilligung. So arbeitete er weitere fünf Jahre und dann 1942, inmitten des Weltkriegs und der japanischen Besetzung, als Mandalay von britischen und amerikanischen Bomben heimgesucht wurde, verliess er seine Familie und ging in die Berge von Sagaing, wo er in einer Höhle drei Monate lang meditierte. Seine Frau führte das Geschäft weiter, und sie und die Kinder unterstützten ihn. Er konnte nicht genug seine Dankbarkeit für ihre Liebe und ihr Verständnis ausdrücken und schickte ihnen täglich seine Gedanken grenzenloser liebender Güte. Dadurch, so sagte er, überstanden sie das Kriegselend sicher und gesund.

Nach drei Monaten kehrte er nach Hause zurück, konnte da aber nicht friedlich bleiben. Er wanderte von Pagode zu Pagode und meditierte an stillen Orten, allein und schweigend. Er predigte aber auch und überzeugte Menschen vom Wert der Meditation.

Dann, wie vorgeschrieben mit fünfzig, kamen die ersten Schüler. Es waren Schwestern, und er wurde ihr Lehrer. Im selben Jahr folgten noch 35 Männer, unter ihnen der Leiter der örtlichen Schule. Zu der schnell wachsenden Gruppe gesellten sich zusammen mit Daw Nyunt noch andere Geschäftsfrauen, und so wurden es bald eintausend Leute. Der Krieg war vorbei. Sie mussten ein richtiges Zentrum für Meditation errichten. U Thein vermied vorsichtig jeden Bezug auf den eifersüchtigen Mönch, der sein eigenes Zentrum wollte. U Thein weigerte sich beharrlich, irgendetwas Entmutigendes von Jemandem zu sagen. Sie teilten sich auf in Gruppen zu fünf oder sechs, um eine geeignete Gegend zu finden. Es vergingen vier Monate. Da traf er zufällig Daw Nyunt, die ihm berichtete, dass sie trotz all ihrem Bemühen noch immer nicht den richtigen Platz gefunden hatten. 'Also gut', sagte er, 'ich warte noch zehn Tage. Wenn ihr ihn in dieser Zeit noch nicht gefunden habt, gehe ich fort zu den Thitsagu Bergen und meditiere allein'.

Am nächsten Tag ging Daw Nyunt los und kam zu dem Yeiktha Kyaunkpadaung, dem Lustgarten eines früheren Prinzen. Das war genau das Richtige. Sie nahm U Thein mit dorthin und auch der Besitzer, U Htun, kam. Dann wurde ein Treffen aller Meditierenden bei der nahen Maha Bodhi Pagode König Mindons einberufen und der Preis vereinbart. Das Zentrum wurde wahr. Die ersten, die es unterstützten, waren fast alle führende Geschäftsfrauen. Man schrieb das Jahr 1947. Als ich 1958 dorthin kam, zeigten die Unterlagen, dass seither mehr als 300.000 Menschen - Mönche, Nonnen und Laien, Männer und Frauen - in dem Lustgarten des früheren Prinzen meditiert hatten.

Und U Theins Frau und die Töchter führten nun das Geschäft auf dem Irrawaddy Dampfer weiter. Wenn das Boot nach Mandalay kommt, trifft sie ihren Mann; sie gehen zusammen durch die Geschäftsunterlagen, wenn das Boot wieder ablegt, kommt er und sagt ihnen Auf Wiedersehen. Frau und Töchter meditieren auch, aber nur nachts, die viele Arbeit lässt ihnen am Tag keine Zeit dazu. U Thein hat die gelbe Robe nie getragen, höchstens mal für kurze Zeit, zum Beispiel als er, kurz nachdem er Mandalay verlassen hatte, für sechzig Tage Mönch wurde, um allein zu meditieren. Sonst sind er und seine Frau, obwohl sie sich selten sehen, Gefährten im 'verdienstvollen Leben'.

Die zwei Frauen und die Kinder, die die christliche Schule besuchten, verliessen das Zentrum kurz nach Weihnachten. Besonders der kleine Junge hatte mich beeindruckt. Er war nicht nur still und hellwach während der langen vier Stunden Meditation in der Gemeinschaftshalle, sondern benahm sich während der Mahlzeiten ganz wie ein erwachsener Meditierender, ass sorgfältig, schweigsam und mit Bedacht, nahm sich ohne Eile noch etwas und wusch sich nach dem Essen die Finger in der bereitgestellten Schüssel, wischte sie an der Serviette ab und verliess still den Tisch. Ich schlug ihm vor, vielleicht später mal, als Erwachsener, nach Australien zu kommen, und unsere kleinen Jungen zu lehren, wie man meditiert. Er antwortete schüchtern: 'Vielleicht ja'.

Gleich nachdem diese Gruppe abgereist war, kam eine andere, aus den Shan Staaten, wo ein Tochter - Zentrum war, das von einem Mönch geleitet wurde, der im Maha Bodhi gelernt hatte. Die Dame, die diese Gruppe leitete, übersetzte auch deren lokalen Dialekt. Sarana und ich waren in der Gemeinschaftshalle, als sie hereinkamen, um dem Lehrer ihren Respekt zu erweisen. Sie legten ihm eine Gabe an Nahrungsmitteln zu Füssen und nickten auch in unsere Richtung, um anzudeuten, dass wir den Verdienst teilen sollten. So neigten auch wir uns hinunter auf den Boden, um diese Gabe anzubieten, eine Gabe, die natürlich allen im Zentrum zugute kommen würde und das Verdienst wiederum allen fühlenden Wesen. In dieser Gruppe war ein kleines Mädchen, die sich aber sehr von dem Jungen aus der anderen Gruppe unterschied. Sie sprang in der Hampelmann Art europäischer Kinder herum und konnte nicht einmal während der Mahlzeiten still sitzen. Es gab auch eine Dame, die sehr bekümmert aussah. 'Meditiert sie auch?' fragte ich Sarana. 'Ja'. 'Aber warum guckt sie so traurig? Ein Meditierender sollte doch sicherlich darüber erhaben sein.' Die Antwort war, dass das alles eine Sache des Karmas sei, und dass sie ohne Meditation noch schlimmer dran sein würde. Ganz anders war das Gesicht der Dame, die die Gruppe leitete, nämlich besonders gelassen und und in sich ruhend, was, wie ich später herausfand, charakteristisch für fast alle Meditierende war.

Kapitel 4

LEBEN AM ZENTRUM

Nachdem das Missverständnis mit dem Lehrer Saya U Thein glücklich beigelegt worden war, kehrte das tägliche Leben zu einer harmonischen Routine zurück. Um 4 Uhr am Morgen ertönte der grosse triangelförmige Gong viermal sonor über die achtzig Hütten und Häuschen des Meditationsgeländes und die mit Nebel bedeckten Felder dahinter hinweg. Das war das Signal für die Meditierenden, aufzustehen und mit der täglichen Arbeit zu beginnen. Tatsächlich waren zu der Zeit manche schon zwei Stunden oder länger auf, weil sie sich entweder schon vor 10 Uhr am Abend hingelegt oder herausgefunden hatten, dass sie auf Grund der Meditation weniger Schlaf brauchten. Wenn ich aus dem Moskitonetz und dem Daunenschlafsack, ausgebreitet auf der Bambusmatte auf dem Boden, heraus gekrabbelt war, meist so um 1 Uhr am Morgen, hing der Grosse Bär wie ein brennender Drache am nördlichen Himmel; aber vier Stunden später hatte er sich in den Zweigen des Baumes über mir verfangen. Ich machte ein paar Yoga Übungen, wusch meinen Mund aus, trank einige Schluck heisses Wasser aus der Thermoskanne, dann setzte ich mich hin, um zu meditieren. Hin und wieder wechselte ich in die liegende Position, bis dann der weltliche Klang des Küchengongs um 6 Uhr zum Reisbrei rief. Von den Klöstern in der Umgebung waren Gongs und Glocken seit Mitternacht zu hören, aber man hatte bald gelernt, die eigenen zu erkennen. In Mandalay sind die Winternächte kalt, ganz besonders in den Hütten, die, wie meine, auf Pfeilern über dem Wasser gebaut waren, deshalb erwiesen sich eine warme Strickjacke und auch ein leichter Mantel als nötig für ein komfortables Frühstück.

Die ersten schwachen Strahlen der Morgenröte stahlen sich durch den schattigen Garten, als wir über das Katzenkopfpflaster in Richtung auf den von Neonlicht beleuchteten Esssaal stolperten. Gewöhnlich kamen wir an einer winzigen Gruppe Meditierender vorbei, die auf ihren Hacken sassen, den Rücken dem kleinen Feuer zugewandt, das sie an einem dicken Baumklotz angezündet hatten. Der Esssaal war an zwei Seiten offen, abgesehen von einem niedrigen Holzzaun, der die Hunde draussen halten sollte. Wir schlüpften am Eingang aus unseren Sandalen und setzten uns schweigend auf den Bambusmatten nieder, die an den niedrigen, etwa 25 cm hohen, runden Tischen ausgelegt waren. Gleichzeitig 'erwiesen wir Respekt', indem unsere Köpfe dreimal die Hände auf dem Boden berührten, zuerst in Richtung des Lehrers, dann der Mönche, wenn sie schon da waren. Kamen sie später, unterbrachen wir die Mahlzeit und taten dasselbe. Eine alte Dame im schäbigen Longyi (tatsächlich war sie sehr reich) teilte den dünnen Reisbrei aus einem grossen Aluminiumtopf aus, dazu burmesischen Tee ohne Milch und Zucker aus einem ganz gewöhnlichen Aluminiumteekessel.

Ehe wir anfingen zu essen, dachten wir schweigend an diejenigen, die die Nahrung gespendet hatten und beteten darum, dass sie gesund und glücklich sein mögen. Dann erinnerten wir uns selbst daran, dass wir nicht assen, weil es uns gefiel, sondern ausschliesslich, um den Körper zu ernähren, und dass die Nahrung sogleich, während wir noch assen, in Blut, Bindegewebe, Muskeln und Abfallprodukte verwandelt wurde. Über uns war eine grosse Mitteilungstafel mit den Regeln für die Mahlzeiten, die Sarana für mich übersetzte, neben mir kauernd, eingewickelt in eine warme Decke:

'Lord Buddha wies darauf hin, dass Meditierende bewusst essen sollten. Sie sollten immer daran denken, dass alles, was aufgetragen wird, nur Material ist und, so wie auch alles andere um uns herum, sich unablässig veränderte. Äusserliche Dinge, die wir Sachen nennen, treffen auf Inneres, Mentales, und alle vereinen sich und lösen sich wieder auf. Alles und Jedes ist im Zustand unablässigen Fliessens und Strömens, von Entstehung und Zerstörung. Wenn du alle Dinge im Universum in deine Achtsamkeit einbeziehst im Hinblick auf ihren unablässigen Wandel, dann wirst du erkennen und sehen, dass sie ohne Selbst und ohne Ich sind. Der Geist gibt dem Körper den Befehl zu essen und der isst. So treffen sich Geistiges und Materielles. Wenn du dir dieser Dinge bewusst bist, während du isst, dann wirst du das finden, was jenseits von Geist und Materie ist, jenseits von 'nama rupa', Bezeichnung und Form.

Vollziehe alles, was du tust, achtsam und bewusst - nicht nur dann, wenn du isst und trinkst, sondern immer. Sei nicht träge und nachlässig, sondern jederzeit konzentriert und achtsam, um Einsicht in die wirkliche Natur der Dinge zu gewinnen.

Wenn man Tee trinkt, dann plaudert man gewöhnlich ein wenig. Gut ist, über die Lehre, das Gesetz zu sprechen, nicht angebracht ist Unterhaltung über Politik, Aktuelles, Familienangelegenheiten, Geschäftliches oder über Freunde. Man sollte über nichts anderes reden als über die Lehre.

Diese Regeln für Mahlzeiten wurden zu deiner Hilfe gegeben. Wenn du Erfolg in der Meditation haben willst, dann beachte sie sorgfältig.'

Nachdem wir gegessen hatten, erinnerten wir uns wieder daran, dass nichts von Dauer war - die Gerichte, deren Geber und auch nicht die, die es gegessen hatten. Dann wuschen wir unsere Hände in den dafür vorgesehenen Schüsseln und waren uns in jedem Augenblick all dessen bewusst. Die besonders Gläubigen bezeugten dann auf den Boden geneigt wieder 'ihren Respekt'. Wir erhoben uns so still, wie wir uns niedergesetzt hatten, schlüpften mit Achtsamkeit in die Sandalen und begaben uns zu unseren jeweiligen Hütten, um, wenn so gewünscht, noch eine Kleinigkeit zu essen. Für die Australierin hatten U Aye Bo und seine Schwester, Daw Ma Ma Lay Kaffee, Toast, Dosenbutter und manchmal konservierte Früchte bereitgestellt. Nie konnten sie davon überzeugt werden, dass burmesisches Essen wirklich viel leckerer war, aber ihre Fürsorglichkeit zeigte, wie sehr sie entschlossen waren, dass keine äussere Unbequemlichkeit meine Meditationsübungen beeinträchtigen sollte; und diese Menschen hatte ich nicht gekannt bis zu meiner Ankunft in Mandalay! Manchmal war ich zu Tränen gerührt von ihrer unglaublichen Güte einem Fremden gegenüber.

Um 7 Uhr, wenn wir zu unseren Hütten zurückkehrten, hatte sich die Sonne erhoben 'like thunder outer China' und stand hoch über den Toddypalmen (zur Herstellung von Palmwein), die sich als Silhouetten gegen die niedrigen Hügel, noch im Nebel, abhoben. Aber es war noch dämmrig und die Luft zu kalt, als dass wir Strickjacke und Mantel ablegen konnten. Oft erhaschte dieselbe kleine Gruppe sich noch ein paar Minuten Wärme von dem Feuer vor dem grossen Holzklotz.

Der Reisbrei war das erste, was wir seit 11 Uhr am Tag zuvor gegessen hatten. Ich hatte so eine Theorie, dass wenig und leichtes Essen im Magen das Blut weg von den grauen Zellen des Gehirns zieht und so die Beruhigung der Gedanken erleichtert. Das ist überhaupt keine anerkannte Theorie. Aber für mich erwies sich die Zeit zwischen 7 und 10 Uhr am Morgen als weitaus die beste für die Meditation.

Wenn der Gong um 11 Uhr zum Mittagessen rief, war die Sonne heiß. Ich zog meine Bluse und Freizeithose an, denn fürs Frühstück hatte ich mich nicht angezogen. Beim Eintritt in den Speisesaal wurde das gleiche Ritual des 'Ehrerbietung Erweisens' vollführt. Meine gütigen Freunde hatten für mich extra einen Koch engagiert, damit gutes vegetarisches Essen da war, denn alle anderen assen Fleisch und Chili. Er kochte das feinste und schmackhafteste Essen ohne eins von beiden, und oft schien es mir, als bereitete es ihm ein fast teuflisches Vergnügen beim Versuch, mich zum Befolgen der oben geschriebenen ernsten Regeln zu zwingen. Er sprach einige Worte Englisch. Einmal protestierte ich, weil da zehn verschiedene Gerichte standen. Ernst antwortete er: 'Nein, es sind acht!' Aber wenn man Reis und Früchte dazu zählte, waren es tatsächlich zehn. Ich sass an einem Tisch allein, teilweise, weil auf der gemeinsamen Tafel nicht genug Platz gewesen wäre für das vegetarische Essen und zugleich Fleischgerichte, aber auch, weil von einem Vegetarier nicht erwartet wurde, an einem Tisch mit toten Tieren zu sitzen. Burmesen essen fast alle Fleisch, aber in ihrem Herzen wissen sie, dass Vegetarier wirklich Buddhas Lehren besser befolgen. Natürlich wurde alles mit Fingern gegessen, aber eine Aluminiumschüssel mit Wasser und Servietten waren da, und das machte diese Art zu essen viel angenehmer als in Indien, wo man mit der zum Essen benutzten Hand zum Wasserhahn gehen musste, um sie zu säubern. Ich nahm sehr wenig von jedem der leckeren Gerichte, der Koch war deshalb besorgt und konnte nicht verstehen, dass ich schon immer wenig gegessen hatte, und dass noch weniger Nahrung nötig ist, wenn man meditierte. Auch der Lehrer ass sehr wenig. Eine burmesische Mahlzeit besteht aus einem Berg von Reis und dazu vielen schmackhaften Gerichten, gefolgt von Tee und Früchten. Wie nach dem Frühstück gingen wir in unsere Hütten zu einem kleinen Extra - U Aye Bo hatte für diesen Abschluss freundlicher weise frische Milch bereit gestellt.

Zwischen Mittagessen und 12 Uhr war frei. Wir wuschen unsere Kleidung wie auch uns selbst. Das normale burmesische Bad hat keine Tür, Männer wie Frauen waschen sich unter ihrem Longyi und schlüpfen anmutig in den trockenen oben drüber, den nassen unten heraus ziehend, so dass sie nie nackt waren. 'Aber ich nehme an, dass du dich nackt waschen möchtest?' fragte Sarana. Ich gestand diese Schwäche ein. Kein Problem, eine Hütte mit einem innen liegenden Bad wurde gefunden. Daw Nyunt hatte es benutzt, als sie krank war. Es gab einen doppelten Tank aus Zement, dessen oberer Teil von einem

Wasserhahn gespeist wurde, dessen Wasser durch ein Rohr aus dem grossen unteren Tank kam, der wiederum aus einem artesischen Brunnen versorgt wurde, der die nahe Universität und deren Wohnheime versorgte. Das Wasser des oberen Teils durfte nur zum Waschen des Kopfes benutzt werden und es gab eine spezielle Aluminiumschüssel, um es heraus zu schöpfen. Mit einer anderen Schüssel entnahm man Wasser aus dem unteren Teil, um Körper und Kleidung zu waschen. U Aye Bo hatte die Ausländerin rücksichtsvoll mit einer Emailleschüssel versehen, so dass sie sich in dem von ihr benutzten Wasser waschen konnte, anstatt alles über sich und ihre Kleidung ausgiessen zu müssen. Es scheint seltsam, dass es in einem Damenankleideraum nicht die geringste Spur eines Spiegels gab. Ich besass einen winzigen, ungefähr 4 cm im Durchmesser, aber ich liess ihn ernsthaft ganz unten in meiner Necessaire und hatte daher nichts anderes als mein Spiegelbild in dem Graben, um zu sehen, ob der Scheitel gerade war. Dennoch, trotz des Vorsatzes, keine kosmetischen Artikel oder persönlichen Schmuck zu benutzen, stellte ich fest, dass sowohl der Lehrer als auch Daw Nyunt jedes mal ihre Schals und was sonst in Frage kam, richteten, bei Daw Nyunt ausserdem die Frisur, wann immer ich sie photographieren wollte. Einmal holte ich zur Unterstützung meinen kleinen Spiegel heraus - Burmesen, mit ihrem Sinn für Humor, lachten jedes Mal.

Nur während der Mittagspause war es möglich, zu fotografieren. Nachdem die vierzehn Tage des Schweigegelübdes vorüber waren, wagte ich mich deswegen aus dem Klostergelände heraus in Richtung auf das Dorf. Das Küchenmädchen sah mich und drängte mich buchstäblich zurück durch einen Seiteneingang. Meine Rückkehr wurde von Rufen heller Begeisterung begleitet, in die auch U Thein einstimmte. Was hatte ich denn getan? Das Gelächter schien mich auf meinem Weg zu begleiten, als ich Sarana suchte. Als sie schliesslich gefunden wurde, kam heraus, dass das Küchenmädchen gedacht hatte, ich hätte mich verirrt - noch mehr Gelächter! Das nächste Mal begleiteten mich Daw Nyunt oder Sarana, so dass das Küchenmädchen keine Besorgnis mehr zu haben brauchte. Es war ein Dorf der Korbmacher, und die schönsten Gegenstände entstanden aus Rohr, das aus dem Norden Burmas herunter gebracht wurde.

Die Zeit der Meditation am Nachmittag zwischen Mittagessen und 5 Uhr war die heisseste des Tages. Wenn ich die hölzernen Fensterläden der Hütte öffnete, dann kam die herein strömende Sonne ganz offensichtlich aus der Nähe der Tropen. Die Hütte war ca. 3m x 4 m gross, mit einem Bambusdach, das einmal alle 7 Jahre erneuert werden musste, Wände aus wetterfesten Schindeln und einem Fussboden aus Bohlen mit Spalten - gerade breit genug, um Bleistifte und Füller aufzunehmen, und auch Schmuck; aber Meditierende sollten natürlich keinen Schmuck haben! Die Spalten waren wohl nicht breit genug für künstliche Zähne, aber es schien doch sicherer, bis zum Tageslicht zu warten, ehe man das Wasser, mit dem man den Mund gespült hatte, aus dem Fenster kippte. Einzige 'Möbel' waren Bambusmatten. In den Wänden gab es Nägel zum Aufhängen des Moskitonetzes, was Yoga Übungen, besonders den Kopfstand, in der Dunkelheit vor der Morgendämmerung ein wenig gefährlich machte.

Während der ersten Tage verging die Zeit am Nachmittag recht langsam, so dass ich die Meditation unterbrach und dafür aufmerksam um den See wanderte, das Mantra des Atmens, das ich erfunden hatte, wiederholend. Manchmal wurde diese Periode durch Studenten der nahen Universität unterbrochen, die ihre Lektionen laut aufsagten, und manchmal auch durch Touristen, die fotografierten, was anscheinend von lauten Stimmen begleitet werden musste. Ich merkte allerdings, dass die Eindringlinge still verschwanden, wenn ich an die Tür der Hütte kam, mit dem Schal des Meditierenden um die Schultern, dem Finger auf den Lippen, und 'Sch, sch', 'leise, leise' (teo, teo) flüsterte.

Gegen Ende des Monats war der Klang vom 5 Uhr Gong am Nachmittag nicht mehr willkommen - so schnell wuchs man hinein in die Stille. Wenn wir die Hütten verliessen, vergoldeten die letzten Sonnenstrahlen die Reisbündel auf den Feldern und die weissen Pagoden auf dem Berg von Mandalay dahinter. U Aye Bo, um meine Gesundheit besorgt, hatte Zitronensaft und Glukose bereit gestellt, die nicht als Nahrungsmittel galten, und ich vergass gern, dass Mahatma Gandhi sein Fasten immer wieder für einen Löffel Zitronensaft unterbrach, oder etwas anderes, das auch keinen Nährwert besass. Zwischen 5 und 6 am Nachmittag machten die meisten einen schwachen Versuch, mal ganz kurz ohne grosse Anstrengung spazieren zu gehen, ich dagegen lief besonders schnell die Strasse entlang oder über die Reisfelder. Einmal nahmen mich Studenten mit auf das Universitätsgelände, ein anderes Mal zeigten mir einige Studentinnen ihr

Wohnheim, wo sie auf Stühlen an Tischen sitzen und mit Messer und Gabel essen mussten.

In dem Heim für Mädchen gab es einen Gebetsraum mit der üblichen wunderschönen Dekoration aus Gold und Edelsteinen; Burma ist kein säkularer Staat, Buddhismus ist die Staatsreligion und andere Glaubensrichtungen werden bloss toleriert. Jeden Morgen verrichteten die Mädchen ihre 'Gebete' in dem Raum; es war keine Pflicht, aber nur Christen und Muslime blieben fern.

Die Unterrichtssprache war Englisch; das machte denen, die von einer christlichen Schule kamen, das Leben leicht, aber sehr schwer für die, die öffentliche Schulen besucht hatten, wo Englisch erst ab zwölf unterrichtet wurde. Man sagte mir, dass ein Vorhaben bestand, die internationale Sprache wie in britischen Zeiten auch in öffentlichen Schulen einzuführen, aber nicht deswegen, weil der Verdacht bestand, dass christliche Schulen Konvertierende gewannen.

Um 6 Uhr am Nachmittag war es dunkel. Die Mädchen und Jungen mussten in ihren jeweiligen Heimen sein und ich auf dem Gelände des Zentrums, denn, so meinte Sarana, draussen trieben sich viele üble Personen herum! Nach dem Gespräch mit U Thein auf Daw Nyunts Veranda kehrten wir bei Fackellicht zu unseren Hütten zurück. Danach herrschte Stille, und die Nacht wurde nur gelegentlich durch einen grossen Fisch unter der Hütte oder den Klang einer Klosterglocke um Mitternacht gestört.

Manche mögen denken, dass das ein ziemlich strenges Regime war. Die, die in dem grossen Zentrum für Meditation in Rangun gelebt hatten, sagten, es sei geradezu luxuriös; ich würde es mehr in der Mitte ansiedeln. Überall war man glücklich, aber es gab keine Bücher, keine Plaudereien, keine Zeitungen, kein Radio, und es wurde nur sehr wenig gesprochen. Sechs Stunden Schlaf waren der Standard, aber wenn man das verschlief, zeigte es nur, dass der Körper mehr Schlaf brauchte, und was die Natur verlangte, musste beachtet werden. U Thein schlief nur vier Stunden und vermutlich auch Daw Nyunt, denn sie hatte einen vollen Tag und nur in der Nacht Zeit zu meditieren. Für mich war es ein gutes Leben und vollkommen zufriedenstellend, und ich wünschte nur, jedes Jahr einen Monat lang so ein Leben führen zu können.

Sagte ich 'kein Radio'? Im Meditationszentrum gab es keins. Aber dafür in all den kleinen Dörfern in der Umgebung, so schien es, und wenn kein Radio, dann Grammophon mit Lautsprechern; normalerweise begann die vom Westen beeinflusste burmesische Musik lange, bevor der Gong zum morgendlichen Reisbrei ertönte. Da meine Ohren nicht empfindlich gegen Musik waren, störten mich diese Radios weit weniger als unsere daheim. Aber die Kapelle des militärischen Ausbildungszentrums war etwas anderes. Die begann kurz nach unserem vier Uhr Gong. Ich stellte mir die Soldaten vor, wie sie zu den Klängen von 'Pack up your troubles' und 'Tipperary' marschierten, das 'Rechts - Links, Rechts - Links' war aber auf burmesisch. Am Weihnachtstag gab es einen tapferen Versuch, 'Christians awake, salute the happy morn' zu spielen, aber tatsächlich, bevor der Morgen begann, war alles wieder friedlich, und der Weihnachtstag läutete eine lange Zeit unbeschreiblichen Friedens und grosser Freude ein.

KAPITEL 5

FORTSCHRITT UND ABLENKUNGEN

Die neue Technik, phyit-pyet mit grosser Schnelligkeit zu wiederholen, unterbrach die langen Perioden erfolgreicher Konzentration nicht. Im Gegenteil wurden sie dadurch verbessert. Innere Unruhe verschwand; die Gesundheit war hervorragend; ich konnte mich in der Nacht konzentrieren, ohne schläfrig zu werden. Das Phyit-Pyet selbst veränderte sich und wurde wie Elektrizität, die zwischen negativem und positivem Pol wechselte und zwar so schnell, dass man dem nicht folgen konnte; dann änderte es sich wieder und wurde zu einer strudelnden Masse von Atomen, zu rasant, um es zu begreifen. Diese Phänomene waren alle zufriedenstellend. Aber höchst interessant war es, dass in der Woche nach Weihnachten und anschliessend für länger als eine Woche der Stuhlgang völlig aufhörte und dann jeweils problemlos wieder begann, als wäre nichts geschehen. In der zweiten Woche hatte U Thein begonnen, sich wie ein Arzt nach diesen körperlichen Phänomenen zu erkundigen und empfohlen, deswegen nichts zu tun. Es war eben Dhamma, das Geschehen der Lehre entsprechend. Wie es möglich ist, die normale Menge an Nahrungsmitteln zu sich zu nehmen ohne anschliessenden Stuhlgang und dabei ganz gesund zu sein, weiss ich nicht, aber so war es eben. Die medizinische Wissenschaft kann das - vielleicht! - erklären.

Fünf Tage nach der Weihnachtsfeier pilgerte die Gruppe aus den Shan Staaten nach Mohnyin, wo es eine berühmte Pagode gab und ein Meditationszentrum, in dem die Methode der liebenden Güte praktiziert wurde. Sie nahmen Sarana und Daw Nyunt mit und so hörten die abendlichen Sitzungen mit U Thein für drei Tage auf.

Am Nachmittag des Tages, nachdem sie weg waren, wurde erstmals die friedliche Fortdauer der Konzentration unterbrochen. Ich weiss nicht warum, aber Langeweile überkam mich, bis hin zu Tränen. Ich fühlte, ich konnte einfach nicht mehr meditieren. Ich hatte genug davon, den Körper in dauerndem Wechsel zu sehen, nie in Ruhe. Warum war ich hier? Warum hatte sich Tür für Tür geöffnet auf dem Weg hierher? Alles schien so völlig sinnlos. Ich sehnte mich danach, das Gefängnis zu verlassen - zu rennen, springen, hüpfen, den Mandalay Hügel hinauf zu klettern. Ich hatte alles satt, und als ich darüber nachdachte, merkte ich, dass ich auch hungrig war, und es gab doch kein Essen mehr bis zum nächsten Morgen!

Ich verliess die Hütte, sass am Ufer des schattigen Grabens und hörte mit dem Versuch auf zu meditieren. Schatten huschten über das ruhige, nur durch eine gelegentliche Brise bewegte Wasser. Die Stimmung, die fast geweint hatte angesichts liebender Güte, war Langeweile geworden, und das wiederum würde sich ändern, bevor der Morgen anbrach. Alles muss sich immerzu verändern. Da war nur Dhamma, die Lehre, die das Ganze hielt, und wechselnde Stimmungen von Jubel bis Depression verschmolzen in ihr und gingen verloren. Und es gab kein 'Ich', um sich darüber aufzuregen. Es war alles falsch, was ich tat, und der gütige Lehrer konnte es nicht gut heissen, aber da war auch kein 'Selbst', um dadurch beunruhigt zu sein. Allmählich schwächte sich die depressive Stimmung ab. Und dann, so um 5 Uhr am Nachmittag, kamen ein paar Studenten vorbei und schlugen vor, mich mit hinüber zur Universität zu nehmen. Es kam mir vor wie die Antwort des Schicksals auf meine Gebete.

Als Sarana wieder da war und der Vorfall U Thein berichtet wurde, fragte er: 'War da dann Erleichterung?' 'Ja'. 'Schade, dass du Erleichterung verspürtest. Es war eine Gelegenheit, Schmerz zu ertragen, ohne den Versuch, ihn zu beenden, und du hast sie nicht ergriffen. Wenn man dem Schmerz zu entkommen versucht, kehrt er zurück. Aber wenn du ihm die Stirn bietest und dich fragst, wer den Schmerz fühlt, wirst du finden, dass da kein Selbst ist. Dann überwindest du ihn und er wird nicht wieder kommen.'

Dem Tag der Langeweile folgte ein Anflug von herein schiessendem Schmerz und leichtes Jucken von schwach eingebildeten Würmern, aber nicht genug, um sich zu beunruhigen, wogegen während einer zweieinhalb Stunden andauernden Periode der Versunkenheit plötzlich ein wunderschönes, weiss - blaues Licht durchbrach, dort, wo sich, wie man sagt, das dritte Auge in der Stirnmitte befindet. Der grossen Versuchung, diese Schönheit anzuschauen, widerstand ich. Als das später U Thein erzählt wurde, bekräftigte er den Widerstand gegen die Versuchung, dieser Ablenkung zu folgen. Sie behinderten den Fortschritt, so, als ob Bergsteiger anhielten, um Nachmittagstee mit Freunden in einem schönen Aussichtslokal zu geniessen. Bei der Idee, Tee auf den eisigen Berghängen in Neuseeland oder China zu trinken, wo nur Steigeisen und Eispickel verhindern, dass der Bergsteiger zu seiner nächsten Inkarnation fortgeweht wird, und wo er Glück hat, einen Bergvorsprung für die Pause zum Mittagessen zu finden, musste ich lächeln. Aber natürlich dachte U Thein an Pilger, die gemächlich die gut gepflasterten Pfade der Sagaing Hügel hinauf wanderten, mit kleinen Teebuden bei den wichtigsten Schreinen.

Ich bin sehr zufrieden damit, dass sein Rat zutiefst zutrifft. Zu oft brütet der, der anfängt, spirituelles Heil zu suchen, über diesen Visionen und Ekstasen und berichtet darüber, als sei es etwas Wichtiges, währenddessen sie nur von dem geraden Weg abführen, der darin besteht, in eigener, realer Erfahrung die wahre Natur der Dinge zu finden. Freude und Schmerz mussten überwunden werden.

Die nächsten Tage der Meditation verliefen ereignislos und erfolgreich, zwei Stunden völliger Versunkenheit waren ziemlich normal, und einmal verlor ich das Gefühl, dass der Körper zu mir gehörte.

Nachdem die vierzehn Tagen des Schweigegelübdes, das heisst, nicht mit Englisch sprechenden Leuten (ausgenommen U Aye Bo und Sarana) zu sprechen, zu Ende waren, bestand U Aye Bo darauf, dass ich nun, frei wie ich war, hinaus in die Welt gehen und einen birmanischen Dokumentarfilm sehen sollte. Ich war von halb zwölf bis ein Uhr mittags weg. Er hatte mich mit seinem besonderen Freund, U Thant, bekannt gemacht, der sein eigenes Studio für Filmproduktion aufbaute, nachdem er all sein Wissen aus Büchern gelernt hatte, ohne nach Hollywood zu gehen. Mir wurde Tee mit Milch angeboten, was ich, nach zwölf Uhr mittags, pflichtgemäss ablehnte. Das Kino war kahl und leer, verglichen mit unseren luxuriösen Palästen. Man würde es wahrscheinlich als sauber, aber schäbig bezeichnen. Allerdings, bei zu dieser Zeit in Mandalay noch ungepflasterten Strassen, war es vielleicht gut, keine Teppiche an den Wänden zu haben, denn sogar im Winter würde der Staub, wie man sagt, Zentimeter dick liegen. Der Film bot eine interessante Studie des burmesischen Lebens, aber ich war nicht traurig, zum Zentrum zurückzukehren und lehnte die Einladung zu einem anderen Film ab, obwohl der viel 'Dhamma', Lehre enthielt. Man konnte leicht feststellen, wie solche Veranstaltungen nicht nur Verschwendung kostbarer Zeit waren, sondern eine Ablenkung darstellten, die die Meditation erschwerten.

An diesem Nachmittag gab es das erste wirklich klare Gefühl von Würmern, die über die Haut krabbelten, was, wie mir gesagt worden war, wahrscheinlich ein störender Faktor sein würde. Wegen dieser Vorstellung von Würmern oder Fliegen wird angeraten, unter einem Moskitonetz zu meditieren, um die Einbildung nicht für die Wirklichkeit zu halten.

An diesem Abend bügelte Sarana Tischdecken mit einem Kohlebügeleisen. Morgen war Unabhängigkeitstag. U Thein würde dreissig Mönchen Essen geben, um seinen sechzigsten Geburtstag zu begehen, einige junge Männer würden als Mönche geweiht, und es war eine Auszeit von der Meditation.

In Saranas Übersetzung gab es häufig ein Wort, das meinem untrainierten Ohr wie 'ponies' klang, tatsächlich war es aber, wie sich herausstellte, 'phongyis'. Der Bedeutung am nächsten kam das Wort: 'Mönche'; phongyis unterscheiden sich in vieler Hinsicht von Mönchen, allerdings viel mehr von Priestern, dem anderen manchmal in einer Übersetzung benutzten Begriff. Sie leben gewöhnlich in kleinen Klöstern und sollen 227 Vinaya Regeln der Disziplin einhalten. Diese Regeln beschäftigen sich mit gutem Benehmen in der Öffentlichkeit und wurden offensichtlich aus gegebenem Anlass formuliert, um wiederholtes unziemliches Verhalten zu vermeiden. Die Mönche fassen auch zehn Vorsätze, deren erste neun die sind, die auch von Meditierenden im Zentrum angenommen werden. Der zehnte, der vom Umgang mit Gold und Silber handelt, wird in dem Vinaya Regelwerk gefunden. Da aber über hundert Jahre nach Buddhas Tod in einem Konzil heftig darüber gestritten wurde, ob das nun eine Regel war oder nicht, mag der Gelehrte seine Zweifel haben, ob sie unter denen war, die Buddha selbst aufgestellt hatte. Heutzutage halten Mönche sich an die Regel, indem sie Novizen erlauben, Geld für sie anzufassen.

Als ich ins Zentrum kam, lebten dort keine Mönche, aber dass manchmal welche kamen, konnte man an einigen Gebäuden erkennen, die Schnitzwerk am Dachfirst und den Simsen hatten, ein Schmuck, der Plätzen vorbehalten war, wo Mönche lebten und ihren Versammlungshallen. Manchmal würde jemand in Orange durch das Gelände wandern - in den Schriften wird von Gelb oder Safran gesprochen, aber burmesische Mönche tragen ein kräftiges Orange.

Es ist üblich, dass ein Mann mindestens neun bis achtundzwanzig Tage in seinem Leben als Mönch verbringt. Am Unabhängigkeitstag wurden vier junge Männer aus der Zunft der Juweliere geweiht. An diesem Abend sollte ihre Einweihung als Novizen in unserer Gemeinschaftshalle stattfinden. Teppiche waren extra dafür ausgelegt worden, und ich nahm, wie es der Zufall wollte, neben einem Mann Platz, einem gebürtigen Katholiken, der eine katholische Schule besucht hatte und daher perfekt Englisch sprach.

Die jungen Männer hatten schon vorher ihre Köpfe rasiert, um Zeit zu sparen. Wir sahen zu, wie sie die orangen Longyis über ihrer gewöhnlichen Kleidung anlegten, sie mit orangen Gürteln fest sicherten und dann ihre Normalkleidung darunter auszogen. Danach legten sie das riesige Tuch, auch in Orange, um, das als Oberbekleidung diente. Es war für sie schwierig, richtig damit umzugehen, und sie brauchten Hilfe von den anwesenden Mönchen. Dann folgte die Zeremonie, die von einem der älteren Mönche geleitet wurde. Die vorgegebenen Worte mussten von den Novizen in der absolut korrekten Aussprache wiederholt werden, und der ältere Mönch, wiederholte seinerseits die Worte, freundlich lächelnd, wieder und wieder – manchmal kam ihm unser Lehrer zu Hilfe -, bis die jungen Männer die Aussprache genau richtig hinbekamen. Der ältere Mönch gab ihnen dann ihre 'religiösen' Namen, U Thein hielt eine kurze Ansprache zur Meditation und der Priester der Gemeinschaft zum Thema Moral.

So, als sollte bekräftigt werden, nach 12 Uhr mittags nichts zu essen, wurde nun allen Besuchern Kaffee und süsse Plätzchen serviert, allen, ausser einigen, die damit beschäftigt waren, ganz neue grosse schwarze Lackbehälter in orange farbiges Gewebe einzunähen, damit sie von den Mönchen leichter getragen werden konnten. Ausser dem Behälter für Almosen durfte ein Mönch noch Rasierer, Nadel und Faden und ein Wassersieb besitzen. Mein

Nachbar, der Ex-Katholik, erzählte mir, dass er seine Zeit als Mönch sehr genossen hatte, denn weil die Menschen so interessiert waren an seiner Konversion zu der Religion seiner Ahnen, behandelten sie ihn besonders gut und freundlich. Er hatte vor seiner Periode als Mönch geheiratet und sagte, dass drei dieser jungen Männer auch verheiratet waren; einer hatte versprochen, einen ganzen Monat als Mönch zu leben, die anderen für kürzere Zeit, bis nur neun Tage.

U Thein hatte den Unabhängigkeitstag zum Feiertag erklärt. Ich hätte ihn lieber einen gar nicht feierlichen Tag genannt (Wortspiel: holiday zu unholy day, Le). Der Feiertag schien an diesem Abend zu beginnen. Ich ging zu dem mit Neonlicht erleuchteten Speisesaal, um einen Bericht von der Zeremonie nieder zu schreiben. Es herrschte viel Gelächter und Plauderei, und das passte so gar nicht zu 'Yogis'. Dann kamen U Theins Frau, Töchter und der Schwiegersohn, und es wurde viel fotografiert. Wie schon früher erwähnt, führten seine Frau und die Töchter ein Geschäft für unterwegs auf einem Dampfer, der zwischen Rangun und Mandalay verkehrte. Er hatte sie das Meditieren gelehrt. Ich fragte, ob sie denn Zeit dafür fänden bei ihrem so geschäftigen Leben. Sie gaben zu, wenig Zeit dafür zu haben, aber sie meditierten, bevor sie zu Bett gingen. Die gerade eingeweihten Novizen kamen herein, und wir alle bezeugten unseren Respekt, während sie sich ernst und unbewegt niederliessen. Würden sie wohl später, auf der Höhe leidenschaftlicher Jugend, sich daran erinnern, dass die einzige Zeit, zu der man ihnen Respekt bezeugte, die war, als sie tatsächlich Gelübde für Armut, Keuschheit und Selbstbeherrschung abgelegt hatten? Burma hat kein Problem mit Überbevölkerung wie Indien, hauptsächlich wegen der hohen Sterberate, allerdings ist sie nicht so hoch wie die in Indien. Hat möglicherweise die Tatsache, dass kein Problem mit Überbevölkerung besteht, teilweise auch damit zu tun, dass alle jungen Männer einige Zeit als Mönche verbracht haben, und dass jeder in der Bevölkerung des Respektes eingedenk ist, der denen bezeugt wird, die die gelbe Robe von Keuschheit und Selbstbeherrschung tragen?

Als ich in dieser Nacht zu meiner Hütte ging, spiegelte sich der Vollmond im Wasser des Sees, und mit seiner Schönheit wetteiferte das Neonlicht oben auf dem Bodhibaum bei der weissen Pagode in der Nähe. Es war eine wundervolle Nacht, aber keineswegs friedlich. Grammophone mit Lautsprechern oder auch Radios schmetterten die ganze Nacht lang ihre Musik heraus. Ich stand gegen Mitternacht auf und meditierte über 'anatta'. Es gibt kein 'Ich', das gestört werden könnte durch die misstönende Musik. Da ist nur ein Hörorgan und das Gehörte, und das Bewusstsein, das sie verbindet; es gibt kein 'Ich', das durch einen Haufen toter Hühner gestört werden könnte, die speziell für den gar nicht feierlichen Feiertag getötet wurden. Es gibt nur Sehorgane und etwas Gesehenes und Bewusstsein, das sie verbindet; es gibt kein 'Ich', das durch den unangenehmen Geruch von totem Geflügel oder anderen Tieren, die gekocht werden, leidet; da ist nur das Riechorgan und das Gerochene, und das Bewusstsein, das beide verbindet. Und all das ändert sich ständig - phyit - pyet, ein - aus, Werden und Vergehen, kein dauerhaftes Selbst irgendwo, nur der unablässige Wandel!

Für das Frühstück waren Teppiche ausgelegt und glatt gebügelte Tischtücher auf den Tischen für Gäste und Mönche ausgebreitet worden, während ein spezieller Reisbrei zubereitet wurde, der Schweinefleisch enthielt. Da das in Saranas Familie Tabu war. frühstückten sie und ich abseits, weg von den unangenehmen Gerüchen, die beim Kochen von Tieren, Geflügel und Fisch entstanden.

Die Zeremonie, die die Novizen ganz zu Mönchen machen sollte, fand nach dem Frühstück statt, nicht vorher, wie z. B. bei einer katholischen Hohen Messe. Freunde und Verwandte kamen langsam, gefolgt von den Mönchen und Novizen auf dem Weg zu der ehrwürdigen Einweihungshalle, die direkt in der Mitte des Universitätsgeländes lag. Auf Saranas Bitte hin trug ich einen Rock anstelle der Freizeithosen, 'weil so viele Mönche da waren', aber ich fühlte mich nie richtig sicher, wenn ich im Rock auf dem Boden sitzen musste, denn im Gegensatz zu den Longyis wurde dadurch oft viel Bein preisgegeben, was als höchst unangemessen galt.

Das Mönchskloster, das an die Halle für Einweihungen angrenzte, wurde abgerissen, um Platz zu machen für Gebäude der Universität, aber die Halle selbst und die Pagode waren zu heilig, um entfernt zu werden. Die Halle war klein, mit Säulen statt Wänden an drei Seiten und einem Buddha Schrein im hinteren Teil. Frauen durften den heiligen Boden nicht betreten. Ganz in der Nähe befand sich das militärische Übungsgelände, und Studenten, die nach burmesischen Vorstellungen sehr unanständig, nämlich nur in kurzen Hosen, bekleidet waren, trainierten Basketball, völlig ungerührt von den heiligen Ritualen, die nebenan statt fanden. Die vier

Novizen vom Abend zuvor nahmen hockend ihren Platz ein, in ihrer Mitte die zwei Mönche, die ihnen Anweisungen gaben. Die Zeremonie dauerte sehr lange, denn wiederum musste die Aussprache genau stimmen. Da ich diesmal keinen freundlichen ehemaligen Katholiken an meiner Seite hatte, der mir sagen konnte, was geschah, schloss ich meine Augen und meditierte. Pressefotografen waren überall, und als ich meine Augen öffnete, merkte ich, dass Kameras auch auf mich gerichtet waren. Sarana bat, die Fotos von der Europäerin, die meditierte, erst zu veröffentlichen, wenn sie das Zentrum verlassen hatte. Ich konnte kaum glauben, dass diesem Ansinnen gefolgt würde, aber man versicherte mir, dass es so sei, denn jeder respektierte Meditierende.

Nachdem die Zeremonie endlich zu Ende war, begann ein Kommen und Gehen der Freunde und Verwandten, und aufgetürmte Geschenke wurden ihnen für die frisch Eingeweihten überreicht. Die Pressefotografen stiegen auf die Pagode, um bessere Fotos zu bekommen, da ich aber weiblich und daher 'unrein' war, durfte ich es ihnen nicht gleich tun. Als wir dann wieder ins Auto stiegen, um heim zu fahren, bemerkte der Fahrer, ein gebildeter junger Kaufmann, so nebenbei, 'natürlich sind Männer Frauen überlegen, da nur Männer die gelbe Robe tragen dürfen, und die ist das Allerwichtigste!'

Nach unserer Rückkehr wurde der Berg toter Tiere und Fische von Mönchen, Besuchern und hier Lebenden verspeist. Einige assen in der Gemeindehalle. Die gehörten der Sekte mit strengeren Regeln an, deren Mitglieder nicht rauchen und nicht in Pferdekutschen oder auch sonst in irgendwelchen von Menschen oder Tieren gezogenen

Vehikeln fahren dürfen, sondern nur in Autos. Mönche mit toleranteren Ansichten assen im Speisesaal. Sarana sah nach zwei befreundeten Nonnen, die gerade angekommen waren, eine von ihnen hatte sie geweiht. Ich ass allein.

Ich war dabei, mich in meine Hütte zurückzuziehen, um zu meditieren und in der Bemühung, die Ablenkungen der Nacht und des Morgens los zu werden, als U Thein mich rufen liess. Gehorsam kehrte ich zurück und wurde seinen Anhängern aus dem öffentlichen Bereich vorgestellt, das waren Beamte oder Angestellte, die Meditation praktizierten. Ich erinnere mich besonders an den Vorstand der Steuerbehörde und den Richter. Sie assen im Speisesaal, wo sie auf Teppichen sassen, und natürlich sprachen alle Englisch. Wir plauderten angenehm über dies und das, und der Richter, der Zigaretten rauchte, gab zu, dass Buddha wahrscheinlich dem Tabakgenuss nicht zugestimmt hätte, so wenig wie Gandhi.

Menschen in Regierungsämtern vorgezeigt zu werden, war ganz unterhaltsam, aber der Meditation über 'Anatta', Nicht-Selbst, nicht hilfreich, und so verliess ich die Gesellschaft, so bald es mit Anstand möglich war. Als ich aber zurück zu meiner Hütte kam, stellte sich heraus, dass einige Besucher den Holzsteg, der über den Graben und an meiner Hütte vorbei führte, für einen geeigneten Platz für ihre wöchentliche Wäsche hielten. 'Wenn in Rom, tu' es den Römern gleich' besagt ein Sprichwort, und seine Wäsche an einem Feiertag, noch dazu am Unabhängigkeitstag, zu waschen, schien diesen 'Römern' das Richtige zu sein. Daher machte ich keinen Versuch, meine Finger an die Lippen zu führen oder 'leise, leise' zu sagen und auf die Tafel zu verweisen, die Respekt für 'unsere buddhistische Ruhe' verlangte. Statt dessen ging ich in die Hütte, schloss die Tür und setzte mich hin, um darüber zu meditieren, dass 'da kein Selbst war, um schmerzlich gestört zu werden durch das Geräusch hölzerner Stöcke, die die Wäsche auf hölzernen Planken schlugen, noch durch besonders laute Stimmen – burmesische Stimmen sind nicht sanft, wie die in Indien. Es gibt nur das Hörorgan und das Gehörte sowie das Bewusstsein, das Beides verknüpft, und die alle sind in dauerndem Wechsel'. Die schrillen Stimmen der Wäscherinnen stellten zudem eine aussergewöhnlich gute Gelegenheit dar, um 'dukkha', Schmerz und Leiden, zu studieren. Einmal stand ich auf, um einen ruhigeren Platz im Garten zu finden – denn überall anders wäre es ruhiger als hier. Dann erinnerte ich mich daran, dass, wenn man den Schmerz flieht, er nur wiederkommen würde. Die Sache ist zu versuchen, ihn zu transzendieren. Was für eine wunderbare Lektion Dhamma, die buddhistische Lehre, doch gab! Und wie dumm, sie nicht zu lernen! Ich wiederholte immer wieder, 'da existiert kein Selbst, das leidet, sondern nur ein Hörorgan, das durch schrille Stimmen beleidigt wird, und beide verändern sich ständig'. Nach zweieinhalb Stunden änderte es sich tatsächlich. Das Durcheinander und Schreien erstarb, und da war nun Frieden. 'Aber kichernde Studentinnen, die vom Lehrer zur Ordnung gerufen werden, lenken weit weniger ab als Meditierende an einem Feiertag,' sagte ich trotzig zu mir.

Die Meditation in der Nacht war nicht sehr gut. Ich erwachte um 12, schlief aber wieder ein zwischen 4 und halb fünf. Vielleicht war der Körper mit dem Schmerz, 'dukkha', nicht so erfolgreich fertig geworden wie der Geist!

Nach dem Reisbrei kamen einige Damen, die über Nacht im Zentrum gewesen waren, zu mir, um mir Gottes Beistand oder, wie ich sagen sollte, Beistand der Lehre zu wünschen. Sie hatten auf den Märkten viel zu tun, wie sie mir sagten, und konnten nur vier Stunden in der Nacht meditieren - natürlich viel zu wenig. Aber sie taten ihr Bestes - zwei Stunden vor dem Einschlafen und dann wieder von 4 bis 6 am Morgen - denn sie mussten um 7 Uhr am Markt sein, wie sie noch entschuldigend hinzufügten. Sie meditierten seit fünf Jahren. Ihre Gesichter waren ruhig und glücklich. Nur vier Stunden täglich! Sollte ich vier Stunden am Tag nach meiner Heimkehr schaffen, oder wäre das ein Fall von 'Du bist ein besserer Mensch als ich, Gunga Din' ('You're a better man, than I am, Gunga Din!' Gedicht von Rudyard Kipling) Diese Frauen hatten keine Hausangestellten; eine älteres Kind oder eine Verwandte schauten nach dem Baby, oder vielleicht würden sie es auch mit zum Markt nehmen und im hinteren Teil ihres Standes in eine Wiege legen.

Die Beamten hatten eine herzliche Einladung ausgesprochen, am Sonntag Nachmittag zu ihnen in die Gemeinschaftshalle zu kommen, wo sie meditierten. Der Nachmittag begann mit einer Wiederholung der Zeremonien und einer kurzen Predigt. Es waren sechs Männer, alle leitende Beamte des öffentlichen Dienstes. Zwei in Meditation erfahrene Frauen kamen dazu, und ich wurde zwischen sie gesetzt. Wieder wurde der Vorhang zwischen die meditierenden Männer und Frauen gezogen. Nach nur drei Stunden guckte der Richter über den

Vorhang und sagte, dass es nun zu Ende war. Der Vorhang wurde zur Seite gezogen und die üblichen Zigarren und Zigaretten angezündet. Eine Diskussion folgte - über die Lehre, wie wir hoffen wollen! Jedoch gab es jemanden, der die Einweihungszeremonie übersetzen konnte, und dafür wurde Schreibzeug gebracht. Später fand ich heraus, dass es nicht genau eine Übersetzung der Zeremonie war, und dass im Bemühen, die Ziele des Buddhismus klar zu machen, die Einfachheit des Vorgangs vernachlässigt wurde. Das war allerdings das Problem mit fast allen Übersetzern, ausgenommen Sarana.

Nachdem die Ablenkung durch den Unabhängigkeitstag und das Treffen mit den Beamten vorüber war, verlief die Meditation wieder normal. U Thein riet nun, zur alleinigen Betrachtung von phyit - pyet des Herzens überzugehen. Das erwies sich als einfach, und wann immer die Konzentration nachliess, war es möglich, sie durch grössere Schnelligkeit wieder herzustellen. U Thein war erstaunt, dass noch immer kein physischer Schmerz da war. Ich schlug vor, dass ich meinen Teil Schmerzen als Einsiedlerin in den Himalayas gehabt hätte. Er nahm es so an. Aber schon am nächsten Tag stellte sich meine Theorie als falsch heraus. Es gab heftige Schmerzstiche wie mit glühenden Nadeln und immer, so schien es, an den sensibelsten Stellen des Körpers. Es wurde schlimmer und schlimmer. Sie erinnerten an die Angriffe des Teufels (Mara) auf Buddha in der Nacht vor seiner Erleuchtung. Ich traute mich nicht, mich zu bewegen, damit sie nicht aufhörten, bevor sie ganz natürlich verschwanden, und wiederholte fast laut und vehement 'phyit - pyet' mit tiefen Atemzügen dazwischen, um die Schmerzen erträglich zu halten. Ein Anreiz zu grösserer Bemühung war, wie U Thein sie erklärt hatte, richtig, man musste sich noch mehr bemühen, und das 'phyit - pyet' kam schnell und kraftvoll; man würde es kaum ein erfolgreiche Meditation genannt haben, aber sicher war es intensiv. Die Speerstiche wechselten sich mit Würmern ab, die fast unerträglich juckten, aber der Schmerz war noch schlimmer als das. Jedoch, schliesslich wurden die Stiche und das Jucken weniger und hörten dann ganz auf, und ich wandte mich mit grösserem Gleichmut dem phyit - pyet in Richtung Herz zu. Wie ich so geistig zusah, verwandelte sich das Herz in einen sich drehenden Kreisel, schneller und schneller! Es schien den ganzen Körper mit hinein zu ziehen. Fasziniert sah ich dem zu. Dann plötzlich, ohne Vorwarnung, löste es sich auf und hinterliess einen See von Atomen und einen ziemlich erschöpften Körper, der friedvoll darauf ruhte. Ich weiss nicht, wie lange ich da lag, zu entzückt, um mich zu bewegen. Aber so langsam endete das Drama, und die Konzentration normalisierte sich.

U Thein war begeistert. Noch ein bisschen mehr Schmerz, dachte ich, und seine Freude wäre vollkommen. Und tatsächlich brachte die folgende Nacht, was ich erhoffte. Etwa um 1 Uhr erwachte ich mit dem Gefühl, meditiert statt geschlafen zu haben und rund ums Herz Schmerzen, die nur gerade zu ertragen waren. Die Geschichte von Christus am Kreuz kam mir in den Sinn und bekam eine Bedeutung, die ich vorher nicht gekannt hatte. Der Körper war allerdings entspannt und blieb so für ungefähr drei Stunden, dann kam der Traum, den ich immer hatte, wenn ein weiteres Teil meines Ich abgesplittert war. Beim Klang der 4 Uhr - Glocke stand ich nicht auf, sondern wartete, bis der Schmerz so gegen halb 5 vollständig verschwunden war und verrichtete dann wie üblich meine Yogaübungen.

U Thein war nun total zuversichtlich. So etwas wie die 'asavas', die Grundtendenzen, mit denen wir geboren werden, werden mit jedem Schritt abgeworfen. Allerdings besteht die besondere Gefahr darin, dass man beim zweiten Schritt zu lange zögert, bei diesem ersten Blick auf Nicht - Ich in tatsächlicher Erfahrung. Es ist die Gefahr, stolz und eingebildet zu werden. Er hatte diese Gefahr selbst erlebt.

Am Tag danach begannen die Ausscheidungsprozesse wieder problemlos, als hätten sie nie aufgehört, und ich sah, dass U Thein Recht hatte, als er sich gegen Abführmittel aussprach (die, nebenbei bemerkt, nicht zu meiner Reiseapotheke gehörten). Die Meditation verlief friedlich, und nochmal löste sich das Herz auf in diesem See der Atome, oder den Wellen von Entstehen und Vergehen. Dann ärgerten die eingebildeten Würmer wieder, und ich hoffte nur, Mara und seine glühend heissen Nadeln würden nicht wiederkommen, bis ich mich erinnerte, dass das Gehirn aufgelöst war und es kein 'Ich' gab, um Hoffnung oder Furcht zu empfinden.

An diesem Abend wurden die letzten Zweifel bei U Thein ausgeräumt. Wie er sagte, begann nun die eigentliche Arbeit - während ich dachte, sie hätte nach der Vipassana - Zeremonie angefangen -, aber es war klar, was er meinte. Das Ziel war nun, von Tag zu Tag die gemachte Erfahrung zu festigen. Dafür fand eine dritte Zeremonie vor dem Schrein ohne Buddha auf Daw Nyunts Veranda statt. Der Zweck war, sich fest vorzunehmen, Stunde für Stunde die

Erfahrung des Nicht - Ich, anatta, zu erneuern. Weniger als eine Stunde zu meditieren, war nicht lang genug.

Als wir an diesem Abend zusammen sassen, unterbrach der früher erwähnte frühreife Mönch unser Gespräch. U Thein bezeugte ihm den Respekt, und wir folgten seinem Beispiel. Der Mönch hatte eine weitere Stufe erreicht. Er war höchst aufgeregt und wollte U Thein gleich davon berichten. Als er gegangen war, bemerkte U Thein 'Er ist wirklich sehr schnell in seinen Fortschritten, er hatte die glühend heissen Nadeln nach nur einer Woche.' Bei mir dauerte das drei Wochen!

Die nächsten Tage waren nicht so erfolgreich wie die vorigen. U Thein hatte angenommen, der Trance - Zustand würde folgen und warnte davor, länger als eine Woche darin zu verweilen. Da war kein Anlass zu Besorgnis, denn es gab nicht das leiseste Anzeichen davon. Als ich zwei Jahre später nach meinem zweiten Aufenthalt in Maha Bodhi den Bericht von dieser Zeit wieder las, erkannte ich, dass ich unbewusst den Fehler gemacht hatte, zu dem Thema des Weihnachtsabends zurück zu kehren, nämlich einzutauchen in Wellen von Erschaffung und Zerstörung. Das war angenehm, aber nicht kraftvoll genug, denn Geschwindigkeit ist das Wesen dieser Atome, aus denen alles besteht. Das einzige gute Zeichen war ein seltsames Zusammenziehen des Bauches, als ob das Leben heraus gepresst würde, aber es entwickelte sich nicht weiter.

Es war der drittletzte Tag, der sechsundzwanzigste nach meiner Ankunft, als ich heftige Schmerzen entwickelte, als ich im Schneidersitz sass. Sie wurden tapfer ausgehalten und waren am Ende der Stunde verschwunden. Dann kam eine wunderbare Vision perfekten Friedens, durch das dritte Auge gesehen. Es schien ein Vorgeschmack auf die Unsterblichkeit zu sein.

Ungefähr um Mitternacht entwickelte der Körper in dieser Nacht angsterregende Schmerzen an jedem Punkt, an dem er den Boden berührte. (Kein Wunder, mag der westliche Mensch denken, indem er an sein eigenes, komfortables Bett denkt. Aber die Bambusmatte hatte nie zuvor solche Schmerzen hervorgerufen, und es passierte auch später nicht!). Ich wagte nicht, mich zu bewegen, denn dann würde der Schmerz verschwinden, und das würde heissen, dass er irgendwann später wieder ertragen werden müsste. Dieser Augenblick des Fortschritts durfte nicht verpasst werden, auch wenn es mich fast umbrachte, denn die Schmerzen waren wirklich sehr stark. Die phyit - pyet - Formel, die mir so gut gedient hatte, schien jetzt ohne Bedeutung. Inmitten der Folter entwickelte ich für mich ein neues Mantra, das den Schmerzen so etwas wie Bedeutung gab: 'Freude und Schmerz sind Illusionen (Maya), aber der Geist kann beide übersteigen und die Unsterblichkeit finden'. Ich wiederholte es an die tausend Mal, sehr schnell wieder und wieder, aber es dauerte ungefähr drei Stunden, ehe der Schmerz nachliess und vom Frieden der Entspannung gefolgt wurde. Dann musste das Mantra umgekehrt benutzt werden, um zu verhindern, dass man sich diesem wundervollen Gefühl zu sehr hingab.

Anstatt mir zu gratulieren, dass ich die Schmerzen so tapfer ausgehalten hatte, gefiel U Thein die neue Formel nicht wirklich, auch nicht, als ich ihm von der Vision perfekten Friedens durch das dritte Auge berichtete. Das war so eine Ablenkung, wie der Stopp an diesen schönen

Picknickplätzen, statt weiter den Berg hinaus zu gehen. Man berichtet von einer Nonne, die genau das tat. Sie pflegte friedlich in einem vorzeitigen Trancezustand zu sitzen, anstatt den Schmerz zu akzeptieren und ihn zu überwinden.

Während dieser letzten Tage gab es noch eine Ablenkung, als wir Daw Nyunts Familie zum Mittagessen besuchten. Der reiche Kaufmann in Palmzucker, U Sein Maung, seine Frau und die Tochter Minnie erwarben sich Verdienst, indem sie uns in ihrem neuen amerikanischen Auto dorthin fuhren, das die Steuerung links hatte (in Burma existierte Linksverkehr, Anm. Le), ohne einen Versuch, dem Verkehr rechts Zeichen zu geben (üblich im burmesischen Verkehr, Anm. Le). Als Juristin, die leider zu viel Erfahrung mit Autounfällen hatte, stockte mir mehrmals der Atem, aber nichts passierte – U Sein Maung verehrte Buddha und nicht die Gottheit der Schnelligkeit. Ich sass hinter seiner Frau. Angesichts der vielen Räuber und Rebellen, die, so sagte man, unterwegs waren, erstaunte es mich, als ich sah, dass ein Kamm aus purem Gold ihr Haar zusammenhielt.

Wir fuhren die staubigen, unbefestigten Strassen unter mächtigen Tamarinden Bäumen entlang, die in der stechenden Sommerhitze ganz sicher unter die 'grössten Segnungen' aus den buddhistischen Schriften gerechnet werden mussten, dort aber ausgelassen worden waren. An einem der grossen, unauffälligen Häuser unter den schattigen Bäumen hielten wir an, dem Haus reicher Kaufleute. Die einzigen prächtigen und auffälligen Gebäude waren die Mönchsklöster, die man überall auch ohne ihre Schnitzereien erkennen konnte. Beim Betreten des festen Bodens im Erdgeschoss mussten wir unsere Sandalen nicht ausziehen, denn es gab dort keinen Buddha Schrein, sondern nur ganz gewöhnliche europäische Tische und Stühle. Hölzerne Stufen führten hinauf in den zweiten Stock mit einem eisernen Gitter oben, das man schliessen konnte, um Banditen draussen zu halten. Diese Bedeutung stellte ich diesmal als erste fest, nicht Sarana. Wir liessen unsere Sandalen am Fusse der Treppe und betraten den grossen, mit Teppichen ausgelegten Raum oben, wo die üblichen niedrigen, ungefähr 20 cm hohen Tische und ein riesiges Doppelbett mit Pfeilern zum Befestigen der Moskitonetze standen. 'Warum finden wir es seltsam, im Esszimmer zu schlafen?' fragte ich mich, als ich den anderen folgte und dem Buddha Schrein meinen 'Respekt bezeugte', der mit hübschen Halbedelsteinen geschmückt war und vor dem frische Blumen und Früchte standen.

Das Essen am Tisch der Damen war zu meinen Ehren vegetarisch, aber das der Männer nicht so rein. Minnie war viel zu scheu, um mit uns zu essen, und sass so dicht beim Vater, wie die Etikette erlaubte. Nach dem Essen bekam ich zwei dreieckige Gongs geschenkt, und jeder hoffte, dass sie benutzt würden, um die Meditierenden zusammen zu rufen, nachdem ich nach Australien zurückgekehrt war.

Für Tee und Süssigkeiten waren wir in Daw Nyunts Haus nebenan eingeladen. Dieses Haus war ganz gleich gebaut worden wie auch das von Minnie, das wir später besuchten. Diese reichen Leute, die nicht zweimal nachdachten, wenn sie hunderte, ja sogar tausende Pfund an Mönchskloster und Zentren für Meditation vergaben, lebten selbst sehr einfach. Als es mir gelang, Minnie aus ihrer Schale herauszulocken, stellte es sich heraus, dass sie ihren Lehrern nicht so sehr zur Schande gereichte, wie es zunächst den Anschein hatte, dann erzählte sie mir, dass ihre Mutter keine Dienstboten angestellt hatte, und dass sie sogar ihre Wäsche selbst wuschen, ausgenommen so grosse Teile wie Moskitonetze. An ihrer Ausbildung und Erziehung wurde freilich nicht gespart, wie auch nicht, als sie, nachdem sie die Universität abgeschlossen hatte, ins Ausland reiste. Für das einzige Kind war offensichtlich nur das Beste gut genug. Dennoch bügelte Minnie ihre Longyis selbst.

Minnies Vater beendete den mittäglichen Ausflug mit einer Fahrt hinter die alten Stadtmauern der antiken Stadt und wiederholte damit den Ausflug um 6 Uhr früh von vor zwanzig Jahren. Inzwischen war die Stadt schlimm zerbombt worden, sodass kaum mehr etwas übrig war. Sie wurde nun als Militärlager benutzt und normalerweise hatte die Öffentlichkeit keinen Zugang, aber heute war der 9. Januar, also ein Feiertag, und da war es geöffnet worden. Wünsche aller Art, auch der, ins Zentrum für Meditation zurückzukehren, erzeugten Schmerz, und das machte mich möglicherweise unangenehm deutlich aufmerksam für die Heuchelei der Mönche, die an den kleinen Geschäften, die zu Ehren des Feiertags geöffnet waren, alle möglichen Sache kauften, aber kleine Buben für die Bezahlung benutzten, um das zehnte Gebot nicht zu brechen!

In dieser Nacht entwickelte der Körper wieder das frühere Gefühl, als ob der Magen sich zusammenziehen würde, um alles Leben herauszupressen, und dazu eine leichte Lähmung des linken Beins. Ich berichtete U Thein nichts davon. Von dem, was ich später hörte, schloss ich, dass er es als gutes Omen betrachtet hätte. Aber mich beschäftigte viel mehr die schandbar lange Zeit, die mein Körper schlief. Das beunruhigte ihn überhaupt nicht. Der Körper benötigte die zusätzliche Ruhe, weil er draussen unterwegs gewesen war. Was 'zu lange' oder 'zu wenig' Schlaf war, ist oft schwierig festzustellen. Wahrscheinlich tendierten die meisten Leute aus dem Westen zu dem einen oder dem anderen Extrem - einerseits ausgiebig geniessen, andererseits Schlaflosigkeit wegen nervlicher Anspannung. Das glückliche Wachsein eines Meditierenden ist im Westen wahrscheinlich wenig bekannt. Bei meinem zweiten Aufenthalt im Zentrum Maha Bodhi machte ich einmal die Erfahrung, ganz leicht vor der üblichen Zeit aufzuwachen. Ich war sicher, dass es aus der Angst zu verschlafen resultierte. Aber U Thein war da nicht so sicher und schlug vor, zu warten und zu sehen, was in der nächsten Nacht passieren würde. Auch in dieser Nacht passierte dasselbe, war aber gefolgt von drei Stunden voll Glück erhöhter Aufmerksamkeit. Das hatte er erwartet. 'In der vorigen Nacht beruhte die Wachheit auf dem Versuch des Dhamma, durchzubrechen, in dieser Nacht mit Erfolg,' das war seine Erklärung.

Nach der Ordination der jungen Leute von der Zunft der Juweliere liessen sich die neuen Mönche nieder, um zu meditieren, ganz wie andere Yogis in der Ausbildung. Ein Wohltäter hatte für ihr Essen gesorgt, so dass sie sich nicht der Mühe unterziehen mussten, barfuss ins Dorf zu gehen, um Spenden für ihr Essen zu erbitten, wie es für Mönche üblich ist. Dennoch fand einer von ihnen selbst das Leben eines Meditierenden zu anstrengend, er legte am dritten

Tag seine gelbe Robe ab, ohne irgendjemandem etwas davon zu sagen und verschwand. Sein Platz wurde fast umgehend von dem frühreifen Mönch eingenommen – ich erwähnte ihn schon früher -, sodass da immer noch vier gelbe Roben sassen, denen im Esssaal Respekt bezeugt wurde. Nach dem Mittagessen gingen sie hinüber zu einer der Hütten, um an den Süssigkeiten Teil zu nehmen, die ihnen gespendet worden waren, wie süss - sauer eingelegter Tee, Früchte und süsse Plätzchen. Sie sassen auf der Veranda unter dem Buddha Schrein. Sie schienen irgendwie eine extra Klasse zu sein. Wäre es wohl möglich, eine gewöhnliche Unterhaltung mit ihnen zu führen, so wie mit U Aye Bo und U Thein? Aber wie konnte man eine gewöhnliche Unterhaltung mit Leuten der höchsten Kaste haben?

Ein anderer Wohltäter hatte diesen wichtigen Leuten eine junge Frau besorgt, die sich um ihr Wohlbefinden kümmern sollte, aber es war nicht wirklich zu erkennen, was sie hätte tun können. Es stellte sich heraus, dass sie eine natürliche Begabung zur Meditation hatte. Sofort sorgte die alte Frau, die zum Frühstück den Reisbrei ausgab, für ihr Essen, sodass sie ihre ganze Zeit der Meditation widmen konnte. Niemand, der von der Meditation profitieren konnte, wurde je durch Geldmangel daran gehindert; irgendjemand fand sich immer, um die Mittel zur Verfügung zu stellen. Im Maha Bodhi Zentrum waren alle willkommen, und Leute mit unterschiedlich hoher Bildung wurden alle gleich behandelt, wenn sie es wünschten, das Meditieren zu erlernen.

Kapitel 6

ANDERE ZENTREN FÜR MEDITATION

Die Bewegung für Meditation wuchs nach dem Krieg an. Natürlich wurde schon früher Meditation praktiziert. Tatsächlich wohl schon seit der Zeit, als der Buddhismus zuerst nach Burma kam, und das mag schon während seiner Lebenszeit gewesen sein, denn es gab Handel zwischen Burma und Indien seit den Zeiten vor Mahabharata. Und obwohl Meditation hauptsächlich von Mönchen praktiziert wurde, war es doch auch Laien bekannt. Aber das plötzliche Entstehen von Zentren, die sich hauptsächlich an Laien richteten, datierte erst von der japanischen Besetzung an. U Aye Bo beschreibt es so:

'In den britischen Tagen war der Buddhismus in Ordnung. Jedes Dorf hatte sein Kloster, phongyi - khaung, und auch in den Städten gab es viele. Wenn man die gelbe Robe eines Mönches oder einer Nonne sah, fühlte man sich gut. Man konnte nichts Schlechtes tun.' Aber während der japanischen Besetzung klappte es mit dieser Art ersatzweiser Erlösung nicht mehr. Viele Mönche legten ihre gelben Roben ab. Auch waren es schlimme Zeiten. Die Leute wurden praktisch gezwungen, Übles zu tun. Sie begannen zu trinken, Schwarz-Markt-Geschäfte blühten, und alle möglichen Arten von Unehrlichkeit, Trickserei und unmoralischem Tun wurden benutzt, um an das Geld zu kommen, mit dem man das kaufen konnte, was man wollte. Die buddhistische Gemeinschaft, Teil des birmanischen Lebens seit unvordenklichen Zeiten, erwies sich als nicht stark genug, um Zuflucht und Rückhalt gegen moralische Entgleisungen zu bieten, die unweigerlich einen Krieg begleiteten.

Nachdem sich die Japaner zurückgezogen hatten und Burma unabhängig geworden war, begannen die Nachdenklicheren unter den reichen Bürgern die Situation zu überdenken und schweren Herzens festzustellen, wie tief sie gefallen waren. Einen aus der Gemeinschaft der Mönche zu sehen, um sich gut und ehrlich zu fühlen, das war nicht genug. Sie mussten lernen, in ihrem eigenen Inneren gut und ehrlich zu sein, und die Meditation, das Beruhigen der Gedanken, war wohl der Weg dazu. Und so sammelten sie die notwendigen Mittel und gründeten Zentren für Meditation. U Aye Bos Schwester und Daw Nyunt gehörten zu denen, die das Maha Bodhi Zentrum unterstützten. U Aye Bo selbst unterstützte das Zentrum unter dem Hügel unten am Berg der Pagode von Mandalay und U Nu, der damalige Ministerpräsident, gab der neuen Bewegung jede mögliche Unterstützung. Alle anerkannten Zentren erhielten eine kleine öffentliche finanzielle Hilfe. Natürlich waren fast alle Lehrer Mönche, aber nichts hielt einen Laien, auch Frauen, oder eine Nonne davon ab, Lehrer zu sein, denn durch die Meditation erfuhr man selbst, dass Mann oder Frau, Mönch oder Nonne nicht real waren, es gab nur Wellen unablässigen Entstehens und Vergehens. Diese Erfahrung ist das Wesen der Vipassana Meditation. Mir wurde von mehr als einer Person gesagt, dass man Meditierenden mehr Respekt entgegen brachte, als solchen, die die Lehre unterrichteten, denn es ist wohlbekannt, dass es weit grösserer Arbeit und Bemühung bedurfte, um das Meditieren zu beherrschen.

Niemand zweifelte daran, das die Bewegung für Meditation die Bewegung der Zukunft in Birma bedeutete. Eine andere Frage war, wie lange sie dauern würde. U Aye Bo sagte, man plane nur für 20 Jahre. Im Augenblick war es eine starke, neue Mode, aber sie erwarteten nicht, dass junge Studenten sich dafür interessieren würden, die eifrig nach dem materialistischen Wissen des Westens strebten und keine Ahnung von der Erniedrigung durch den Krieg hatten, wie auch nicht von dem goldenen Zeitalter des Buddhismus vorher. Ob dieser Pessimismus gerechtfertigt ist, wird die Zeit zeigen. Aber nebenbei kann man erwähnen, dass viele Leute prophezeit hatten, die einzig mögliche Entwicklung der Menschheit müsste durch den Kontakt mit dem, was hinter dem Verstand lag, kommen. Wenn das so ist, kann man das Anwachsen der Praxis der Meditation erwarten und die burmesische Bewegung mag sehr wohl ein Strohhalm im Wind sein, mit wachsender Tendenz.

Es ist schwierig zu sagen, wie viele Zentren für Meditation es in Burma gibt. In und um Mandalay waren es fünf grosse und viele kleinere. Zusätzlich würden Mönche zu den Zentren kommen, um das Meditieren zu lernen und dann in ihre Dörfer zurückkehren, um als Lehrer zu wirken. Zusätzlich gab es zahlreiche kleine Nonnenklöster, wo zwei oder drei Nonnen zusammen lebten, um sich gegenseitig zu helfen. Während die meisten von ihnen im Prinzip daran interessiert waren, 'Abhidhamma' zu studieren, praktizierten doch nur wenige Meditation.

Von Anfang an entscheidet sich jedes Zentrum für die jeweils eigene Methode der Meditation. Im 'Abhidhamma' sind vierzig klassische Themen aufgezählt, und die Liste ist keineswegs vollständig. Aber welche Methode auch immer gewählt wird, um die Zerstreutheit der Gedanken zu sammeln, am Ende ist zu erwarten, dass der Meditierende selbst herausfindet, dass im Grunde das Universum aus Dukkha (Leiden), Anicca (Vergänglichkeit) und Anatta (ohne festes Selbst) besteht. Das ist der Gegenstand der Vipassana Einsicht beziehungsweise der Meditation höherer Weisheit. Das Wissen des Verstands ist keine Hilfe dabei, das in eigener Erfahrung herauszufinden, und der ungebildete Bauer mag es schneller finden, als der studierte Lehrer des 'Abhidhamma'. Man erzählte mir, dass im Maha Bodhi Zentrum arme Dörfler und sogar Kinder diese Methode erfolgreich angewandt hatten.

In der letzten Woche in Mandalay sollten einige andere Zentren besucht werden. Seit die Gruppe aus dem Shan-Staat Daw Nyunt und Sarana nach Mohnyin mitgenommen hatte, in dessen Zentrum die Methode Liebender Güte praktiziert wurde, bestand der starke Wunsch, dorthin zu gehen. Aber das bedeutete eine Reise von sechs Stunden in einem Zug, wo es keine Erste Klasse gab und keinerlei Möglichkeit, unterwegs vernünftiges Essen zu bekommen, also war U Aye Bo strikt dagegen. Es half nichts, dass ich ihm von extrem unbequemen Reisen in Indien vor erst vier Jahren erzählte, mit 24 Leuten in einem Abteil für 8 und das sechs Stunden lang. Er schlug stattdessen ein vegetarisches Zentrum auf der anderen Seite des Irrawaddy Flusses in den Bergen von Sagaing vor, wo auf den Bergspitzen weisse und goldene Pagoden zu sehen waren.

Nach meiner Rückkehr nach Australien fand ich heraus, dass für einen Buddhisten der Besuch der Berge von

Sagaing so etwas war, wie für einen Muslim der Gang nach Mekka, und als ich einem australischen Buddhisten gegenüber, der in Burma gewesen war, erwähnte, dass ich dort gelebt hatte, konnte ich beinah spüren, wie der Heiligenschein um meinen Kopf wuchs!

Diesmal war es nicht der Kaufmann U Sein Maung, der sich damals Verdienste erworben hatte, indem er mich und Sarana nach Sagaing fuhr, sondern der sehr moderne Schwiegersohn von U Aye Bos Schwester, der festgestellt hatte, dass die gelbe Robe über allen anderen stand. Er kam, kaum dass wir den Reisbrei fertig gegessen hatten, und war ein bisschen ungeduldig, weil ich gerade noch mein Bettzeug und die Zahnbürste zusammenschnürte, um zur vorgesehenen Zeit um 7 Uhr los zu fahren!

Unser Weg führte uns über die Brücke, die den breiten Fluss Irrawaddy überspannte, während das wie ein Opal leuchtende, dunstige Licht des beginnenden Morgens die weissen und goldenen Pagoden auf den heiligen Sagaing Hügeln erleuchtete. Die Ufer lagen teilweise frei, denn es hatte schon sehr lange nicht mehr geregnet. Bald würde die Erde, kostenlos gedüngt durch das Hochwasser, mit Reis bepflanzt werden. Nahe der entfernteren Ufer lagen Teakholzflösse, mit kleinen Bambushütten darauf für die Arbeiter, die die Flösse den Fluss abwärts nach Rangun transportieren würden. Aus dem Dorf Sagaing kurz hinter der Brücke kamen und gingen Mönche mit ihren grossen, schwarzen Näpfen, benutzt, um gute Gaben zu sammeln und manchmal dazwischen kleine Novizen in weissen Gewändern. Unter den Mönchen mit orange farbiger Robe waren auch zwei Nonnen in blass rosa Roben, die riesige Bündel mit Nahrungsmitteln auf ihren Köpfen trugen. Sie kamen aus ihren Heimatdörfern zurück, wo sie Nachschub geholt hatten. In den Tagen Buddhas ähnelte sich das Leben von Mönchen und Nonnen. Aber im heutigen Burma ist es sehr verschieden. Die Nonne gehört der offiziellen Gemeinde (Sangha) nicht an. Es wird berichtet, dass die Gemeinde der Nonnen ausstarb, und dass sie deshalb nie wieder ein Teil von ihr werden könnten, denn nach den Vinaya Regeln muss eine Nonne von einem Mönch und einer Nonne geweiht werden. Buddha soll gesagt haben, dass nach seinem Tod die Gemeinde niedrigere und weniger wichtige Gelübde abschaffen könnte. Deshalb gibt es selbst von strikterer Orthodoxie her gesehen keinerlei Grund, warum diese Regel nicht geändert werden sollte. Aber Dr. Soni sagte mir später einmal, dass alle Versuche dazu auf keine positive Resonanz bei den Mönchen stiess.

Da sie keine Mitglieder eines Ordens sind, wären die Nonnen viel freier, wenn sie von ihrer Freiheit Gebrauch machen wollten, aber sie scheinen sich dessen nicht bewusst zu sein, und ihr Leben wird durch strenge Regeln bestimmt, wie es Gewohnheit und Sitte gebieten. Ihre Kleidung verlangt am Hals einen hohen Abschluss und enge Ärmel - höchst unpassend in einem heissen Klima. Sie dürfen Geld berühren und sogar Bankkonten haben. Mit den Gütern, die ihnen Verwandte und Freunde zur Verfügung stellen, dürfen sie Handel treiben. Die Mönche gehen jeden Morgen los und bitten um bereits gekochtes Essen, mit dem sie dann zurück kehren, denn ihre Regeln (Vinaya) verbieten ihnen, selbst zu kochen. Nonnen dürfen, dem Brauch entsprechend, nur zweimal in der Woche mit einem Tablett auf dem Kopf um Almosen bitten und bekommen Ungekochtes, wie Tütensuppen oder Kerzen und auch Geld. Manchmal aber, wie bei Sarana, haben sie auch Verwandte, die für sie sorgen, dann ist es nicht nötig, zweimal wöchentlich betteln zu gehen. Wenn ein Mann geweiht wird, muss er einen Sponsor haben, der auch in Notzeiten für ihn sorgt. Eine Nonne braucht keinen Sponsor, und deshalb und auch, weil die Leute glauben, dass es wenig Verdienst einbringt, Nonnen etwas zu spenden, leben sie gewöhnlich zu zweit oder zu dritt, um sich, wenn nötig, beizustehen.

Ihre Bleibe ist klein und unauffällig, manchmal von eigenen Ersparnissen errichtet, manchmal aber auch durch Verwandte. Andererseits leben Mönche gewöhnlich in grossen Klöstern, die durch den Reichtum auffallen, mit dem Laien - Wohltäter sie überschütten. Die Arbeit, die Mönche und Nonnen gleichermassen verrichten, besteht im Studium der Heiligen Schrift, im Meditieren und Unterrichten - Letzteres beschränkt darauf, burmesisch zu lesen und zu schreiben und, in den höheren Stufen, auch Pali. Beide nehmen Reisende auf; bei den Mönchen besorgen jugendliche Novizen das Kochen; die Nonnen verrichten das selbst. Weder Mönche noch Nonnen scheinen den Ruf verspürt zu haben, zu den Aufständischen oder Räubern zu gehen - wie z. B. Punna zu Buddhas Zeit zu den kämpferischen Sunaparanti (die vielleicht die Ahnen der Burmesen gewesen sind) - um sie die Botschaft des Meisters von liebender Güte und Frieden zu lehren.

Unser junger, smarter Fahrer brachte uns nach Sagaing, einst eine der Hauptstädte von Burma, heute nicht viel mehr als ein grosses Dorf. Rundherum standen viele dem

Verfall preisgegebene Pagoden. Man soll nicht die Steine einer alten Pagode benutzen, um eine neue zu bauen. Man könnte sie freilich reparieren, aber es brachte mehr Verdienst, eine ganz neue zu errichten, und so standen neue Pagoden, stolz weiss und golden glänzend, inmitten der Ruinen der alten. Wunderschöne Löwenpaare mit Mähnen standen herum und signalisierten: 'Sandalen ausziehen', denn sie bedeuten, man betritt geweihten Boden, entweder eine Pagode oder ein Mönchskloster.

Sarana erzählte die Geschichte der Mähnen der Löwen:

Es war einmal, da musste eine Prinzessin ins Exil gehen und heiratete im Wald einen Löwen. Sie hatten zwei Kinder, einen Jungen und ein Mädchen. Als der Junge aufwuchs und von der edlen Herkunft seiner Mutter erfuhr, entschloss er sich, sie und seine Schwester zurück in ihre angestammte Heimat zu bringen. Dem Löwen, seinem Vater, brach das Herz beim Anblick ihres Aufbruchs. Er ging ihnen mit einigem Abstand nach, seine grossen Tränen fielen zu Boden. Als der Sohn bemerkte, wie sein Vater ihnen folgte, war er sehr zornig, hob seinen Bogen und schoss auf ihn. Der Löwe umhüllte seinen bösen Sohn mit liebender Güte, und der Pfeil fiel, ohne ihn zu verletzen, zu Boden. Der Sohn wurde noch wütender und schoss wieder, aber dasselbe geschah und und der Pfeil fiel, ohne Unheil anzurichten, zu Boden. Aber der Löwe war noch kein Heiliger, und als der Sohn den Bogen zum dritten Mal ansetzte, wurde der Löwe auch wütend, und diesmal fiel der Bogen nicht zu Boden. Er traf ins Herz des Löwen und tötete ihn. Der Sohn fühlte nun Reue wegen seiner schrecklichen Tat, und als er zum Geburtsort seiner Mutter zurückgekehrt und König geworden war, bemühte er sich, den Vatermord dadurch zu büssen, dass er an jedem heiligen Ort Skulpturen aufstellen liess, zum Andenken an seinen Vater. Diese Löwen glichen nicht den gewöhnlichen Löwen, indem sie eine Mähne trugen, aber sein Vater war eben auch kein gewöhnlicher Löwe."

In Sagaing verabschiedeten wir unseren Fahrer und übergaben unser weniges Gepäck einer jungen Frau, die es zum Fluss hinunter trug, wo Sarana ein Boot organisierte und die angemessene Gebühr für die Trägerin und den Bootsmann aushandelte. Wie einfach ist es, in einem fremden Land mit jemand zu reisen, der die Sprache spricht! Ich konnte mir keine Schwierigkeit vorstellen im Hinblick auf die Reise zum Zentrum der liebenden Güte mit Sarana als Gefährtin.

Es war nur ein kurzer Weg gegen den Strom, aber es gab eine starke Strömung und manchmal schienen wir kaum voran zu kommen.

Majestätische Klöster erhoben sich über uns an den Ufern des Flusses, schneeweiss in der Morgensonne, und die Einwohner in ihren orange - farbigen Roben wuschen derweil ihre grossen, schwarzen Behälter am Ende der kleinen Landebrücken, die in den Fluss hinein ragten. In der Nässe verrichteten Nonnen in blasseren Roben ihren Abwasch, aber sie standen im Match! 'Es ist sehr verdienstvoll, den Mönchen zu spenden,' sagte Sarana, ohne den leisesten Anklang von Bitternis in ihrer Stimme. 'Ten Kyats werden einem Mönch gegeben, einer Nonne nur einer. Das ist Brauch in Burma.' An der Landebrücke stand die einfache Bambushütte eines Nonnenklosters.

Nachdem der Bootsmann bezahlt worden war, lud sich die junge Frau, vermutlich seine Tochter, unser Bettzeug auf den Kopf und wir stiegen den gepflasterten Weg zum Nonnenkloster hinauf, das mit einem dreifachen, gebogenen Dach aus abscheulichem Wellblech bedeckt war, 'das doch so viel länger hält als Bambus', wie jeder erklärte.

Es stellte sich heraus, dass das Nonnenkloster ein kleines Dorf in einem schmalen Tal war, Terrasse über Terrasse mit einer schmalen, Kopfstein gepflasterten Strasse, die im Zentrum hinunter führte. Alles war sehr sauber und aufgeräumt, Brennholz in ordentlichen Stapeln neben den Hütten. Den einfachen Eingang bewachten keine Löwen, und keine Notwendigkeit, die Schuhe auszuziehen. Am unteren Ende des Eingangs gab es ein anständig hygienisches Plumpsklo, so tief, dass es ziemlich unmöglich schien, etwa etwas Wertvolles, das hineingefallen war, wieder heraus zu holen. Wir wurden zum Haus der älteren Nonne geführt, aber sie war dabei, dem Dhamma - Gespräch des Mönchs, der sowohl über das Kloster wie auch über das Nonnenkloster präsidierte, zu lauschen. Es gab auch hier den üblichen hübschen Buddha-Altar
und den polierten Flur aus Teakholz. Und auch hier äusserte ich den stets hervorgebrachten Wunsch, die entlegenste Hütte zu bekommen. Das war eine Meditationshütte ausserhalb des umzäunten Grundstücks, das jeden Abend um 6 Uhr abends sicher verschlossen wurde. Sarana konnte sich nicht für meinen Wunsch erwärmen, inmitten von Leoparden zu schlafen, wie ich es in Indien getan hatte. Das hier war nicht Indien, sondern

Burma und es gab jenseits der Berge von Sagaing ein Dorf der Aufständischen, und erst vor einem Monat hatten Banditen den Mönchen die Teppiche gestohlen, - ich hätte antworten können, dass das sicher das Resultat vom Karma der Mönche war, die Teppiche besassen, denn die zählen nicht zu den vier Erfordernissen, die Mönchen zustehen, wie es Buddha niedergelegt hatte, nämlich Baumwurzeln als Behausung von Mönchen, Weggeworfenes zur Ernährung, Lumpen zur Bekleidung und Ammonia als Medizin. Allerdings, wie sagt man 'Wenn in Rom, lebe wie die Römer' und so, als mir die oberste Hütte angeboten wurde, mit nur einer Mauer zwischen mir und und dem Urwald riesiger Frangipani - Bäume, schien das immerhin eine gute Alternative zu der Hütte inmitten der Leoparden.

Die ältere Nonne lauschte immer noch der Predigt, als die Unterhandlungen bezüglich der Unterkunft beendet waren, und es wurde vorgeschlagen, dass ich hinginge und ebenfalls zuhörte. Die Halle für Präsentationen war ein Gebäude mit solchen hölzernen Verzierungen auf dem Dach, wie sonst nur bei Klöstern für Mönche, es war wirklich so stattlich, dass man kaum glauben wollte, dass es nicht Mönchen gehörte. Die kleine Anzahl von Zuhörerinnen kauerte auf dem Boden, den Kopf auf die Hände in Gebetshaltung gelegt, der kleine Finger auf dem Boden. 'Eine seltsame Haltung, um einer Predigt zu lauschen,' sagte ich zu mir. Wie auch immer, ich liess mich so anmutig wie möglich auf den Boden gleiten, hinderte Handtasche und Kamera daran, 'bang bang' auch dort zu landen und nahm dieselbe Haltung ein. Natürlich verstand ich kein Wort, konnte aber meditieren. 'Seltsame Haltung, um zu meditieren,' sagte ich zu mir und keine, die auf der Hinweis - Tafel am Eingang zum Maha Bodhi Zentrum erwähnt wurde. Egal! 'Geist und Körper sind nur fliehende Schatten auf einer durch Wind bewegten See!' Meine letzte Formel über 'Anicca' (Vergänglichkeit) hatte ich im Geist viele hundert mal wiederholt – wie oft konnte man sie in einem Zeitraum von 45 Minuten wiederholen? -, da hörte ich den alten Mönch etwas über 'Dukkha', Schmerz sagen. Der Körper wurde zu dieser Zeit höchst unangenehm und eng verbunden mit Dukkha, dem Wort entsprechend, ich wagte einen Seitenblick aus meinem rechten Augenwinkel. Sarana hatte sich aufgesetzt, mit ihren Händen in Gebetshaltung und so, stellte ich fest, auch verschiedene andere. Ich folgte ihrem Beispiel, aber ich war gar nicht sicher, ob so sitzend, mit den Händen in Gebetshaltung unter dem Kinn, ohne eine Möglichkeit, die Ellbogen irgendwo aufzustützen, nicht noch mehr Schmerz ergeben würde. Und das, so stellte sich später heraus, passierte tatsächlich - die Nonnen hatten sich bloss vorwärts fallen lassen, um den Schmerz zu erleichtern. Als ich dazu kam und dasselbe tat, wechselte bei ihnen Belustigung über meine lächerliche Position und Mitleid mit meinen unglücklichen Knochen. Die Predigt ging weiter. Ich stellte jetzt fest, dass der alte Mönch im Schneidersitz auf einem bequem gepolsterten Sessel sass. Ich sah auch, dass an den Wänden Karten für eine Anfänger – Klasse in Physiologie hingen. Das war offensichtlich ein Zentrum, wo die zweiunddreissig verschiedenen Körperteile als Themen für Meditation dienten. In der Mitte der Halle sah man das unvermeidliche Handtuch zwischen den Falten des seidenen Vorhangs, das gezogen wurde, um Mönche von Nonnen zu trennen. Die Burmesen schienen Handtücher für alles Mögliche zu benutzen, vor allem anstelle von Schals.

Schliesslich endete die Predigt. Das musste sie natürlich, Denn hatte nicht Buddha gelehrt, dass alles, was einen Anfang hat, hat auch ein Ende! Der Mönch stand von seinem weich gepolsterten Sessel auf und ging auf die Veranda, und wir folgten ihm gehorsam und 'bezeugten Respekt', ehe wir uns auf dem hoch polierten Teak-Boden nieder liessen. Mein unglückliches Karma wies mir den sonnigsten Platz zu, wo die gnadenlose 10-Uhr-Sonne auf meinen Kopf ohne Hut traf – 'Dukkha – Geist und Körper sind nur flüchtige Schatten auf einer Wind gepeitschten See', flüsterte ich mir leise zu, während das geistige Haupt der Gemeinschaft erklärte. Ich bat dann Sarana, ihn nach seiner Methode der Meditation zu fragen. Er sagte, dass der Lernende zuerst über die zwei und dreissig verschiedenen Teile des Körpers meditiert, bis er sie als Röntgenaufnahmen sieht; dann verschwinden sie und nur das Skelett bleibt zurück, bis das wiederum zu Staub zerfällt, und so kommt er auf einem anderen Weg zu 'phyit – pyet', Schöpfung und Zerstörung, – Geist und Körper nur flüchtige Schatten auf bewegter See. Das war auch ein Vipassana Meditations – Zentrum wie das unsrige, das heisst, es war auch bemüht, Nicht – Ich, Selbstlosigkeit oder höchste Stufe der Weisheit durch praktische Erfahrung zu finden. Ich erkundigte mich dann, ob schon mal ein Europäer hier war. Ein Franzose kam mal, auch ein Deutscher, der trug aber die gelbe Robe. Ich war die erste Frau, und man lud mich ein, so lange ich wollte da zu bleiben und entweder dieses System der Mediation oder das, was ich in Maha Bodhi gelernt hatte, zu praktizieren.

Ich sagte, da ich nur zwei Tage bleiben würde, bliebe ich wohl bei dem bisher gelernten. Aber ich wusste auch, dass Physiologie für mich nicht leicht sein würde.

Mittagessen stand als nächstes an. U Ay Bo hatte arrangiert, dass mein eigener Koch die erste Mahlzeit zubereiten sollte, so dass es keine Chilis enthielt; das fertig gekochte Essen hatte Sarana in einem doppelstöckigen Aluminium - Behälter gebracht. Wir sassen auf Bambusmatten auf dem polierten Fussboden unter dem Buddha Schrein in dem Zimmer der älteren Nonne. Ich hatte erwartet, dass ihr 'Respekt bezeugt' werden musste wie den Mönchen, aber sie war nur eine ältere Nonne, Sayagi, und keine Respekts - Person, wie die Äbtissin eines Nonnen - Klosters, nicht zu sprechen von einem weiblichen General der Heilsarmee, die keinen Unterschied zwischen Mann und Frau macht. Das Nonnen - Kloster war vollständig unter der Kontrolle und Oberaufsicht des Klosters oben auf dem Berg. Meine Hütte, die einer Nonne gehörte, die in ihr Dorf gegangen war, um die Bestände aufzufüllen, hatte einen geraden Blick auf das majestätische Kloster gegenüber. Auch zu anderen blickte ich, denn fast alle Gebäude auf den Hügeln waren entweder Klöster oder Pagoden oder Nonnen - Klöster, ausgenommen das Dorf unten am Fluss, dessen Einwohner entweder Boote besassen oder Lastenträger waren.

In meiner Hütte war natürlich ein kleiner Buddha - Schrein, geradeso, wie in der Wohnung eines gläubigen Katholiken ein grosses Kruzifix, und ich setzte mich davor und meditierte.

Die einzige Zeit, zu der an diesem Zentrum Ruhe herrschte, war zwischen 12 Uhr mittags und drei Uhr am Nachmittag. Aber in den ersten zwei Stunden verrichteten junge Novizinnen ihre schriftlichen Hausarbeiten, denn sie lernten Pali. Nur zwischen 2 und 3 Uhr am Nachmittag war es Pflicht zu meditieren, und alle versammelten sich dazu in der Gemeindehalle. Der Vorhang mit den üblichen birmanischen hübschen Volants wurde vor den Buddha - Schrein gezogen, und ein Mönch kam herein und sass dahinter. Die Teenager - Nonnen neigten zu Unruhe. Es gab hier nicht den konzentrierten Frieden der Meditation wie in der Gemeindehalle des Maha - Bodhi - Zentrums. Am Ende der Stunde läutete der Mönch mit einer Glocke, stand auf und ging, und dann schienen alle Nonnen, junge wie alte, zu entspannen - so wie Schulkinder, wenn der Lehrer den Raum verlässt. Aber die Autorität der gelben Robe wirkte auf meine Kamera, und als ich versuchte, ein Bild des Innenraums zu machen, verklemmten sich die Schalter und kurz darauf streikte die Kamera vollkommen.

Es war eine interessante Gemeinschaft. Ungefähr achtzig Nonnen lebten in kleinen Gruppen zusammen, jede unabhängig von der anderen, die die meiste Zeit mit Meditation verbrachten - wie mir gesagt wurde! Offiziell war es sicher ein Zentrum für Vipassana - Meditation und jeder, der eine Prüfung in den Pali - Schriften ablegen wollte, musste dafür an ein anderes Zentrum gehen. Der wichtigste Eindruck war der von jungen Novizinnen, die ihre Lektionen unablässig vor sich hin murmelten mit ihren Nasen fast auf dem Fussboden, während oben im Mönchskloster die Buben offensichtlich dasselbe taten - zweifellos auch mit ihren Nasen fast am Boden.

Nach Einsetzen der Dunkelheit hörte das Summen und Murmeln auf, und dafür begann das klopfende Geräusch der Dieselpumpe, die aus dem Fluss Wasser holte. Dann hörte auch das auf, und Frieden breitete sich über dem kleinen Tal aus. Die Sterne begannen zu leuchten, wie auch das grüne Neonlicht der Pagoden, die auf den umgebenden Bergen thronten. Man konnte still in Meditation sinken und mit innerer Klarheit wissen, dass man eins war mit dem sich ständig verändernden Ozean von Entstehen und Vergehen, und dass es da weder Mönch noch Nonne, noch Mann noch Frau gab. Dann wurde das Schweigen durch einen plötzlichen Schrei unterbrochen, wenn ein Leopard sich auf seine Beute stürzte, dann noch ein Schrei und alles war vorbei. In den Sagaing Bergen gab es keine hungernden oder toten Hunde, dafür sorgten die Leoparden.

Unterhalb meiner Hütte gab es eine andere, verfallene. Der Besitzer hatte kein Geld, um sie ersetzen zu können. Wenn Termiten ein Gebäude befallen, darf man sie nicht töten, denn das hiesse, Leben zu nehmen, also kann man ein solches Gebäude nicht reparieren. Es muss einfach verfallen und der Besitzer darauf warten, die Mittel zu haben, um ein neues zu bauen. Von meinen Fenstern konnte ich über die niedrige Mauer hinwegsehen und die Pilger, die von weither kamen, beobachten, wie sie den Berg hinauf kletterten, um die Pagoden zu besuchen. Ich konnte auch die kleinen Eichhörnchen sehen, die schnell die Bäume hinauf kletterten und die prächtigen wilden Zwerghähne, die zwischen den fedrigen Tamarinden flogen, wie auch den fast blattlosen Bäumen und den Frangipanis (Bäume mit duftenden weissen Blüten, Le), auch ohne Blätter aber noch mit einigen zart duftenden Blüten, die, wenn man sie mit Öl und Salz briet, ein gut schmeckender Snack waren. Im Urwald gibt es Vieles, was man essen kann; am nächsten Tag sahen wir eine Nonne, die solche Blüten für ihr Mittagsmahl sammelte.

Auch am nächsten Tag beobachteten wir Mönche, die von dem oben liegenden Kloster herunter kamen, um von den Nonnen Essen zu erhalten. Für sie wurden Bambusmatten ausgelegt, um darauf zu gehen, und die älteren Nonnen standen mit grossen Behältern voll Reis bereit, andere trugen auf ihren Köpfen die Curry - Gerichte den steilen Pfad hinauf zum Kloster. Nur ältere Nonnen durften die Mönche bedienen. Eigentlich sind alle Frauen unrein, aber jüngere, die die Wechseljahre noch nicht hinter sich hatten, durften Nahrung wenn möglich nicht beflecken, indem sie sie einem Mönch reichten. Allerdings gab es keinen Widerspruch dagegen, dass Frauen jeglichen Alters schwere Säcke auf ihren Köpfen aus weit entfernten Dörfern lange Strecken transportierten. Fühlt jemand aus dem Westen vielleicht Empörung, dass Mönche mit kräftigen, gesunden Körpern erwarteten, dass ihre Nahrung herbeigebracht, gekocht und ihnen gegeben wurde von Frauen, dem schwachen Geschlecht, die ausserdem nur einen Kyat (burmesische Währung) für die zehn, die sie gaben, erhielten? Die Nonnen waren nicht verärgert darüber. Ihre schönen Gesichter strahlten inneren Frieden und Liebe zu allen empfindenden Wesen aus, und es herrschte eine Atmosphäre von Glück und Freude - im Westen würde man lange suchen müssen, um so etwas zu finden.

Nachdem die Mönche mit niedergeschlagenen Augen - nur die ganz jungen und die Knabenmönche konnten es sich nicht verkneifen, verstohlen die fremde weisse Frau zu mustern - ihr Essen in Empfang genommen hatten, gingen Sarana, ich und noch eine Nonne los, um die Pagoden auf den Bergspitzen zu fotografieren - aber der Film transportierte nicht weiter, und die Fotos wurden nie gemacht. Am Wege gab es mehrere Teeshops für erschöpfte Pilger und Kiosks, um Blumen oder andere Opfergaben zur Niederlegung an den Buddha - Altären zu kaufen; an einem Kiosk auch Goldblätter, um sie an der riesigen Buddha - Statue zu befestigen, und ein Mann stand auf den gefalteten Armen des Gesegneten, um gerade das zu tun. Das dauerte ein bisschen. Ich hätte gern ein Foto von mir in dieser Situation gehabt, mir wurde aber gesagt, dass Frauen unrein seien und nicht auf einer Buddhastatue stehen durften; für sie musste ein Mann das Goldblatt auftragen. Mein Enthusiasmus kühlte sich ab. Ein Stück weiter standen Statuen von vorgeschichtlichen oder mythologischen Tieren. Ich bat Sarana, an einer speziell ausgewählten Stelle für ein Foto zu posieren, aber auch die mythologischen Biester wehrten sich gegen das unreine Geschlecht!

Die Unreinheit meines Geschlechts deprimierte mich so langsam. Aber der Fluss Irrawaddy floss ruhig und friedlich im schimmernden Morgenlicht, und auch die weissen und goldenen Pagoden erhoben sich friedlich auf den Berghöhen und die Reihen der Buddha - Statuen sassen ruhig und gelassen im erleuchteten Frieden (Samadhi). Buddha verachtete Frauen nicht. Aber was machte denn das alles? Während der Meditation empfingen die Wellen unablässigen Wandels jeden. Da war man sich bewusst, dass es weder rein noch unrein gab.

Während wir unterwegs waren, gingen die Nonnen hinunter zum Fluss, um zu baden. Es war ein weiter Weg, und und sie machten das nur jeden zweiten Tag. Wie die normalen Bürger klemmten sich auch die Mönche und Nonnen ihren Longyi (birmanischer Wickelrock) unter die Schulter, und zogen, nachdem sie sich gewaschen hatten, den trockenen über den nassen und diesen dann aus. Ich hätte das sowieso nicht gekonnt. Glücklicherweise lag die Hütte eines Unterstützers direkt neben dem Nonnenkloster, und da gab es ein Badezimmer mit Tür; ganz in der Nähe war auch eine natürliche Höhle im Kalkstein für die Meditation. Betonstufen führten hinunter, und sie hatte einen Zementboden. Einige Menschen ziehen es vor, lieber in Höhlen als in Hütten zu meditieren. Offensichtlich teilen Schlangen diese Vorliebe, denn U Thein meditierte in so einer Höhle, als plötzlich eine Schlange durch die Luft sauste und er sich ducken musste, um ihr freien Weg zu geben!

An diesem Nachmittag wanderten wir den Berg hoch zu der grossen Pagode und dem Mönchskloster, das vor langer Zeit durch ein Erdbeben schlimm beschädigt worden war. Fast jede zweite Pagode hier wurde schon mal irgendwie repariert, aber bei dieser waren einige Teile buchstäblich in Matten aus Bambus gehüllt. Der Unternehmer, der die Arbeiten übernahm, war zu einer englischen Schule gegangen und hatte unter den Briten gearbeitet. Er selbst weilte in Rangun, als die Erde bebte und das Dach seiner Hütte auf sein Bett fiel. Da das hier heiliger Grund war, musste jeder barfuss gehen, auch die

Arbeiter, die die Reparaturen ausführten. Über die Erfindung des Wellblechs war der Unternehmer sehr erfreut und nun dabei, die Schönheit des Gebäudes dadurch zu zerstören, dass er die vielen verschiedenen Dachformen durch dieses - in meinen Augen scheussliche (wie richtig!Le) - Material ersetzte, dessen Verwendung für Dächer moderner Häuser in meinem Land verboten ist.

Die Sagaing - Hügel sind wunderschön, ihre Kuppen gekrönt von Pagoden und die Hänge mit Möchsklostern und heiligen Schreins übersät. Und schön ist das ruhig fliessende Wasser des Flusses am Fusse der Berge und die wunderbare Atmosphäre liebender Güte in der Gemeinschaft der freundlichen Nonnen. Aber das vegetarische Zentrum für Meditation nach der Vipassana - Methode ist nicht gerade der beste Platz für dich mit einer Mutter, die bei den Demonstrationen der Frauenrechtlerinnen mitmachte, und wenn du selbst Vorkämpferin dafür warst, Frauen Wege in die juristischen Berufe zu öffnen und die dabei half, dass Gesetze erlassen wurden, die Müttern gleiche Rechte für die Vormundschaft für Kinder zubilligten. Andererseits ist es das wichtigste Anliegen der Meditation, sich über Gegensätze zu erheben - das Geniale und Nicht - Geniale, das Angenehme oder Unangenehme. In dem Sinne ist vielleicht also das Vegetarische Zentrum für Meditation der beste Platz für so jemanden.

Bei unserer Rückkehr glitt das Boot leicht den Fluss hinunter, vorbei an den majestätischen Mönchsklöstern und den einfachen Bambushütten kleiner Nonnenklöster, an den Mönchen in orange farbigen Roben und Nonnen in solchen im Rosa der Aprikosen, die sich und ihre Kleidung wuschen, die Nonnen standen dabei im Uferschlamm und die Mönche auf sorgfältig konstruierten kleinen Stegen.

Gerade als wir Sagaing verliessen, kam eine Gruppe Pilger in überfüllten Bussen an. Sie waren seltsam in Marine - Blau gekleidet, viel zu warm für das hiesige Klima; sie kamen vermutlich aus den Bergen. Zwei Tage später sahen wir sie bei ihrer Abfahrt wieder und stellten fest, dass die meisten ihre Oberbekleidung abgelegt hatten, aber selbst so sahen sie unangenehm erhitzt aus, als sie in dem vollen Bus sassen.

Oh, wie war es gut, wieder zurück im Maha Bodhi Zentrum zu sein, wo anscheinend das Geschlecht nicht so wichtig war, und wo Mönche und Nonnen sowie gewöhnliche Männer und Frauen als gleicherweise fähig angesehen wurden, die Wahrheit des Anatta (Nicht - Ich), zu erkennen, zu verstehen, dass es da in Wirklichkeit kein beständiges individuelles Selbst gab, weder männlich noch weiblich, geweiht oder nicht - geweiht.

Hinter dem Zentrum, jenseits von dem Flickenteppich der Reisfelder, konnte man schwach das St. John's katholische Hospital für Leprakranke erkennen. Dicht dabei war das Buddhistische Lepra Zentrum für Meditation, das erste auf meiner Liste der Zentren, die ich besuchen wollte, ehe ich Mandalay verliess. Am Sonntag Morgen um 7 Uhr führte U Thein Daw Nyunt, Sarana und mich mit schnellem Schritt im Gänsemarsch über die taunassen Grenzpfade und alten Reisstoppeln, wo der junge Reis schon wuchs! Wir kamen zu einem stillen See, von dem der Morgennebel aufstieg. Er war von hübschen Bambushütten, Papaya - Bäumen und

Bananenstauden umgeben, dazwischen goldgelbe Ringelblumen. Einige wenige Mönche in gelben Roben vervollständigten das friedliche Bild.

Das Meditationszentrum für Leprakranke war ein Ableger von unserem Zentrum und bestand erst seit zwei Jahren . U Thein besuchte es gelegentlich, obwohl es einen eigenen Vorstand hatte und von anderen Wohltätern unterstützt wurde, deren Namen am Eingang einer wunderschönen, mit Schnitzwerk geschmückten Brücke aufgeführt wurden. Wer im Maha Bodhi Zentrum lebte, tat das, weil er (oder sie) durch Meditation den Weg gefunden hatte, Leiden zu überwinden und zu dem zu werden, was Buddhisten als die ' Ohne Kummer und ohne Tod' bezeichnen, und hier am Zentrum für Leprakranke wurde diese Möglichkeit denen eröffnet, die chronisch krank waren. In westlichen Einrichtungen für unheilbar Kranke stimulieren wir die Sinne mit verschiedener Unterhaltung für Sehen, Hören, Schmecken und vielleicht auch mit Büchern. Hier aber lehrte man die Sinne, still zu werden, so dass der Patient lernen konnte, seinen kranken Körper als eins zu erfahren mit dem Werden und Vergehen und so wie die Gesunden im Jetzt zur Existenz ohne Kummer und ohne Tod zu finden.

Als jemand aus der westlichen Welt und eine Anhängerin von Mahatma Gandhi hätte ich es natürlich für gut gefunden, auch Gemüsebeete neben den Papayas und Bananen anzulegen, um das Zentrum fast ganz zum Selbstversorger zu machen und gleichzeitig körperliche Betätigung für die dort Lebenden zu ermöglichen. Aber dann wäre es ebenso gut gewesen, solche Gemüsebeete auch bei den Hütten des Maha Bodhi Zentrums zu haben.

Niemand sollte die Beschäftigungen anderer beurteilen, und mit oder ohne Gemüseanbau schien dieses Zentrum für Leprakranke dem Ideal eines Krankenhauses für unheilbar Kranke zu folgen, indem die Patienten gelehrt wurden, die Sinne zu beruhigen statt sie zu stimulieren.

Für die Unterweisung in der Meditation an diesem Zentrum war eine Nonne zuständig gewesen, aber sie hielt sich jetzt in Rangun auf, und statt ihrer hatte ein Mönchsnovize übernommen, nur ein Novize, denn niemand mit einer ernsthaften Erkrankung konnte volle Weihen empfangen. In der kleinen Kolonie gab es 28 Leprakranke - sechzehn Novizen, drei Nonnen, ein kleiner Junge in der orangen Robe und acht Laien. Sie waren hierher gekommen, weil sie Buddhisten waren und die Verpflichtung nicht mochten, an den Gebeten in der Kathedrale St. Joseph teilzunehmen. 'Gib dort, wohin dein Herz dich führt', sagte Buddha zu König Pasenadi. Mein Herz lenkte mich dazu, diesem Zentrum mehr zu geben als jedem anderen, und so ging ich am nächsten Tag mit meinem Koch und seiner Frau dorthin zurück - die Frau trug die Gaben und ging natürlich hinter ihrem Ehemann!

U Sein Maung, der Palmzucker (juggery) Kaufmann wartete auf uns mit seiner Tochter Minnie und seinem hübschen neuen Auto, als wir zurückkamen. Unsere kostbare Zeit mussten wir unglücklicher weise darauf verschwenden, den Fotoapparat wieder zu reparieren, weil wir an einem Sonntag eineinhalb Stunden herum suchen mussten, um U Aye Bos Kinofreund, U Thant, zu finden, der mir dann freundlich seinen Apparat lieh, während er meinen in Ordnung brachte.

Das zweite Zentrum für Meditation auf unserer Liste war das grosse Kloster Zanakas Gandhayone. Seine glänzend weissen Mauern und strahlenden Pagoden tanzten im Sonnenlicht nahe am Irrawaddy (Fluss), und wir kamen gerade zur Zeit an, um eine Prozession in orange farbigen Roben zu beobachten, die Essen von den Bürgern bekamen.

Daw Nyunt und Sarana holten unsere Lunch - Sachen aus dem Auto und trugen den schweren Korb zwischen sich zu dem Picknick Platz, während unser Gastgeber ruhigen Schrittes voran ging. In Birma ist es für einen Mann unter seiner Würde, irgendetwas zu tragen. Nun verstand ich, warum eine junge Frau unsere Sachen zu dem vegetarischen Zentrum hinauf brachte. Nur auf dem Markt sind die Lastenträger Männer. Und ich erinnerte mich auch an eine frühere Gelegenheit, als ich einen Engländer gebeten hatte, mal meinen Schirm über die Kamera zu halten, um das Objektiv vor dem Licht zu schützen, und wie er ihn ärgerlich zurück gab mit den Worten 'die Leute werden ja denken, ich sei Ihr Diener'. Zuhause, wenn niemand zusieht, wird ein Mann manchmal helfen, aber öffentlich bezahlt er lieber jemanden dafür, die Sachen zu tragen, 'seine Frau schaffe das nicht'. Andere Länder, andere Sitten! Aber schliesslich ist es auch noch nicht so lange her, als die Männer bei uns ihre Frauen die Kinder tragen liessen, was oft ihre Kräfte überstieg, anstatt diese ihrer unwürdigen Last selbst zu übernehmen.

Die Picknick - Sachen wurden auf Bänken unter schattigen Bäumen ausgelegt, so, wie wir es auch bei uns in Australien tun, aber hier waren es Banyan - Bäume, und einige von ihnen strangulierten eine Palme, um die sich unbemerkt ein Ableger wand. Sarana und ich erinnerten uns daran, dass Buddha gesagt hatte, auch noch so kleine Sünden vernichten die Tugend eines Menschen, wenn er sie unbemerkt lässt. An einer nahen Quelle wuschen Mönche ihre Näpfe aus, und einer von ihnen rasierte einen anderen. Mehrere junge, weiss gekleidete Novizen betrachteten scheu die fremde, ausländische Frau; diese kleinen Jungen traten je nach Wunsch für länger oder kürzer in ein Kloster ein, und diese Periode hatte nichts zu tun mit der üblichen Vorbereitungszeit, um Mönch zu werden. Das war gewöhnlich dann, wenn bei ihren Schwestern die Zeremonie anstand, um die Ohren zu durchbohren.

Nach unserem Lunch erwiesen wir dem Abt unseren Respekt, indem wir uns vor ihm nieder auf den blank polierten Fussboden beugten. Der Raum war in leichten Pastelltönen gehalten, wir bemerkten Buchregale und ein Bett, das deutlich höher aussah, als die Vinaya - Regeln erlaubten! Der Abt war ein freundlicher, gütiger Mann, der mit Dank eins der gelben Taschentücher entgegennahm, die ich speziell dafür gefärbt hatte, bevor wir die Reise begannen, und die eigentlich orange hätten sein sollen. Aber es stellte sich dann heraus, dass das hier kein Zentrum für Meditation war, wenige Klöster sind es übrigens, vielmehr ein theologisches Ausbildungszentrum für Mönche, die kamen, um die Schriften in Pali (alte burmesische Sprache) zu studieren. So hatten wir mit den Arbeiten an der Kamera und dem Theologischen Kolleg den Morgen verbracht und nur das Meditationszentrum für Leprakranke absolviert.

Zurück im Auto hielten wir dann vor einem schmiedeeisernen Tor mit dem bekannten 'Daw Daw' -

Zeichen, Bitte Ruhe - hier also waren wir dieses Mal richtig. Es war Utiloka To-Moung Taik. Auf dem Gelände viele Hütten aus Bambus für die Meditation.

Der Gemeinschaftssaal - grösser als der bei uns - war voll besetzt, fünf Männer und ein kleiner Junge vorn, sonst Frauen hinter ihnen. Als wir eintraten, atmeten alle gerade heftig, wie Blasebälge in der Schmiede. Ohne Zweifel war das eine Variation der anapana (Atmungsmeditation, eine in Burma verbreitete Methode der Meditation). Als der Mönch in orange farbiger Robe, der Betel (eine Nuss, deren Kauen anregt und den Mund rot färbt) kaute, statt Cheroot - grosse, birmanische Zigarre - zu rauchen, uns sah, gab er das Zeichen zur Entspannung. Wir bezeugten unseren Respekt und übergaben ein weiteres der gelben Taschentücher. Sarana sagte ihm, dass ich gekommen war, um mehr über seine Methode zu erfahren. Statt einer Erklärung schlug er vor, ich solle es fünf Minuten lang probieren. Zunächst wurde mir gesagt, bis tief hinunter in den Bauch zu atmen, stark, mit gosser Kraft, lang, hart, tief. Nach etwa zwei Minuten dieser grossen Anspannung fühlte ich mich einer Ohnmacht nahe und gab auf. Er meinte, ich solle zu 'phyit - pyet' wechseln. Das war wunderbar entspannend. Die Idee hinter dieser Methode besteht darin, dass man 'phyit - pyet' sehr schnell erreicht und bald praktische Schmerz - Erfahrung hat - dass dieses Letztere stimmt, kann ich bezeugen! Es ist also eine leichte Methode, schnell Konzentration zu erlangen, denn es gibt keine Unterbrechungen im Atmen, in denen der Geist abschweifen kann. Es gab keine zweite Einführung zum Stadium von phyit - pyet - man erkannte den ständigen Wandel automatisch, indem man die Veränderungen im eigenen Körper beobachtete. Das mag alles seine Richtigkeit haben, und vielleicht war diese Methode gut geeignet für körperlich Robuste und Junge mit einer Menge Energie, die aufgebraucht werden konnte. Aber Sarana bemerkte, dass es bei dieser Methode zum unerwünschten Effekt gekommen war, Kinder in einen vorzeitigen Trance - Zustand zu versetzen. Und es wäre sicherlich nicht gut, sie ohne einen erfahrenen Lehrer zu versuchen.

Wieder einmal überquerten wir die Brücke über den Irrawaddy. Das nächste Zentrum war das der Elefanten Pagode, Hsin Mya Shin, in der Nähe von Sagaing. Gleichzeitig mit uns kam der assistierende Laien - Lehrer auf seinem Fahrrad an, und wir sassen zusammen auf einer niedrigen Plattform, während er die Methode erklärte, die hier benutzt wurde. Sie begann mit anapana, der Beobachtung des Atmens, mit dem Fokus auf dem sanften Auf und Ab des Bauches - also phyit-pyet. Das Wichtigste war die Aufmerksamkeit. Wenn man niesen musste, sagte man zu sich 'dieser Körper möchte niesen'. Wenn nichts anderes anstand, dann musste der Geist zur Beobachtung der Bewegungen des Bauches zurückkehren - ziemlich schwierig für die modebewusste Frau aus dem Westen, die stützende Unterwäsche trug, dachte ich so! Von dort kam man immer zu phyit-pyet, Schöpfung und Zerstörung, Werden und Vergehen, denn das ist die Natur von allem, was existiert, wenn man sich die Mühe macht, es zu beobachten. Zum Beispiel mag man etwas Grünes sehen, sich abwenden und im Nachhinein wird das Grün zu Rot.

Sechzig Menschen lebten hier - Mönche und Nonnen und auch Laien: Männer und Frauen -, die Unterkünfte der Männer waren strikt getrennt von denen der Frauen. Nach dem Gespräch mit dem Laien - Lehrer zollten wir dem vorsitzenden Mönch unseren Respekt und holten ein weiteres der gelb gefärbten Taschentücher hervor. Der Mönch hinterliess keinen bleibenden Eindruck bei mir, wohl vor allem, weil wir vor Einbruch der Dunkelheit noch ein anderes Zentrum 'machen' mussten.

Dieses letzte Zentrum war das Sein Ban, wunderschön und schattig und - wenn man mal davon absah, dass es hier keinen See gab -, attraktiver und weitaus friedlicher als Maha Bodhi. Die Methode hier war dieselbe wie im Elefanten - Zentrum.

Zentren für Meditation zu 'machen' ist viel ermüdender, als zu meditieren und bestimmt eine grössere Ablenkung. Deshalb bat ich, am nächsten Tag nur eins zu besuchen - noch dazu der Fotoapparat wieder Probleme bereitete und daher Aufmerksamkeit beanspruchte -, nämlich das Ku Tho Daw am Fusse des Mandalay - Berges. Das war U Aye Bos eigenes, ganz spezielles Zentrum und sehr verschieden von allen anderen. Es lag inmitten eines Pagoden Geländes und die wunderschönen Bäume dort waren schattiger als alle, die ich jemals sonst in der Welt gesehen hatte. Auf dem Gelände gab es einen kleinen 'Wald' von Schreinen, vor jedem ein grosser Stein, in dem eine Seite aus den Schriften von Buddha eingraviert war. Kleine Häuschen oder Hütten gab es nicht, die Meditierenden schliefen einfach im Freien auf niedrigen Plattformen, wie auf grossen Betten, in einer Abteilung die Männer, in einer anderen die Frauen. Der nahe gelegene Kochshop lieferte die gewünschten Mahlzeiten für 3 Kyat täglich. Es war das stillste und einsamste Zentrum von allen; der Friede wurde nur manchmal durch einen Studierenden unterbrochen, der eine der würfelförmigen Nischen mit der buddhistischen Heiligen Schrift benutzte, um darin zu lernen oder auch zu schlafen!

Die verwendete Methode war auch verschieden, obwohl sie, wie fast überall sonst, mit der Konzentration auf die Atmung begann - auf die eine oder andere Art. Dann konnte man auswählen, welche Sinnesempfindung für einen selbst wichtig war, Auge, Ohr, Zunge, Berührung oder Denken, und darauf konzentrierte man sich. Dabei fand man heraus, dass das, was man als so enorm wichtig empfand, sich unablässig veränderte und kam so schliesslich wieder zu 'phyit-pyet'.

In allen Zentren begann die Meditation mit dem 'Zuflucht - Nehmen' und mit dem Aussenden grenzenloser Liebe.

Mit Ausnahme des Zentrums 'Roter Drachen' waren das die Wichtigsten in und um Mandalay. Das Zentrum 'Roter Drachen' besuchte ich nicht. Es hatte den Ruf, nicht Vipassana oder höhere Einsicht anzustreben, sondern ausschliesslich Konzentration. Seine Hauptbedeutung lag darin, dass es von einer Dame gegründet und unterhalten wurde, die höchst erfolgreich Cheroots (burmesische Zigarren) herstellte, die das Markenzeichen des roten Drachen trugen.

Neben den grossen gab es viele kleine Zentren, aber auch bei Meditationszentren kann es zu einer Übersättigung kommen.

Oberhalb U Aye Bo's Meditationszentrum erhob sich der Hügel der Pagode von Mandalay, ein riesiger Fels aus Granit, der aus dem Schwemmland des Flusses Irrawaddy aufstieg. Liebe und Geld der Bürger von Mandalay hatten in ihn die Geschichte des Lebens, oder besser, der Leben von Buddha hinein gebaut. Zwei grosse weisse Löwen bewachten als Statuen den Eingang und die überdachten steilen Stufen, die vom Osten, Süden, Westen und Norden zum Gipfel hinauf führten. All das hatte einen tiefen Eindruck auf mich gemacht, als ich es vor zwanzig Jahren als Touristin sah.

Am Tag vor unserer Abfahrt war alles für Daw Toke Gale und Daw Nyunt arrangiert worden, um mich auf meiner Pilgerfahrt zur Pagode zu begleiten. Aber irgendetwas lief schief mit den Arrangements und Daw Nyunt und ich, wir fanden uns zu Füssen der Löwen mit keinem Übersetzer und nur vier Ausdrücken, die wir kannten, nämlich 'phyit-pyet', 'Daw-Daw' (Still!), Meditation und 'vielen Dank' - auf Englisch. Da ich daran gewöhnt war, ohne Landessprachkenntnisse im Ausland zu reisen, regte mich das nicht weiter auf, besonders, da es zwischen uns ein geistiges Band gab. Aber Daw Nyunt sah das anders und suchte jemanden, der Englisch konnte, und tatsächlich trafen wir, obwohl alle Pilger bereits zurückkamen, einen Dozenten am Technischen Kolleg und seine Frau, die gerade anfingen, hinauf zu gehen. Er 'adoptierte' mich sofort als seine Mutter, wie es bei Studenten in Indien üblich war.

Die Geschichte vom Leben Buddhas beginnt unten mit seinem Tod und entrollt sich rückwirkend beim Hinaufgehen. Da ist ein Wäldchen aus Alabaster Bäumen und in der Mitte die grosse Figur des Meisters, mit den Füssen in Richtung Süden, seinem Kopf gen Norden. Beim Durchschreiten eines Schreins nach dem anderen kommt man zu verschiedenen Geschichten aus seinem Leben bis dahin, als er Askese praktizierte und vergebens durch Selbst - Kasteiung den Weg zur Wahrheit zu finden meinte. Die Figur in diesem Schrein ist nur ein abscheuliches Skelett. Dann sieht man ihn, wie er den heimatlichen Palast verlässt auf dem Weg in den Wald, und noch ein Stück höher, als er einen letzten Blick auf seine Frau und sein schlafendes Kind wirft. Zuletzt ist man zurück am Platz seiner Geburt im Lustgarten von Lumbini. Dann beginnen die Geschichten seines früheren Lebens als Mensch, ein Stockwerk höher dann als Tier, einschliesslich der bekannten Geschichte, als er ein Banyan - Hirsch war und sein Leben anbot, um eine trächtige Damhirschkuh zu retten. Schliesslich ganz oben dann Statuen der vier früheren Buddhas, die auf der Erde vor Gautama, der als Prinz Siddharta geboren wurde, gelebt hatten.

Grosse Eisenträger waren bis oben auf die Spitze des Hügels gebracht worden, um diese Schreins zu bauen, und man schaudert bei dem Gedanken, wie viele Säcke Zement es wohl gewesen sein mussten. An jedem Schrein auf unserem Weg nach oben zollten wir der Buddha Statue Respekt. Daw Nyunt zündete Kerzen an und sagte 'Gebete', Anrufungen, ich legte kleine Münzen in die Opferschale. Als wir anfingen, nach oben zu gehen, hatte ich viele kleine Münzen in der Tasche, oben dann keine mehr. Auf der Höhe sahen wir durch die Bogen hinunter auf rechteckige Reisfelder, den Stadtgraben, der die alte Stadt umgab und auf U Aye Bo's Zentrum mit den glänzend weissen Pagoden inmitten schattig grüner Bäume.

Natürlich kletterten wie den ganzen Weg barfuss hinauf. Der junge Dozent erzählte, dass er diese Pagoden mindestens einmal im Monat besuchte. Er hatte die Geschichten aus dem Leben Buddhas von seinen Eltern gehört, und er wiederum erzählte sie seinen Kindern. Es sind wunderbare Geschichten, Geschichten liebender Güte und Selbstaufopferung. Wann immer Burmesen sich der Grausamkeit und des Verrats schuldig machten, hatten sie weniger, worauf sie sich berufen konnten, als wir, die wir schon als Kinder die oft schockierenden Geschichten von Grausamkeit und Verrat des Alten Testaments kennenlernen.

Die Pagode von Mandalay wurde also erstiegen zusammen mit einem streng orthodox Gläubigen, der davon überzeugt war, dass es verdienstvoll sei, sich vor jedem Schrein dreimal zu verbeugen, sowie Kerzen anzuzünden und Anrufungen, 'Gebete' zu sprechen; aber Daw Nyunt war auch eine ernsthafte und erfahrene Meditierende, die auf Grund eigener Erfahrung wusste, dass alles in diesem Universum einfach nur aus unablässigen Wellen von Werden und Vergehen besteht. Sie war orthodox Gläubige und Reformerin in einer Person, und ich war froh, dass wir uns nicht unterhalten konnten. Wir verstanden uns aus innerer Erfahrung, und Worte hätten dieses Verstehen nur gestört. Die Meditationsbewegung in Burma entstand innerhalb und aus der Orthodoxie, so wie es in Daw Nyunt gewachsen war. Kein Martin Luther oder George Fox war gekommen, um die verächtlich zu machen, die meinten, Freiheit von Tod und Leid konnte darin gefunden werden, indem man sich vor Skulpturen verneigte, Kerzen anzündete und heilige Sprüche ausrief. Und so leben die Orthodoxen und die Reformer glücklich Seite an Seite – neuer Wein erfolgreich in alte Krüge gefüllt.

Auf dem Rückweg besuchten wir die Bleibe des jungen Dozenten. Er und seine Frau assen gerade birmanischen Reis und sassen auf ganz gewöhnlichen Stühlen an einem normalen Tisch."Möchtet Ihr mein Baby sehen?" fragte er ganz aufgeregt - ich stellte fest, dass junge Väter fast immer ein MEIN BABY haben, nie ein UNSER BABY! Er ging ins Haus und brachte ein niedliches schwarzhaariges Mädelchen, das nicht im mindesten dagegen protestierte, aus dem dunklen Bettchen ins glänzend fluoreszierende Licht gebracht zu werden. Wie schön zu wissen, dass sie von ihrem Vater die wunderbaren Geschichten aus dem Leben Buddhas hören würde, die im Schrein von Mandalay festgehalten waren.

Es war gestern Nacht.

'Die Lehre (Dhamma) hat dich hierher gebracht,' sagte U Thein, 'und Dhamma wird dein Lehrer sein, wenn du wieder gegangen bist.' Er habe alles gesagt, was hilfreich sein könnte, nicht nur für mich, sondern auch, um mich in die Lage zu versetzen, anderen in meinem Heimatland zu helfen.

Er warnte davor, den Zustand von Trance vorzeitig zu erlangen, vor der Erkenntnis der Selbstlosigkeit, 'ohne Selbst'. Vorzeitige Trance ist nur Selbst-Hypnose; sie kommt leicht zu einem speziellen Typ Mensch, einschliesslich Kindern. Auch warnte er vor der Gefahr, eine persönliche Bindung zum Lehrer entstehen zu lassen. Um diese Bindung zu brechen, die bei einem Schüler von ihm begonnen hatte, musste er vorgeben, ärgerlich zu werden; der Mann fand das abscheulich und verliess ihn, was U Thein ja auch gewollt hatte; es war das kleinere Übel, dass er vielleicht die Meditation aufgab. Psychologen und Katholiken im Westen hatten diese Gefahr der zu engen Bindung auch festgestellt, aber in keinem Buch des Ostens über Gurus fand ich einen Hinweis darauf. Persönliche Hingezogenheit ist im Unterschied zu universeller Liebe immer eine Gefahr, sogar zwischen Freunden, aber doch weit mehr zwischen Lehrer und Schüler. Gandhis 'Briefe der Liebe' waren gleich für alle.

Besonders betonte er die Notwendigkeit des Glaubens – nicht unbedingt an Buddha, Dhamma oder Sangha. Glaube an liebende Güte wäre ebenso gut. „Du kannst von Deinen Landsleuten nicht erwarten, Buddhisten zu werden, bevor sie nach der Methode Vipassana meditieren. Es gibt nur eine Lehre, Dhamma".

„Ich wünschte, direkt mit ihm sprechen zu können," sagte ich. Sarana übersetzte von ihm: 'Er wünschte, mit Dir sprechen zu können.'

Dann sprach er von dem Eid, den alle Lehrenden ablegen müssen.

'Ich schwöre, dass ich Menschen lehren werde, ausschliesslich für Liebende Güte zu meditieren. Ich werde nicht lehren für Geld, Gewinn, oder aus Furcht vor den Konsequenzen, wenn ich mich weigere (das heisst, nicht, weil eine Regierung oder ein militärischer Vorgesetzter es mir befehlen), nicht für mich, einen Gewinn für mich, nicht für Macht, oder Berühmtheit, oder um Lob zu ernten.'

Wenn dieser Eid geleistet wird und der Lehrer sich daran hält, dann gibt es keine Gefahr, dass irgendein Schüler von ihm den falschen Weg geht oder Schaden an seiner

Gesundheit nimmt, was wohl passieren kann, wenn der Lehrer aus einem falschen Grund lehrt. Selbst neurotische Personen seien unter seiner Leitung sicher. Der Eid ist äusserst fordernd, und man fragt sich, wie viele Lehrende ihn wirklich mit ganzem Herz und Verstand abgelegt haben und danach leben. Wenn sie ihn nicht wirklich ehrlich abgelegt haben, können sie viel Schaden anrichten. Und daher ist nochmal wichtig für einen Anfänger, nicht nach einem Guru zu suchen, sondern lieber dem geschriebenen Wort der Heiligen zu vertrauen, wenn nicht oder bis ein wirklich vertrauenswürdiger Lehrer seines Weges kommt.

Nachdem alles gesagt worden war, was hätte gesagt werden können, verteilte ich meine noch vorhandenen Mittel unter verschiedenen Zentren für Meditation, dabei auch Saranas entstehendes, und mit dem Beistand von Daw Nyunt schlug ich den Gong, um mein Verdienst mit den Schallwellen der Glocke, die sich über das Land verbreiteten, gleichmässig zu verteilen. Dann verbeugte ich mich nach Saranas Anweisung vor dem Lehrer und bat um Verzeihung für alles Falsche, das ich vielleicht getan habe und für alle Missverständnisse, die entstanden waren. Der Lehrer seinerseits verbeugte sich und erbat in gleichem Sinne meine Verzeihung. 'Das ist burmesischer Brauch zwischen Lehrer und Schüler wie auch zwischen Eltern und Kindern,' erklärte Sarana. ' Dadurch wird verhindert, dass Unfreundlichkeit lange andauert.'

Kapitel 7

LEBENDE GÖTTER

Die Geschwindigkeit von Flugreisen hatte sich in den zwei Jahren, die bis zu meinem nächsten Besuch in Burma vergingen, geradezu grotesk erhöht, und es gab nun einen direkten Flug nach Rangun. Innerhalb von 24 Stunden, nachdem ich meine kleine Hütte verlassen hatte, war ich schon in Mandalay, und das erlaubte mir einen Aufenthalt von vier Stunden in Rangun. Wieder überwältigte mich die aussergewöhnliche Freundlichkeit der Burmesen. Die Flughostess in Rangun bezahlte sogar die 2 Kyat, die von Burma Airways verlangt wurden, da sich herausstellte, dass es unmöglich war, Reiseschecks um 6 Uhr morgens einzuwechseln.

Der Flugbegleiter im Flugzeug nach Mandalay gab mir die Morgenzeitung. Ich las, dass die 'Stable' - Partei, die von U Ba Swe geleitet wurde, behauptete, dass, wenn die Partei von U Nu, die 'Clean' - Partei, gewählt und der Buddhismus zur Staatsreligion gemacht würde, die Leute gezwungen wären, den Mönchen Respekt zu erweisen. Und das beherrschte die Schlagzeilen in dem Drama voller Schmerzen, das sich in den nächsten Wochen abspielte, denn ich erkannte bald, dass, ob U Nu das wollte oder nicht, die Mehrheit damit fortfahren würde, vor den Mönchen in Orange nieder zu fallen und den Dienst an Mönchen als Dienst an Gott zu betrachten.

Am ersten Ort, an dem das Flugzeug landete, gab es eine weisse Pagode oben auf dem kleinen Hügel, daneben das Mönchskloster, bei dem zwei oder drei Mönche herum liefen, und unten das kleine Dorf mit Hütten aus Bambus und Schatten spendenden Bäumen. Und das war das 'Muster' aller Dörfer, über die wir flogen - eine Baumgruppe, die das Dorf teilweise verdeckte, die weisse Pagode, manchmal mit vergoldeter Spitze, und das grosse Mönchskloster. Dieses Muster hat sich nicht geändert seit der Zeit, als Fielding Hall 'Die Seele eines Volkes' schrieb. Die Dorfbuben gehen immer noch in die Klosterschule und lernen dort lesen und schreiben. Für die Mädchen gibt es keine Schule, und so lernen sie nicht lesen und schreiben. Während der japanischen Besetzung gingen Sarana und ihre Familie in ein Dorf und assen, was sie selbst herstellten. Da sie eine ausgebildete Lehrerin war, tat sie das, was auf der Hand lag, und gründete eine Schule für Mädchen. Bald versammelten sich dreissig junge Mädchen um sie, allerdings nur für kurze Zeit. Eine nach der anderen wurden sie, aber nicht ihre Brüder, nach Hause gerufen, um Arbeiten zu verrichten, die Kinder tun können und am Ende blieben nur noch sieben übrig. Das geschah nicht, weil Mädchen bei Geburt nicht willkommen wären, Buben aber wohl, obwohl sie, die Mädchen, dem niedrigeren Geschlecht angehören; tatsächlich sind sie gelegentlich willkommener, denn wenn sie nach der Heirat nicht einen unabhängigen Hausstand gründen, dann kommt der Mann eher ins Haus der Frau als umgekehrt, also wird die Ausbildung der Mädchen nicht als Verschwendung angesehen wie in Indien, wo es die Grossfamilie verlangt, dass die Frau ihre Familie verlässt und zu dem Mann zieht. Nein, der einzige Grund, warum Mädchen nicht lesen und schreiben lernen: Es ist nicht der Brauch. Später war ich über Nacht in einem Kloster für Nonnen, dort gab es ein kleines Mädchen aus einem etwa dreissig Kilometer entfernten Dorf. Sie war bei ihrer Tante, einer Nonne, um später die öffentliche Schule zu besuchen, aber das war ein sehr ungewöhnlicher Fall.

Das Flugzeug nahm einen Umweg über dem Irrawaddy - Tal. Man sah ausgetrocknete Flussbetten, wenige Bäume, Tabakfelder, und nur einige wenige schön bewaldete Hügel. Gab es hier mehr Wald zu der Zeit, als Buddhas Lehre nach Burma kam? Wahrscheinlich, aber das offensichtlich unfruchtbare Land ist, anders als in Indien, nicht völlig erodiert, ausgewaschen, und Burma produziert mehr Nahrungsmittel als es selbst benötigt.

Als das Flugzeug in Mandalay landete, waren da U Aye Bo und Daw Nyunt und sie lächelten übers ganze Gesicht. Gern hätte ich die kleine Daw Nyunt umarmt oder zumindest Hände geschüttelt. Aber in Burma tat man so etwas nicht. Man lächelt einfach. Viele andere waren gekommen, mussten jedoch schnell zurückkehren, um vor 12 Uhr zu Mittag zu essen. Aber sobald ich durch den prächtigen neuen Eingang zum Maha Bodhi Zentrum gefahren war und mich zum Mittagessen in Daw Nyunts verschönerter Hütte - jetzt gab es einen Buddha Schrein! - hingesetzt hatte, da kamen dreissig Yogis herbei. 'Sehen Sie, wie viele Freunde Sie hier haben, sagte U Aye Bo. Ich wäre nie auf den Gedanken gekommen, dass sie sich hier versammelten, um mich zu begrüssen.

Nach diesem aussergewöhnlich herzlichen Willkommen, vor allem durch U Thein, schien es eigentlich geradezu herzlos, in nur zwei Tagen weiter zu einem anderen Zentrum für Meditation zu fahren. Aber ich hatte nun mal ein seltsam starkes Verlangen, nach Mohnyin zu gehen, dem Zentrum für 'Liebende Güte', das 6 Stunden entfernt im Urwald lag. U Thein zeigte nicht im mindesten irgendeine Ablehnung. Er zeigte mir ein Bild von Mohnyin und dem Abt dort und sagte: 'Das ist Ihr Lehrer.' Sein einziger Kommentar lautete, die Lehre führe mich. Er gab nicht vor, mich zu verstehen. Ich dachte, er tat es, aber es stellte sich heraus, dass mein Grund, dorthin zu gehen, ein ganz anderer war, als ich gedacht hatte.

Sarana und ich waren am nächsten Nachmittag zum Tee bei Dr. Soni, oder, genauer, wir tranken Orangensaft, der nicht zu den Nahrungsmitteln (nach 12.00 Uhr mittags! Le) zählt, und wir betrachteten seine grosse Sammlung von Bildern über den Buddhismus, darunter eins, das die Tochter von Kaiser Asoka in der orangen farbigen Robe der buddhistischen Gemeinde zeigte, die vom König von Ceylon 'angebetet' wurde, als sie ihm einen Zweig des Baumes übergab, unter dem Buddha sass, als er erleuchtet wurde. 'Damals waren auch Nonnen Mitglieder der Sangha, Gemeinde, genau wie Mönche' kommentierte Dr. Soni und fügte hinzu, dass er versucht habe, sie auch jetzt wieder zur Sangha zuzulassen, seine Bemühungen aber keine Zustimmung fanden.

Es stellte sich heraus, dass meine Bank mir einen 'Kredit Brief' für eine Bank in Mandalay ausgestellt hatte, die es schon seit einigen Jahren nicht mehr gab. So kam es, dass ich los fuhr nach Mohnyin für etwa einen Monat mit nur $ 25 für 3 Leute in der Tasche, denn Sarana hatte eine weitere Nonne, Sayalay Daw Eindawati, als Köchin angeheuert. Ich fand das einen unnötigen Aufwand, ich war durchaus in der Lage, etwas Reis und ein paar Bohnen für mich zu kochen. Aber das kam keinesfalls in Frage. Nur das Beste war gut genug, und natürlich sammelte eine Nonne

Verdienst (der an andere verteilt wurde), wenn sie für einen ausländischen Yogi oder überhaupt für einen Yogi kochte. Und aus demselben Grund erwarb U Sein Maung, der freundliche Kaufmann, zusätzlich zu der riesigen Menge an verteiltem Verdienst, den er dadurch erwarb, dass er uns kürzlich herumfuhr, nun nochmal grossen Verdienst, der wiederum verteilt wurde, indem er uns drei nach Mohnyin fuhr. Abfahrt war um halb sechs am Morgen - Burmesen haben keine Angst davor, vor der Morgendämmerung aufzustehen! - und führte hauptsächlich über neu planierte Strassen, die unter Ne Wins Militärherrschaft entstanden waren, die nun in anstehenden freien Wahlen zu Ende gehen sollte, durch die, so hatte ich gelesen, entschieden würde, ob die herausgehobene Stellung von Mönchen (Respekt-Bezeugung, Anbetung) zum Gesetz würde. Es regnete immer mal wieder, was für die Jahreszeit höchst ungewöhnlich war und für die Ernte katastrophal. Das würde aber nur heissen, dass die Bauern ein bisschen weniger Geld zur Verfügung hatten, um Pagoden zu bauen. Der bedeckte Himmel machte die Reise viel angenehmer, als es sonst gewesen wäre, denn auch im Winter ist die Sonne sehr heiß. Die Strasse führte durch das flache Land des Irrawaddy - Tals, über das das Flugzeug geflogen war. Sesam, Bohnen, Korn und neu, Tabak, wuchsen auf den Feldern, Büffelkarren mit flauschiger weisser Baumwolle rumpelten zum Markt, und Ziegenherden wurden zum Schlachten entlang getrieben. Die Menschen, jeder einzelne hier, waren zutiefst gläubige Buddhisten, aber das Gebot des Nicht - Tötens wurde mit Ziegen nicht in Zusammenhang gebracht. Immer wieder fuhren wir durch Dörfer mit schattigen Bäumen über

Hütten aus Bambus, weissen Pagoden, manche mit vergoldeten Spitzen, dem Mönchskloster und ein paar Mönchen in ihrer orange farbigen Robe. Die Pagoden waren solide Kegel mit Buddha Schreins an vier Seiten, wenn man bei Kegeln von Seiten sprechen kann. Im Inneren gibt es immer etwas Kostbares, die Reliquie eines Heiligen, Juwelen oder wenigstens Gold oder Silber. In Kriegszeiten mögen manche kostbare Steine entwendet worden sein, aber im Frieden würde selbst der übelste Bandit auch nur im Traum nicht daran denken, sich an so etwas Kostbarem zu vergreifen.

Nach ungefähr fünf Stunden erhaschten wir das erste Mal einen Blick auf die goldenen Spitzen der Pagode von Mohnyin, und als wir näher kamen, offenbarte sich ein fantastisches Märchenland aus vergoldetem und farbigem Zement. Sarana erzählte mir, dass es ein völlig neues Zusammenspiel von Architektur und Kunst darstellte, besonders weil es farbig war, ein stumpfes Rotbraun und Gelb und Blau in einzigartigen Mustern. Es war ein Gedanke vom jetzigen, nun alten Abt. Er begann es mit einer Spende von gerade mal $ 10; jetzt musste es Millionen wert sein.

Wir fuhren durch zwei riesige weisse Elefantenstatuen und einem bewaffneten Wächter hinein, dann entlang einer Allee mit den von kleinen Türmchen gekrönten Mauern des Geländes für die Meditation der Frauen auf der einen Seite und Unterkünften für Pilger auf der anderen, und dem Wunderland der den Himmel tragenden Pagode gleich dahinter. Esoterisches und Exotisches Seite an Seite und doch völlig getrennt. Eine der Inschriften auf dem Meditationsgrund warnte Meditierende sogar davor, durch die Pagode abgelenkt und auf einen falschen Weg geführt zu werden. Die Unterkünfte waren meistens aus Bambus, aber eins aus Backstein und dem modernsten Baumaterial, Schmiedeeisen, ein weiteres festes Haus gehörte dem Millionär, der sein Vermögen durch die bekannte Tiger Salbe, Tiger Balm, gemacht hatte. Dort gab es lebensechte Tiger, die herumtollten, was zugleich eine gute Reklame und auch eine Anlage war, die gute Laune machte und den Pilgern zugute kam. Manchmal bringen die Pilger ihre Verpflegung mit und kochen für sich, aber auf Wunsch stellen die Nonnen die Nahrungsmittel und kochen auch. Die Pilger geben eine Spende, wenn sie weiter ziehen, aber eine Spende für Nonnen bringt keinen grossen 'Verdienst', und oft sind die Pilger so arm, dass die Spenden nicht mal ausreichten, um die Kosten zu decken.

Wir wurden ins Haus einer der oberen Nonnen geführt, eine solide Konstruktion, auch mit der neuesten Dachbedeckung, das von ihrer gut situierten Familie für sie gebaut worden war. Buddhistische Klöster für Nonnen haben kaum Ähnlichkeit mit christlichen. Die Nonne leben gewöhnlich zu zweit, manchmal zu dritt und gelegentlich sogar zu viert, und jedes Haus hat bildet einen eigenen Haushalt. Die sind dann gewöhnlich zu Gruppen zusammengefasst, um zu lernen oder zu meditieren; das hier war aber ein reines Zentrum für Meditation. Die Männer, die uns hierher gebracht hatten, gingen für die Nacht hinüber zu den Mönchsklöstern und den Unterkünften für Männer, ehe sie am nächsten Tag nach Hause zurückkehrten, und wir gingen, um Hütten zur Meditation auszuwählen. Eine Welle des Friedens schien sich über dem Gelände auszubreiten, als das Tor geöffnet wurde. Schattige Bäume hingen über Hütten aus Bambus und wetterbeständigem Holz. Dazwischen ein paar duftende Frangipani - Bäume, eigentlich höchst unangebracht für Meditierende, die nicht einmal Rosenkränze aus Sandelholz benutzen sollten, um nicht durch den Duft angeregt zu werden und dadurch die Meditation zu stören. Die Hütten waren grösser als die im Maha Bodhi Zentrum, etwa drei mal drei Meter, aber natürlich wie dort ohne Möbel, ausser der Matte aus Bambus. Insgesamt gab es 32 Hütten, und einige waren gross genug für eine kleine Party, und einer Art kleinem Taubenschlag draussen mit einem Buddha Schrein drin. Eine feste Mauer mit Türmchen umgab alles mit eingebauten 'Höhlen' gerade gross genug, um sich nieder zu legen mit dem Kopf auf einem steinernen 'Kissen'. Diese Höhlen öffneten sich auf eine mit Wellblech überdachte Kolonnade, so dass Meditierende, wenn es regnete, dort im Gehen meditieren konnten. Ich wählte eine passend entfernte Hütte, aber feste Mauern können weder Hundegebell noch Babygeschrei fern halten, auch nicht, wenn gläubige Pilger Predigten übers Grammophon mit Lautsprechern abspielten. Manchmal war das Gelände draussen wie drinnen still und friedlich, manchmal aber auch nicht.

Wie die Regeln, die von den Mönchen von Mohnyin aufgestellt wurden, es vorsahen, gingen wir um 4 Uhr nachmittags, um den Oberen unseren Respekt zu bezeugen. Zuerst dem Mönch, der für den Ablauf zuständig war. Er sass vor einer kleinen Schar Nonnen und Pilgern - er hatte möglicherweise einen meditierenden Laien als Begleitperson ('Anstandsdame'), wie es die

Vinaya Regeln vorschrieben, aber ich vergass, darauf zu achten. Er stellte die Anwesenheit fest und vergab Aufgaben an die Nonnen. Offensichtlich befanden wir uns in demselben von Mönchen dominierten Regime wie im Vegetarischen Zentrum, aber irgendwie noch schlimmer, denn es gab keine Knaben Novizen, um die Arbeiten zu verrichten, so musste alles von den Nonnen getan werden, ausser persönlicher Dienst an den Mönchen, der für Nonnen wohl nicht anständig erschien, dafür waren nicht geweihte Yogis zuständig. Als ich das Vegetarische Zentrum verliess dachte ich törichter weise, nun befreit zu sein von tief verwurzelten Meinungen und Idealen, die eine der 'asavas' waren, Tendenzen oder Vorurteile, die Teil der menschlichen Natur sind; aber ich musste feststellen, dass es mitnichten so war. Die Ideale von Gleichberechtigung der Geschlechter und gegen die Macht der Geistlichkeit begannen in mir ein berechtigtes Gefühl von Empörung zu wecken. Ich schluckte es gehorsam runter und 'bezeugte Respekt', den Körper wie ein Frosch gekrümmt und den Kopf auf den Händen am Boden, das drei mal, während der für Verwaltung zuständige Mönch seine Anweisungen für die Nonnen abschloss, und dann den Pilgern, bei denen die Männer so wie er auf den Oberschenkeln sassen die Gebote zur Kenntnis brachte. Dann wendete er sich uns zu und wurde ordnungsgemäss von uns mit einer Flasche Limonade und einem Taschentuch aus Australien beschenkt, das diesmal im richtigen Orange gefärbt war. Es stellte sich heraus, dass er ein paar Worte Englisch wusste, denn er hatte zu Zeiten der britischen Herrschaft eine öffentliche Schule besucht. Er war jovial und ganz offensichtlich sicher und selbstzufrieden in seiner Position als Autorität. Er verwies uns an einen Mönch in höherer Stellung. Wir bezeugten erneut Respekt, verliessen ihn und kamen in einen halb dunklen Raum mit den üblichen hübschen birmanischen Verzierungen und vielen Blumen. Dieser wichtige Mönch lehnte in einem Sessel, der seitwärts zur Tür stand und machte auch nicht den geringsten Versuch, sich uns zuzuwenden, uns, die wir zu ihm krochen und eine zweite Flasche Limonade und ein Taschentuch in Orange präsentierten. Er stellte seine Fragen mit heiserer Stimme, die von allem anderen als liebender Güte zu zeugen schien, da aber burmesische Stimmen von Natur aus rau, heiser waren, könnte der berechtigte Unmut, der sich in mir erhob, mich zu einer falschen Einschätzung verleitet haben. Widerstrebend schien der Mönch zufrieden gestellt, und wir sollten in einen angrenzenden Raum gehen, wo der mächtige Agga Maha Pandita selbst sich, wie ich dachte, auf einer Art Sofa zurücklehnte, aber es war zu dunkel, um das genau zu erkennen. Um ihn herum gab es unverhältnismässig viele Nachttöpfe, Harngläser und Spucknäpfe und sein hohes Bett stand nahe an der Wand. Ein getreuer Laien Yogi sass neben ihm und sprach so laut, dass ein tauber Mensch ihn hätte hören können. Er sei vierundachtzig, so sagte man uns; er war auch gebrechlich und konnte nicht mehr gehen, aber hinsichtlich seines Geistes oder seiner Stimme bestand keine 'Gebrechlichkeit'. Da lag Kraft in seinen Armbewegungen wie auch in der Gesichtshälfte, die wir sehen konnten, denn auch er sass seitwärts zu der kleinen Gruppe, die unter ihm auf dem Boden kauerte. Sein Kopf hatte sich das groteske Märchenland ausgedacht und versucht, mit liebender Güte eine Gemeinschaft von 150 Nonnen, 10 Mönchen und 15 Laien Yogis und ihren Dienern, zu leiten. Während des

Krieges, so wird gesagt, breitete er ein Zelt liebender Güte über die Pagode, so dass keine Bomben auf sie fielen. Die wären sowieso nicht auf sie gefallen, sagte mein zynischer Geist, da all das weit entfernt war, und ich dachte an die bewaffneten Wächter, die sie jetzt beschützten. Aber widerstrebend musste ich zugeben, dass das kein gewöhnlicher Mensch war, kein Heiliger oder jemand, der alle Vorurteile in sich über wunden hatte, ein 'arahat', auch schien er nicht liebende Güte auszustrahlen, aber ich fühlte starke Kraft und Wohlwollen, das Wohlwollen eines gütigen Diktators.

Die dritte Flasche Limonade und ein drittes Taschentuch in Orange wurden ihm auf dem Boden zugeschoben und Sarana erklärte ihm meinen Wunsch, seine Methode der Meditation Liebender Güte zu lernen. Er sagte, da er alt sei gebe er jetzt keine Unterweisung mehr. Da ich jedoch von so weit her gekommen war - es stellte sich heraus, dass mit mir erstmals ein Mensch aus dem Westen gekommen war - würde er für mich eine Ausnahme machen. Dann umriss er die Methode Liebender Güte mit einem oft wiederholten Refrain, der klang wie 'Chandee Chandee Gorr'! Der Übersetzung durch Sarana entnahm ich, dass es etwa hiess: 'Erst das, und dann das, und dann noch etwas mit grenzenloser Liebe umarmen', aber ihre Übersetzung war nicht sehr gut, denn sie war in dieser Methode nicht zu Hause, und so fehlte die Überzeugungskraft dahinter. Ich wollte es ja lernen, aber noch ehe wir auf dem Boden unseren Weg durch den mit Blumen bedeckten Vorraum nach draussen nahmen, wusste ich, dass U Thein recht hatte - mit einer neuen Methode zu beginnen war, als würde man zum Kindergarten zurück kehren, nachdem man schon im Gymnasium angekommen war.

Die hier kurze Zeit der Dämmerung hatte schon begonnen, als wir im Freien waren, aber Sarana führte uns auf eine schnelle Sightseeing Tour durch die fantastische Pagode mit einer halben Million Buddhas. Die meisten dieser fünfhunderttausend waren ganz klein, sie sassen auf winzigen Blättern des Bodhi Baums, und man hatte den Eindruck einer Serie von Schnitzwerk, aber es gab auch grosse Statuen. Sitzend oder stehend begleiteten sie die labyrinthischen Wege der grossen Pagode. Eine Dame liess einmal ihre Sandale an der Ecke unterhalb einer Buddha Statue, aber als sie zurückkam, um sie zu holen, stellte sie fest, dass es hier viele Ecken und Buddhas gab, und sie glichen sich alle. Ich war froh, meine Sandalen bei mir zu tragen. Von den heiligen Pfaden sammelt man den Staub auf - heute Nacht war es Schlamm statt Staub - und dann versucht man, auf den grossen Matten am Eingang zur blitzblanken Pagode etwas davon von den Füssen zu bekommen. Wie viel vernünftiger wäre es, so dachte ich bei mir, die Sandalen auf dem Weg durch den heiligen Staub anzubehalten und erst beim Eintritt in das Innere der Pagode auszuziehen.

Alle Buddha Statuen waren stilisiert, und es war nicht erlaubt, von dem abzuweichen, was die Tradition heilig gesprochen hatte; alle hatten feminine Züge, obwohl es im Pali Kanon dafür keinerlei Anhaltspunkt gibt, und überhaupt, alle Statuen wurden lange nach Buddhas Tod hergestellt, frühere Zeugnisse berufen sich nur auf Fussabdrücke oder einen Parasol, Schirm; die Erinnerung an ihn war zu zu heilig, um in Gestalt ausgedrückt zu werden. Der Grund für die femininen Züge war möglicher weise das Verlangen des menschlichen Geistes nach Balance. Die katholische Kirche trug dem Rechnung mit der Jungfrau Maria und der Mahayana Buddhismus durch die Göttin Bodhisattva Kwan-yin. Aber der südliche Buddhismus (Terravada) hielt sich zu strikt an die Pali Texte, um sich die Freiheiten des nördlichen Mahayana zu erlauben, daher musste es dieser Schwierigkeit auf anderem Wege begegnen.

Die Nonnen begannen den Abendgesang als Auftakt zu einer 2 stündigen Gruppenmeditation, als wir eine wunderschöne Wendeltreppe sahen, die zur Spitze des spiralförmigen Turms führte, einem Platz, von dem man das Feenland der Pagodenspitzen am besten fotografieren konnte. 'Aber Frauen dürfen die Treppe nicht hinaufsteigen,' sagte Sarana, denn Frauen sind unrein. Das war der Tropfen, der das Fass meiner ständig steigenden Empörung zum Überlaufen brachte. Diese Empörung hatte mit dem Bild der Tochter von Ashoka in gelber Robe und Dr. Sonis Kommentar begonnen, dass jede Bewegung, die den Status von Nonnen erhöhen wollte, von den Mönchen abgelehnt wurde. Nur eine Frau, und nur eine, die mit der Muttermilch die Gleichheit der Geschlechter aufgenommen hatte, würde im gleichen Umfang berechtigte Empörung gefühlt haben; ein Mann hätte sogar in Mohyin leben können, ohne sich je dessen bewusst zu werden, dass die Nonnen blosse Dienerinnen der Mönche waren. Männer durften die Quartiere der Nonnen nicht betreten und die Nonnen nicht die der Männer - ausgenommen, dass die Letzteren dort sauber machten und die Wassergefässe auffüllten. Nonnen dürfen Mönche nicht zum Bahnhof begleiten, ausser zum Tragen von deren Gepäck.

'Nonnen und weibliche Yogis dürfen nicht mit einem Mönch allein zusammen sitzen oder allein mit einem Mönch oder einem männlichen Yogi sprechen.'

'Frauen dürfen sich keinem Mönch nähern oder ihn ansprechen, wenn sie ins Kloster kommen, um die Wassergefässe aufzufüllen, und Mönche dürfen sie nicht rufen oder mit ihnen sprechen.'

'Wenn Nonnen oder weibliche Yogis die Erlaubnis erhalten haben, einen Mönch zu treffen, dann dürfen sie nicht lange in seiner Gegenwart verweilen und müssen sowohl Fragen vermeiden als auch Erläuterungen über die Lehre, Dhamma, die von ihm gegeben wird.'

Das sind einige Beispiele der 'von den Mönchen in Monhyin aufgestellten Regeln'. Da kam einem die Ordnung in Sevegram, Gandhis Ashram in Zentral - Indien in den Sinn. Auch dort gibt es den Zölibat, aber Männer und Frauen, Jungen und Mädchen arbeiten, spielen und sprechen miteinander - es gab allerdings wenig Zeit für Gespräche in ihrem von Arbeit erfüllten Tag.

All diese Verehrung von Mönchen und die Unterwürfigkeit könnten ja bloss eine Quelle der Belustigung sein - wie es die Frauen in West-China für uns waren mit ihren unglaublich schweren Lasten, während die Männer höchstens einen kleinen Korb mit wenig Gemüse oder ein oder zwei Eiern trugen. Ein Mann aus dem Westen, obwohl auch ein Meditierender, würde das wahrscheinlich kaum bemerken, und wenn doch, wäre das höchst ungewöhnlich. Aber wenn man eine meditierende Frau und Mitglied so einer unterwürfigen Gemeinde war, dann fiel einem das sehr deutlich auf. Und wenn man erzogen wurde, die Ungleichheit der Geschlechter und Klassen und die Überlegenheit der einen über die andere zu verabscheuen, wirft dieser Abscheu dein Gleichgewicht aus der Balance und verursacht Schmerz.

Die erste Reaktion war, möglichst schnell wegzugehen, nach Maha Bodhi zurückzukehren, wo man nicht dauernd mit der Sex-Frage konfrontiert wird. U Sein Maung fuhr am nächsten Tag zurück, warum ihn also nicht begleiten? Dann erinnerte ich mich an das, was U Thein gesagt hatte: 'Lauf vom Schmerz niemals weg, er wird nur wiederkommen. Stell dich ihm, löse dich von ihm, und er wird nicht wiederkehren.' Darüber hinaus, das geringste Gefühl von auch gerechtfertigter Empörung oder Ablehnung verhindert richtige Meditation und Befreiung von Leid. Hier gab es nur einen Weg, dazubleiben, sich dem Problem zu stellen, liebende Güte sogar Mönchen gegenüber zu lernen, die als Götter verehrt wurden und die Nonnen als Dienerinnen ansahen, und die 'asava' der Bindung an Ideale und Ideen mit den Wurzeln auszureissen. Das nämlich war der Grund für das Bedürfnis, nach Mohnyin zu gehen: Nicht, die Methode liebender Güte zu erlernen, nicht, einen einfachen Ashram im Wald zu finden, sondern einfach die Lektion von Toleranz und Verstehen für ein Lebensmuster zu lernen, das völlig abscheulich für die Überzeugung war, in die ich geboren wurde, und mit der ich aufgewachsen war.

Wie, um die selbstgerechte Überlegenheit der Mönche zu kompensieren, waren die Nonnen liebenswert, einfach und strahlten Liebe und Güte aus. Sie, wie auch Sarana und Einda, lehrten die Lektion grenzenloser Liebe einfach durch ihr Beispiel. So sollten mich die neugierigen Blicke der Pilger nicht stören, wie auch nicht der Geruch von dem, was sie assen, Fisch und Geflügel (da es ein Zentrum Liebender Güte war, ass man hier selten Fleisch), unsere Mahlzeiten wurden in meine Hütte gebracht. Als ich anbot, das Tablett zurück in die Küche zu bringen, um ihnen den Umstand zu ersparen, wollte man davon nichts hören; sie erwarben Verdienst, wenn sie jemandem halfen, in der Meditation voran zu kommen; jeder Dienst, den sie erwiesen, half ihnen mehr als mir. Diese Idee, Verdienst zu erwerben, um ihn an alle fühlenden Wesen zu verteilen, daran können sich Menschen aus dem Westen nur schwer gewöhnen. Das einzige, was man tun kann, ist, es mit Anmut zu akzeptieren und zu versuchen, dem nachzueifern. Natürlich fand man ein Badezimmer mit einer Tür, so dass die Ausländerin nackt baden konnte, aber da es keinen U Aye Bo gab, der ein emailliertes Waschbecken zur Verfügung stellen konnte, wusch ich - ich gestehe es - auch meine Wäsche in der Aluminiumschüssel.

Die Tagesroutine, oder besser gesagt, die Uhren gingen hier nicht so regelmässig wie am Maha Bodhi Zentrum. Die erste Glocke ertönte so etwa um 3.30 am Morgen, wenn die Nonnen aufstanden, um zu meditieren oder 'zu beten', bevor sie ihre Tagesarbeit begannen. Reisbrei folgte so um 6.00, und danach, wenn ich mich niederliess, um wieder zu meditieren, fuhren die Nonnen mit ihrer täglichen Arbeit fort, die darin bestand, für sich selbst, die Mönche und die verschiedenen Pilger zu kochen, das Gelände zu fegen einschliesslich dem der männlichen Yogis, ihre eigenen Unterkünfte und die der Yogis zu reinigen und natürlich auch die Pagode selbst. Junge Mädchen - Novizinnen - schrubbten die grosse Gemeinschaftshalle. Auch war da die Ausdünnung des Pflanzenwuchses am Übergang zum 'Urwald', der Bodengewächse rund um die Pagode und Pfade, das Auffüllen der grossen Terrakotta - Wassergefässe für die besuchenden Pilger. Jetzt wurde das Wasser durch eine Benzinpumpe heraufgebracht; vor deren Installation hatten die Nonnen die Aufgabe, das Wasser von tief unten im Brunnen heraufzuziehen. Mittagessen gab es so etwa um 10.30, danach sollte die Arbeit für die Nonnen beendet sein - und natürlich auch die Nahrungsaufnahme -, wenn aber Pilger spät am Abend ankamen und etwas zu essen haben wollten, dann würden die Nonnen jederzeit für sie kochen; eines Abends fanden wir sie dabei, für eine besonders grosse Schar Pilger an improvisierten Feuerstellen am Weg zu kochen.

Wenn es keine weiteren Arbeiten gab, die anstanden, gehörte die Zeit nach dem Mittagessen dem Waschen von Wäsche und sich selbst, gefolgt von einer kurzen Meditation. Dann, um 1 Uhr am Mittag, ertönte die mächtige Gemeinschaftsglocke. Dieses riesige Teil stand oben auf einem Sockel und einer der männlichen Yogis schlug es geschickt mit einem dicken, geknoteten Seil. Nach und nach begannen die Nonnen, von einem kleinen 5 jährigen Mädchen bis zu alten Damen über achtzig an dem Wächter Nat (Nat: Naturgeist) vorbei ihren Weg in die riesige vergoldete Halle zu nehmen, in der sogar die Atmosphäre golden schien. Viele der Nonnen trugen auf ihrem Kopf was Sarana 'kleine Kissen' nannte, kleine hölzerne Schemel, ungefähr 6 cm hoch, oft mit einem Kissen in Puppengrösse. Wie ich am Vegetarischen Zentrum erfahren hatte, war die angemessene Art, der Predigt zu lauschen, selbst wenn sie zwei Stunden dauerte, mit den Füssen zur Seite zu sitzen und die Hände wie zum Gebet zu halten; und wie ich auch dort entdeckte, war es ganz natürlich, müde zu werden und nach vorn zu fallen, mit den Händen auf dem Boden. Diese kleinen Kissen waren dafür, um anmutiger und bequemer zu fallen. Anfangs wurde mir gesagt, dass es Pflicht für mindestens eine Nonne pro Haus war, dem Zwei - Stunden - Sermon zu folgen, denn diese Predigten waren nicht sonderlich populär, und die Mönche erlebten, dass sie mit ihrer sorgfältig vorbereiteten Predigt kamen und es keine Zuhörer gab. Das mag wohl wahr sein, aber die Regeln sagten ausdrücklich, dass während ihrer Periode (Regelblutung) eine Nonne in ihrem Haus oder der Meditationshütte sein und meditieren durfte; nur Stillschweigen war Pflicht. Die Predigten richteten sich vorwiegend an Nonnen, Mönche nahmen nicht teil, aber manchmal kamen männliche Yogis und auch Pilger beiderlei Geschlechts. Männer, die teilnahmen, sassen hinter dem Prediger. Nonnen durften niemals in der Gemeinschaftshalle predigen, aber in der Fastenzeit gaben sie manchmal Vorträge in ihren eigenen Quartieren.

Nach der Predigt, ungefähr um 3 Uhr nachmittags - einmal stellte ich fest, dass sie erst 4. 30 Uhr zu Ende war! - gab es keine festen Termine mehr bis um 6, es sei denn, eine der Oberinnen musste zum Mönch für Verwaltung, um gesagt zu bekommen, welche Arbeiten jetzt gerade anstanden. Aber die Novizinnen verbrachten die zwei Stunden zwischen der Predigt und 6 Uhr damit, Burmesisch - lesen und schreiben - zu lernen, diesmal nicht mit dem Gesicht am Boden, sondern auf Bänken an einem Tisch sitzend. Wenn sie etwas anderes als das lernen wollten, mussten sie zu einem anderen Zentrum oder einem Nonnenkloster gehen, denn das hier war ein Zentrum für Meditation, nicht, um zu lernen. Die Mädchen kamen ganz und gar aus eigenem Entschluss hierher, gewöhnlich, weil sie eine Tante oder Schwester bewunderten, die bereits eine Nonne war. Jetzt befanden sich etwa acht von ihnen da, sie konnten jederzeit gehen, wenn sie das wollten.

Um 6 Uhr am Nachmittag ertönte die Glocke zu zwei Stunden Gruppenmeditation in einem offenen Raum mit einem Schrein und vielen Mücken, ohne Aufsicht durch einen Mönch. Die Teilnahme war frei, wie zu den Predigten, und Nonnen konnten es auch vorziehen, in Einsamkeit zu meditieren. Die Gruppenmeditation begann und endete mit ungefähr fünfzehn Minuten, in denen Wellen liebender Güte hinausgerufen wurden. Die Rufe hatten einen eindringlichen Rhythmus, schwer zu reproduzieren, und es war dann auch nicht dasselbe, als wenn man es von dem im Schatten des Mondlichts liegenden Gelände der Meditation hörte, mit seinen wenigen schwachen Lampen unter den dämmrig schattigen Bäumen und dem schmerzvollen Strang des silbrigen Tons der Pagoden - Glocken, der das Gehör traf, wenn die Geräusche des Tages abebbten. Diese winzigen Metallglocken hatten die Form der Blätter des Banyan Baums und waren an ihren dünnen Metallfäden so fein ausbalanciert, dass der geringste Windhauch sie gegeneinander zittern liess; in einer völlig stillen Nacht bewegte die aufsteigende heisse Luft, die auf die kältere von oben traf, sie gerade genug, um ihr Lied vom endlosen Schmerz zum Klingen zu bringen. Und wie um den Schmerzgesang zu vollenden, traf auf die Stille das plötzliche Aufheulen eines streunenden Hundes.

Die Gruppenmediation endete um 8 Uhr am Abend wieder mit den Rufen, die liebende Güte aussendeten. Ungefähr eine Stunde später sollten die Lichter ausgehen, aber das war jeden Abend verschieden.

In dieser Umgebung also liess ich mich nieder, um mit den Problemen von Loslassen, Liebender Güte und Toleranz für fremde Gewohnheiten und fremdes Denken zu kämpfen.

Kapitel 8

ERLERNEN DER LEHRE VON MOHNYIN

Kein Selbst in diesem fragilen Körper,

nur sich verändernde Elemente, die kommen und gehen,

alle bestimmt durch das Gesetz ihres Seins.

Nicht du verursachst den Anschein von Würmern,

die sanft über die Haut krabbeln oder Nadeln, die stechen;

du willst, dass sie fortgehen, aber sie hören nicht auf dich.

Und so auch die Hitzewellen des Körpers,

die aufsteigen und wieder vergehen, wenn ihre Zeit gekommen ist.

Und die hartnäckig nagenden Gedanken an Männer in gelben Roben,

als Götter verehrt, mit Nonnen als ihren Dienerinnen -

es ist nur das sich verändernde Gehirn,

und Gedanken, die es verletzen; sie kommen, sie gehen -

so schnell, wie das Nachglühen eines Sommerblitzes!

Kein Selbst, das über etwas weint, das du nicht ändern kannst!

Kein Selbst, das Stolz erleidet oder Reue kennt,

oder Unwillen, Bosheit oder Schmerz! -

Alles sind sich verändernde Atome, und dein kleines Selbst,

seine Hoffnung und Furcht, seine Leidenschaft und Verzweiflung,

alles nur ein flackernder Schatten auf dem Reinen Weissen Licht

der Unsterblichkeit!

In der Meditationshütte, wo ich abwechselnd im Lotussitz sass oder als ausgestreckter Körper unter dem Moskitonetz lag, um dieses unerwartete Problem zu lösen, gab es genau so wenige Möbel wie im Maha Bodhi Zentrum. Da die Hütte aber nicht aus Holz sondern aus Bambus errichtet worden war, hing das Netz an Bambusstöckchen, Teilen des Musters, und so gab es keine unschön herausragenden Nägel, die den Füssen bei den täglichen ein dutzend Yoga Übungen im Dunkeln gefährlich wurden. Am Eingang zur Veranda war ein kleines Gitter, so dass Saranas Furcht, Hunde könnten meine Sandalen für Fleisch halten, beschwichtigt wurde. Die einzige ernsthafte Störung von aussen kam von winzigen, braunen Ameisen, so war ich nie sicher, ob das unangenehme Stechen vom Wirken der Lehre, Dhamma in mir herrührte, oder von der Ameisengesellschaft verursacht wurde. Das Mittel dagegen bestand darin, so meinte Sarana, die Füsse der Hütte mit in Öl getauchten Bandagen zu umwickeln, aber die zuständige Nonne war sehr lange Zeit zu beschäftigt, um sich darum zu kümmern. Am zweiten Nachmittag meditierte Sarana bei mir, aber die Ameisen bildeten eine zu ernsthafte Ablenkung für jemanden ohne eigenen Schlafsack. Ich hatte mich oft gefragt, inwieweit mein Schlafsack dafür verantwortlich war, dass ich nie mit

Wanzen oder Flöhen in Berührung kam, auch wenn ich in schmutzigsten Plätzen unterwegs war, ausgenommen in einem Missionshaus in China, als ich in total sauberer Bettwäsche schlief, anstatt in meinem schmutzigen Schlafsack.

Die hübscheste Ablenkung draussen waren die Eichhörnchen, die schnell wie Blitze von Baum zu Baum sprangen. Kaum so gross wie Ratten, ihre Schwänze so lang wie sie selbst, und bis zu drei Meter lange Sprünge kein Problem für sie. Sie frassen alles, einschliesslich Bananenschalen und Kerne von Orangen. Auch kauten sie die bittere Rinde der Tamarindenbäume und schafften es manchmal, die Rinde kreisrund ab zu nagen und dadurch den Baum zu töten. Buddha hätte das Beispiel vielleicht benutzt, um darauf hinzuweisen, wie auch kleinstes unablässiges Nagen etwas Grosses und Starkes vernichten kann, und dass gleicherweise unaufhörliche Meditation über die Unbeständigkeit von Verbindungen - oder Abneigungen - zu Dingen dieser Welt, einschliesslich der Diktatur der Mönche, diese Verbindungen zerstören kann! Metaphern und Gleichnisse in buddhistischen Schriften scheinen sich, anders als bei uns, umkehren zu können, um zu zeigen, wie durch ähnliche Methoden hier ein unschönes Resultat, im anderen Fall etwas Gutes resultieren kann. Aber bisher hatte die unablässige Meditation über das Eintauchen in die Wellen von Werden und Vergehen nicht viel gebracht hinsichtlich des Problems der Versöhnung mit der Superiorität der Mönche über Nonnen und Laien. Die arme Sarana bekam die schlechte Laune ab, die aus meinen inneren Konflikten resultierte, und sie mag wohl manchmal bereut haben, dass wir täglich mehr als eine Stunde beisammen waren, um die Vipassana - Methode von Maha Bodhi zu übersetzen, die in diesem Buch im Anhang erscheint.

So etwa am dritten Tag schenkte einer der Pilger den Mönchen und männlichen wie weiblichen Yogis eine Essensgabe. Nonnen, die zusammen mit dem Spender kamen, kochten für alle, was sehr gewürdigt wurde. Wenn ein andermal besuchende Pilger besonderes Essen zu geben wünschten, mussten die meditierenden Nonnen extra kochen, Nonnen, vermutlich so weit über der Lust an besonderem Geschmack im Mund erhaben, dass sie nicht mehr an teurer Ernährung interessiert waren. Ein paar Tage später gab es eine andere Essensspende. Ich versuchte pflichtgemäss meinen Anteil daran zu essen, aber mein Magen mochte die 'Gabe' gar nicht. Sarana sagte mir dann, dass man es nur mal schmecken musste. Dass Hunde den Rest bekamen, war ganz in Ordnung. Die nächste 'Gabe' bestand aus Geld, 2 Kyats für jede Nonne oder weibliche Yogi und 10 für jeden Mönch. Geld war viel willkommener, denn es konnte dazu benutzt werden, Seife, Kerzen und andere Notwendigkeiten zu kaufen. Den Vinaya Regeln entsprechend durften Mönche das Geld nicht annehmen, männliche Yogis taten das für sie. Der Mönch, dem es gespendet wurde, konnte 'andeuten', was er denn wohl brauchte; wenn der Yogi das nicht verstand, durfte es der Mönche drei mal wiederholen; wenn der Hinweis auch dann nicht befolgt wurde, musste die Angelegenheit fallen gelassen werden. Ich fand nie heraus, wie die Mönche die Kontrolle über das ihnen gegebene Geld behielten, aber es wäre schon sehr erstaunlich, wenn der erste Hinweis nicht sofort aufgenommen und befolgt wurde, entweder aus dem Fundus oder anderweitig.

Das Thema, zu dem der Geist ganz unbewusst zurückkehrte, als ich Maha Bodhi zum ersten Mal verliess, war, dass Körper und Geist eintauchten in ein Meer unablässiger Verwandlung. Jetzt erschien ein kleines, weisses Objekt inmitten des Ozeans, was sich bei fortschreitender Konzentration allmählich zu verfestigen schien, und nichts, was ich tat, brachte es wieder in Bewegung. So ging das nicht. Das Wesen von phyit - pyet ist Bewegung. So wechselte ich zu der Erfahrung des Eintauchens in eine strudelnde Masse gasförmiger Atome. Wenn solche Änderungen geistiger Wahrnehmung stattfinden, dann wäre man froh über einen Lehrer, aber es gab keinen, und Anspannung und Belastung wurden auch für Aussenstehende deutlich. So entschloss ich mich, um den Stress etwas abzubauen, am fünften Tag zu einem Besuch der Welt draussen, deren Geräusche über die festen Mauern bei uns zu hören waren.

Pilger aus mehreren Bussen wanderten um die Pagode, und natürlich richtete sich sofort die Aufmerksamkeit von den heiligen Szenen weg auf die weisse Person, die meisten von ihnen hatten noch nie jemand mit weisser Haut gesehen. 'Ist sie eine Pilgerin?' fragten sie. 'Nein, eine Yogi' erwiderte Sarana nicht ohne einen Hauch von Stolz. 'Und woher kommt sie?' 'Aus Australien,' aber Sarana hätte auch eben so gut Timbuktu sagen können, denn sie hatten vermutlich noch nie etwas von England gehört, ganz zu schweigen von Australien, und das galt sogar für die gebildetsten Mönche, die die Zwei - Stunden - Predigten hielten, denn sie konnten sicherlich die Pali Texte der

Buddhistischen Schriften auswendig, aber ansonsten wussten sie nichts anderes, es sei denn, sie hatten eine öffentliche Schule besucht, und das war unmöglich, wenn sie, wie viele von ihnen, schon als Kinder Mönche geworden waren.

Wir liessen die Pilger hinter uns und gingen hinüber zu der neuen Pagode, die speziell dafür errichtet worden war, um die verkohlten Überreste des Verehrten Agga Maha Pandita aufzunehmen, wenn er neben seinem vergehenden Körper zur Ruhe gelegt werden würde. (Schlecht verständlich auch im Original, Le) Nachdem seine Asche in die jetzt offene Nische gelegt worden war, würde diese verschlossen und eine Buddha Statue davor gestellt. Das zumindest waren echte Relikte, aber inwieweit das auf andere, seien es katholische oder buddhistische, zutraf, das wissen nur die Gläubigen. Sie werden angebetet, und das ist alles, was zählt. Wahr ist aber, Anbetung und Verehrung vor Pagoden oder Buddha Statuen erlöst nicht vom Leiden. Das können nur Meditation, ein reines Leben und das Ende allen Begehrens bewirken. Allerdings, die genannten Dinge zu verehren soll Verdienst bringen, was wiederum zu einer besseren Wiedergeburt und zu grösserer Befähigung bei dem, was wirklich zählt, führt. Aber die grosse Mehrheit der Pilger, die an den Schreinen Blumen darbrachten, Kerzen anzündeten und Zufluchten aufsagten, hatte mit Sicherheit darüber noch nie nachgedacht. Sie erwarben Verdienst, das war alles, und natürlich, nachdem sie ihn erworben hatten, erinnerten sie sich daran, ihn unter allen fühlenden Wesen zu verteilen.

Um die neue Pagode waren Bäume gepflanzt worden, die wahrscheinlich zu der Zeit, wenn der mächtige Sayadaw seine letzte Reise auf Erden zu seiner Nische antrat, schon ziemlich gross gewachsen sein würden. Die birmanische Leidenschaft für das Pflanzen von Bäumen würde wahrscheinlich von Verbänden von Baum - Liebhabern in meinem Land beneidet werden, aber Bäume behindern das Fotografieren. Nicht nur kauern Burmesen ständig unter Bäumen - nur verrückte Hunde und Engländer gehen hinaus in die Sonne -, Bäume verbergen und schützen Pagoden, und nur die obersten Spitzen der Hauptpagoden waren jetzt von Sayadaws neuer Pagode zu sehen. Nicht nur durfte ich ja den zylindrischen Turm nicht ersteigen, von wo man einen prächtigen Blick auf dieses Meer glänzender Spitzen gehabt hätte, ich fand es zudem ganz und gar unmöglich, einen Platz zu finden, von dem aus man die ganze Pagode sehen konnte. Aber es war auch so ausreichend überwältigend. Wie nur konnte menschlicher Geist dieses märchenhaft glitzernde Feenland erfinden? Und Arbeiter waren auch jetzt damit beschäftigt, Farbe durch geschliffenes Glas zu ersetzen, um noch mehr Glanz zu erzeugen.

Wieder schien es mir, als sei dieses überreich geschmückte Kunstwerk das Werk eines kindlichen Gemüts, aber nicht, wie ich zunächst annahm, eines, das dem Himmelreich gehörte im Sinne von Nirvana, sondern eher das eines unbeschwerten Kleinen, der sich an eine Party wegen des bunten Papiers und an Weihnachten wegen bunter Kleinigkeiten und der Lichter erinnert. Ob man nun die Form der Kunst ansprechend oder ermüdend fand, es verschlug einem den Atem vor Bewunderung angesichts feinst ausgeführter Einzelheiten. Da waren nicht nur eine halbe Million Buddha - Figuren, jede auf einem kleinen

Bodhi - Blatt sitzend, sondern die Künstler hatten sich freien Lauf gelassen beim Modellieren der Gaben von Früchten und Blüten in Zement. Da gab es lebensechte Bananen, Durians, Papayas, Orangen und Blumen. Und da waren sogar lebensechte Naturgeister, Nats, die Wache standen und sich vergnügten, während rund um die Drachen - Teiche Elefanten zu sehen waren, so real, dass man fast das Entzücken spüren konnte, mit dem sie über die Hügel rasten. Fast alle der dargestellten Geschichten stammten aus den Jataka - Sagen, Episoden aus Buddhas früheren Leben, und darunter stand in Burmesisch, was es darstellte. Jedoch eine der Geschichten stammte aus dem Pali - Kanon und dabei war die enthaltene Moral komplett ausgelassen. Sie handelte von einem reichen Bürger, der eine kostbare Schüssel oben auf eine hohe Säule stellte und verkünden liess, dass sie dem gehören würde, der sie herunter holte, sei es ein Heiliger oder Brahmane. Der Künstler, der diese Geschichte darstellte, hatte wohl grossen Spass an verschiedenen fast nackten Asketen, die sich einander auf die Schultern stellten, um nach oben zu gelangen. Nicht so überzeugend war die Figur des buddhistischen Mönchs Pindola, der mit Hilfe seiner übernatürlichen Fähigkeiten hinauf schwebte und nun mit dem Rücken an der Säule fest hing, der Schüssel gegenüber. Moralische Schlussfolgerung war wohl nicht so sehr die Sache des Künstlers wie Wunder, und so fand sich da kein Anzeichen von Buddha, der Pindola rügte, weil er seine übernatürlichen Fähigkeiten zur Schau stellte und der das Zerbrechen der Schüssel verfügte. Er verordnete die Regel, dass Mönche solche Fähigkeiten, wenn sie sie besassen, nicht zeigen durften, denn solches Zur - Schau - Stellen diente nicht der Erbauung, sondern schob die beiseite, die schon auf dem Weg zu Nirwana waren. Buddhas Lehre bot denen nichts, die nach exotischen Shows und Wundern verlangten, aber seine Jünger kompensierten das viele Male.

Dann kehrten wir zurück aus diesem Märchenland der Phantasie und betraten wieder die Welt der buddhistischen Esoterik innerhalb der Mauern des Geländes, wo wir in gereimten Versen aufgefordert wurden, uns nicht durch Dinge der Welt draussen ablenken zu lassen. Fast alle Religionen haben so eine exoterische und eine esoterische Seite. Aber es würde schwer fallen sie anderswo so bewusst und offensichtlich Seite an Seite zu finden wie in Mohnyin. 'Haben Sie sich nicht nach der ernsten, einfachen Art griechischer Anmut gesehnt? Waren Sie nicht müde all des prächtigen Super - Hübschen?' Das fragte jemand, nachdem er meine farbigen Dia - Bilder gesehen hatte. Darüber hatte ich nicht viel nachgedacht. Ich war nicht sehr an Kunst interessiert und nicht lange genug ausserhalb des Gebiets für Meditation, um dessen, was ich sah, müde zu werden. Aber ich musste zugeben, dass der Taj Mahal eine Seite von Ehrfurcht in mir anschlug, die diese Form der Kunst nicht zum Klingen brachte.

Einige Tage später war es wieder Zeit der Gabe, 'dana', und wieder war es Geld. An diesem Tag nahm ich selbst teil. Die ernsthaft zugehörigen Nonnen trugen ein dunkles Braun - Rot, die Farbe von Mohnyin. Das hellere Blüten - Rosa wurde von Nonnen gewählt, die vielleicht nicht für immer bleiben wollten oder nicht vorbereitet waren, alle zehn Gebote, einschliesslich dessen, was den Umgang mit Geld betraf, zu befolgen. Die Geberin hatte ihre Gaben in Papier gewickelt, wieder 2 Kyats für jede Nonne, 10 für jeden Mönch und 500 für den Abt oder die Pagode. Sie hatte ihre Gaben 'dana' auf ein Tablett gelegt, und die Nonnen riefen den Segen an, während sie an ihr vorbei zogen. Die Geberin war wahrscheinlich eine führende Kaufmannsfrau. Wie schon zuvor erwähnt, bestand die Mehrheit der Kaufleute aus Frauen. Auch wenn die Frau nicht die Hauptverdienerin der Familie war, würde der Mann alle Einkünfte ihr anvertrauen. Niemand zweifelt an der Fähigkeit der Frau im Geschäft; sie ist auch vollkommen frei von jeglicher Kontrolle durch ihren Mann und behält bei Heirat ihren Namen. Dennoch ist sie das schwächere Geschlecht. In unseren Schulen lernen wir, dass die Autorität, die Kontrolle über das Geld hat, das Land regiert, und deshalb war das Parlament so daran interessiert, Macht über die Steuereinnahmen zu haben. Für Burma trifft das sicherlich nicht zu.

'Und was haben Sie zu essen bekommen? Wurden Sie gut ernährt?' fragten die Leute wieder und wieder. Mit dem Essen, das zur Verfügung gestellt wurde, war alles in Ordnung, ausgenommen vielleicht der polierte Reis, denn jeder war daran interessiert, das zu geben, was einem vegetarischen ausländischen Geschmack zusagen würde. Dem Essen, das ich bekam, fügten die Nonnen für sich noch verschiedenste Gewürze, Chilis, Fisch und Geflügel und vielleicht auch Fleisch hinzu, denn obwohl die Vorschriften den Verkauf von Fleisch innerhalb des Geländes vom Zentrum Für Liebende Güte verboten, so war es doch nicht vollkommen untersagt, Fleisch herein zu bringen und zu essen. Besonders beliebt war ein irgendwie saures Gericht, denn wenn wir eine unreife Frucht mit Zucker süssen würden, erfreuten man sich hier an dem originalen, sauren Geschmack. Eine andere Köstlichkeit war sauer eingelegter Tee, für mich ebenso schrecklich wie die Betel Nuss. Übrigens untersagten die Regeln von Mohnyin das Kauen von Betel und auch das Rauchen, denn diese Praktiken bedeuteten Zeitverschwendung und waren demzufolge der Meditation abträglich.

Unter den schattigen Bäumen, die den Weg aus dem esoterischen Bereich in den exoterischen überwölbten, gab es kleine Geschäfte für Nahrungsmittel und ein Restaurant mit kindgerechten Stühlen und niedrigen Tischen, denn Burmesen waren meist nicht gross gewachsen. Die Besitzer, ein Ehepaar, rauchten riesige Cheroots, birmanische Zigarren, von denen immer wieder Asche ins Essen fiel. Die Preise waren auf Burmesisch angegeben, sie lagen zwischen einem Viertel und einem Kyat. Diese Preise waren keineswegs niedrig, denn ein Arbeiter verdiente nur drei Kyat am Tag. An einem anderen der kleinen Restaurants hatte der Besitzer im Schatten eines grossen Baumes eine Art Grill errichtet wo er, während man wartete, Kürbisschnitten in Butterschmalz briet, und seine Frau servierte Tee mit Milch und Zucker, das kostete einen viertel Kyat, dazu gab es gratis einfachen burmesischen Tee. Da waren noch einige andere kleine Geschäfte, an einem kaufte Sarana immer unseren Bedarf an Früchten und Gemüse ein, an anderen gab es Rosenkränze, Andenken ebenso wie die allgegenwärtigen Zigaretten, Zigarren, sauer eingelegter Tee und Betel - natürlich für Pilger, nicht für Yogis!

Jeden zweiten Tag starteten wir zu unserer Photographie-Expedition nach dem Frühstück und konnten die Nonnen bei ihren vielfältigen Aufgaben beobachten. Kochen war die Wichtigste. Es geschah an offenen Feuerstellen an der Küchenseite mit einem speziell dafür erfundenen Dach anstelle eines Schornsteins; es hatte ganz oben eine Öffnung über der ein anderes Dach war, das die Ziegel trug und so das Eindringen des Regens verhinderte. Es schien eine höchst geniale Erfindung, denn man erhielt die ganze Wärme des Feuers ohne irgendeine Verschwendung durch den Schornstein. Natürlich erhoben sich die Feuerstellen nur wenig über dem Boden, auf dem jeder kauerte, ausgenommen die älteren Nonnen, die an besonders für sie erhöhten Feuerstellen arbeiteten, um ihnen die starke Beugung der Knie zu ersparen -, man hätte eigentlich gedacht, dass das 'Bezeugen von Respekt' die Knie biegsam bis zum Tode erhalten würde, aber offensichtlich war das nicht so.

Eine weitere Arbeit der Nonnen war das Putzen - Säubern der Gebäude, Entfernen des durch die Pilger verursachten Abfalls, Wegfegen von dem Laub, das ständig fiel. Aber es wurde mit dem Laub nicht nur der natürliche Dünger entfernt, sondern auch fast 20 cm des oberen Erdreichs. Jedoch brachte diese Tätigkeit Verdienst, und obwohl das meinen Ideen vom Konservieren der Erde ganz traurig widersprach, gesellte ich mich manchmal zu den Laubfegerinnen, wie auch (S.121) eine andere weibliche Laien Yogi. Einmal machte sogar eine gut gekleidete Pilgerin mit, wahrscheinlich auch, um Verdienst zu erwerben. Aber die einzigen abgestorbenen Blätter, die sie in ihren zarten Händen sammelte - und nur an diesen war sie interessiert -, lagen auf der hölzernen Plattform, auf der ich sass. Ich konnte sie fast hören, wie sie später davon berichtete: 'Meine Liebe, ich hatte Glück, denn sie sass nicht abgeschlossen in ihrer Hütte, sondern draussen unter einem Baum. Sie hatte kurzes, gewelltes, völlig ergrautes Haar. Ich vermute, sie war sehr alt, vielleicht neunzig oder sogar hundert. Ihre Hände waren schrecklich rau, nicht sanft und fein wie unsere, und ihre Lippen - so dünn wie bei einem Hund. Aber sie hatte perfekte Zähne, nicht ein einziger fehlte. Glaubst du, es könnte wahr sein, dass weisse Menschen sich alle ihre Zähne entfernen und andere implantieren lassen? Ja, ihre Haut war blass, aber nicht so hell, wie ich erwartet hatte, und ihre Wangen rosig.'

Diese Laubsammlerin war zu einer Zeit gekommen, als ich die Hütte verlassen hatte, weil die Konzentration nachliess. Aber insgesamt gesehen ging es ziemlich gut. Das Eintauchen in den wirbelnden Nebel sich ändernder Atome gelang zufriedenstellend, und es gab Perioden der Absorption, die lang genug waren, allerdings nicht so lang wie bei meinem ersten Besuch von Maha Bodhi. Manchmal kam auch das Gefühl der starken Beanspruchung in der Umgebung des Herzens zurück, so als würde man zu schnell einen Berg besteigen, und ein neuer Schmerz im Rücken zwischen den Schultern erforderte das Hinlegen als die einzig bequeme Stellung für Meditation.

Nach neun Tagen wurde ich aufgefordert, den verehrten Agga Maha Pandita wieder zu treffen. Als Dolmetscher diente ein Mann mit hervorragenden Englischkenntnissen, eigentlich eine kleine Beleidigung für Sarana, dachte ich, aber es war wohl ganz gut so, denn Sarana hatte für eine Birmanin eine ungewöhnlich sanfte Frauenstimme, und hörbehinderte Menschen finden es gewöhnlich leichter, männliche Stimmen zu verstehen. Der Dolmetscher begann umgehend damit, dass er nicht verstand, was ich sagte.

Studierte Burmesen scheinen oft aussergewöhnlich argwöhnisch Menschen aus dem Westen gegenüber und immerzu auf der Hut, uns bei einer Häresie zu ertappen wie zum Beispiel dem Vorschlag, dass menschliche Wesen eine Seele hätten. Ich versuchte, ihn davor zu bewahren, *mir* eine Lektion über Anatta zu geben, indem ich *ihm* stattdessen eine gab, aber das machte seine Übersetzung nicht korrekter, und Sarana musste oft intervenieren. Ich gestand meine Sünde, dass ich nämlich bei der Maha Bodhi Methode geblieben war, statt die anzunehmen, die er mitgeteilt hatte. Er reagierte sehr freundlich und sagte, ich könne so lange bleiben, wie ich wollte, auch wenn ich die Methode Liebender Güte nicht benutzte. Dann entstand eine Diskussion über die Maha Bodhi Methode, aber das Eis brach nicht, bis U Theins Name nicht mehr benutzt wurde, dafür der von Ledi Sayadaw. Von diesem Mönch stammte ursprünglich die Methode, die nun U Thein lehrte. Es war offensichtlich, dass U Thein sehr viel mehr Prestige erwerben würde, trüge er die gelbe Robe.

Dann kehrten wir in unsere Hütten zurück und fuhren fort mit der Übersetzung von Ledi Sayadaws Unterweisungen. Wir stellten beide fest, dass wir nicht alle jhanas oder Stufen der Konzentration erfahren hatten, bevor wir zur Vipassana kamen. Später sagte uns U Thein, das sei auch nicht nötig. Wichtig sei nur, dass Visionen gesehen wurden, um anzuzeigen, das ein gewisser Grad an Konzentration erreicht worden war. Als wir uns dem Ende unserer Übersetzung näherten, bemerkte ich, dass ich der Technik nicht genau so gefolgt war, wie angegeben. Wahrscheinlich war der Mann, der mir die Zeremonie beschrieb, so sehr mit der theoretischen Seite und den

Lehrsätzen von Dukkha, Anicca, Anatta und Nama Rupa und so weiter beschäftigt, dass er die übrigens aussergewöhnlich einfache Technik als weniger wichtig ansah. Ich wechselte nun zu der korrekten Methode und erlebte sofort in milder Form wieder die verschiedenen körperlichen Symptome wie in Maha Bodhi. Auch war da die ganz lebhafte glückselige Erfahrung der Nicht - Existenz irgendeines 'Selbst'. Die Technik schien, verglichen mit dem, was ich versucht hatte, sehr einfach. Alles, was es brauchte, war, einfach diese unablässig sich wandelnden Teile in Körper und Geist anzusehen. Es gab keine Notwendigkeit zu kämpfen oder sich zu bemühen, um etwas zu erreichen. Eine wunderbare Erfahrung! Aber gefolgt von unaussprechlicher Erschöpfung und Müdigkeit, so dass es unmöglich war, wach zu bleiben, auch nicht mit den Yoga - Übungen, die einen eigentlich besonders wach machen sollten, wie auch nicht durch die vielen Bewegungen und Geräusche auf dem Gelände um Mitternacht; der Körper schlief und schlief und hörte nicht einmal die 3.30 Uhr Glocke. Nachdem er gelernt hatte, sich zu entspannen, schien er durchtränkt mit Erschöpfung ...

Das mag der Anfang gewesen sein, dass im Unterbewusstsein der Gleichheitskomplex (Mann - Frau) aufbrach, aber im Bewusstsein gab es immer noch kein Anzeichen davon. Ich erinnerte mich an die wohlbekannte Geschichte, die der gelehrte Mönch Buddhagosa neun Jahrhunderte nach Buddha in seinem 'Visuddhimagga' (Pfad der Reinigung, S. 21) berichtete, nämlich von einem Mönch, der zufällig an einer sehr schönen Frau in ihren besten Gewändern vorbeikam, die ihren Mann verlassen hatte. Als der Mönch gefragt wurde, ob er sie gesehen habe, antwortete er, dass er nicht bemerkt hatte, ob Mann oder Frau, nur ein Sack Knochen war an ihm auf der Hauptstrasse begegnet. Die Moral von dieser Geschichte ist, dass ein Mann eine solche Losgelöstheit erreichen kann, dass er eine wunderschöne Frau so sieht, wie sie wirklich ist: bloss mit Haut bedeckte Knochen. Als ich dann einen gut gekleideten Kaufmann sah, der sich vor einem Mönch auf den Boden nieder beugte, der mit offensichtlich selbstzufriedener Überlegenheit vorbei ging, fragte ich mich scherzhaft nach der Reaktion, wenn der Verehrte als Sack voll Knochen beschrieben würde, dem niemand Respekt schuldig wäre. Verehrung wird nicht dem Mönch persönlich gezollt, sondern der gelben Robe als Symbol der Selbstentsagung. Das ist jedoch nicht ganz korrekt, wie man später sehen wird.

Ein anderes unangenehmes Gebiet war das der Güte Tieren gegenüber. Es ist unnütz, sich durch irgendwas gestört und ärgerlich zu fühlen, denn es hilft nicht dabei, es zu ändern, und es untergräbt die eigene Kraft. Und war die Vernachlässigung von Hunden im Endeffekt hinsichtlich des Leidens etwas anderes, als unsere übergrosse Krankenfürsorge - der Freund, der an Krebs stirbt und dessen Elend die Ärzte bewusst verlängern? In beiden Fällen ist das Resultat unnötiges Leiden, das wir durch unsere emotionale Teilnahme nicht beenden. Da war eine abgemagerte weiss - braune Hündin, deren Rippen herausstachen, die immer mal wieder kam, um ihr Elend für ein Weilchen zu vergessen, während sie zusammengerollt in einem sonnigen Plätzchen auf der Veranda der Hütte nebenan lag, so lange, bis jemand kam und sie verscheuchte. Sie hatte ein sorgenvoll gefaltetes

Gesicht, und ich fragte mich immer wieder, ob ich wohl die Einzige war, die sie jemals voll Mitgefühl angesehen hatte, oder ob der Schmerz sie so gefühllos gemacht hatte, dass sie niemals mehr auf liebende Gedanken reagieren konnte. Die meisten der wilden Hunde waren weiblich. Einen gut aussehenden männlichen, anscheinend gut genährten Hund gab es, aber alle anderen waren nur Haut und Knochen übersät mit Wunden. Es herrschte kein Mangel an Nahrung wie bei so vielen Strassenkötern, denn davon war genug da an den häufigen Tagen des Gebens, genug, um es wegzuwerfen; aber das bestand hauptsächlich aus poliertem weissen Reis, also ohne alle Vitamine; über anderem vitaminreichen Essen wurde gekämpft, und den Kampf verloren die schwächeren Hunde meistens.

Eines Morgens nahm mich Sarana mit zum Haus einer gerade verstorbenen Nonne. Eine Woche vorher hatte sie sich schwindlig gefühlt, wenn sie nach der Predigt aus der Gemeinschaftshalle kam. Vier Tage später wurde sie bettlägerig und konnte nichts Festes mehr essen. Die Nonnen sassen, leise Sutras rezitierend, abwechselnd neben ihrem sterbenden Körper. Am Vortag hatte Sarana sie besucht und ihr Frieden gewünscht; sie keuchte ein wenig, besass aber sonst alle Fähigkeiten und konnte noch 'Sadhu! Sadhu! sagen, eine eigentlich unübersetzbare Phrase, die Dank und Segen bedeutete, obwohl die wörtliche Übersetzung hiess: 'Gut gemacht!' Am Morgen ihres Todes hörten die Gesänge auf, denn an diesem Vipassana - Zentrum wusste jeder, dass es in dem vergänglichen Körper kein bleibendes Selbst gab, und dass jetzt, da das Leben gewichen war, sich alles in die Elemente aufgelöst hatte, aus denen es bestand. Nur das Karma von dem, was sie gewünscht hatte, würde einen anderen Charakter in einem anderen Körper bilden. Ihr Sohn, ein Mönch, sass mit gekreuzten Beinen auf der Plattform vor der offenen Hütte. Er hatte die Anweisung gegeben, dass keine Verwandten etwas nehmen durften, das ihr gehört hatte. Alles, was sie besass, sollte den Nonnen weiter gegeben werden. An diesem Nachmittag war ihre Beerdigung, denn in Burma wurden nur Mönche und Hindus eingeäschert, der Körper der toten Nonne musste am gleichen Tag unter die Erde, nur der eines Mönchs kann für einige Tage einbalsamiert werden.

Am Nachmittag ertönten die Gong - Glocken langsam und ernst, die letzte Vibration verging, bevor die Glocke erneut geschlagen wurde. Auf zehn grossen Tabletts häuften sich Bananen, Kerzen und Seife für die zehn Mohnyin Mönche, denn Begräbnisse gaben Gelegenheit, den lebenden Göttern zu spenden. Vier Laien legten den Leichnam auf eine vierbeinige Bahre, um die sich Nonnen versammelten, die die Sutra beteten, 'sangen', die Brahma gesprochen hatte, nachdem Buddha ins äusserste Nirvana eingegangen war:

'Alle Geschöpfe dieser Welt sollen den Zustand, in dem sie lebten, verlassen, da nun sogar der Meister, sogar er, eine Person ohne Ebenbürtige in der Welt, Tathagata, der Macht gewonnen und ausgeübt hatte, Buddha der Höchste, von und gegangen ist.

O Trauer! Alles im Leben ist vergänglich! Seine Natur ist Wachstum und Verfall.

Wesen entspringen zum Leben und hören auf.

Glücklich ist, das zu bestehen und in Frieden.'

(Kindred Sayings. 1, Seite 197

Und sie endeten mit dem burmesischen Vers:

'Unsere Körper sind wie nichts,

Zuletzt werden sie beerdigt,

so wie dieser hier beerdigt wurde.'

Mönche leiteten die Prozession. Dann kamen zwei Laien, die die Gong - Glocken langsam und mit Bedacht schlugen. Nonnen folgten mit den Gaben - Tabletts und danach ein Mann, der Blumen trug. Immer noch waren da keine Klagen oder Tränen. Schliesslich folgte der Leichnam, von vier Laien getragen; die anderen Nonnen und nicht geweihten Frauen bildeten den Schluss. Die Prozession verliess das Gelände durch den Hintereingang hin zu einem Feld, wo ein Grab ausgehoben worden war. Ausserhalb des Zaunes überreichten die Verwandten jeder Nonne und jedem Laien, die gekommen waren, ein Stück Seife und eine Schachtel mit Streichhölzern - Gaben sind Brauch bei allen Begräbnissen, und war der Verstorbene reich, wurden Geschenke an mehr als tausend Menschen verteilt, wie es bei U Aye Bos Mutter gewesen war.

Innerhalb des Vipassana Zentrums durfte es kein Klagen geben, aber sobald sie ausserhalb des Tores waren, überliessen sich die Verwandten ihren natürlichen Emotionen und weinten ein wenig. Nahe dem Grab waren Matten für die Mönche ausgelegt und davor die Tabletts mit den Gaben. Die anderen sassen auf der Erde, während einer der Mönche die neun Gebote vortrug - bei jedem Begräbnis musste wenigstens ein Mönch da sein, um diese Gebote zu Gehör zu bringen. Dann wiederholten alle

Anwesenden drei Mal die Meditation anlässlich des Todes: 'Alles vergeht. Bald wird alles, was jetzt lebt, vergehen, so wie unsere Schwester vergangen ist.' Ein Verwandter goss Tropfen für Tropfen Wasser aus einer Schale in einen Becher und dann in das offene Grab, ein Gabe an den Nat - Geist der Erde, so wie es geschehen war, als Buddha die Gastgeber von Mara, dem Versucher, besiegte. Der Körper wurde nun in das Grab herab gelassen, aber die Zehen, die zusammen gebunden wurden, um das Tragen zu erleichtern, mussten auseinander geschnitten werden, und einer der Männer stieg deswegen in das Grab. Jeder Anwesende warf mindestens eine Handvoll Erde hinab, um den Staub des zu Staub Gewordenen zu bedecken. Das war alles.

Sieben Tage nach dem Tod eines gewöhnlichen Menschen müssen die Verwandten eine weitere Spende 'dana' des Verstorbenen an die Mönche geben, des Verstorbenen, dessen Geist noch da ist. Aber die am Vipassana Zentrum wissen, dass ein Gestorbener nie einen eigenen Geist hatte, dass er ausschliesslich aus ständig sich ändernden Elementen bestand. Es gibt nur die ewige Existenz, aber keine individuelle Seele, die für sieben Tage nach dem Tod in der Nähe bleiben würde, und daher ist es sinnlos vorzugeben, dass der Verstorbene mehr Verdienst erwerben könnte durch Gaben der Verwandten an die Mönche sieben Tage, nachdem er sich in seine Bestandteile aufgelöst hatte.

Staub kehrte zurück zu Staub, um die Felder des Bauern zu düngen. Bald würde er das Feld pflügen, wo die Verstorbene begraben wurde, und vielleicht würde der

Tabak, der dort wuchs, grüner werden und leuchtendere Blätter haben.

Das Gesicht der Nonne war sehr friedlich, als sie dort tot lag, und wer wusste schon, ob sie nicht alles vollbracht hatte, was zu tun war, so dass da kein Karma mehr war, um eine weitere Wiedergeburt zu veranlassen? 'Das kann schon sein,' sagte Sarana, 'wer weiss denn, ob jemand ein Heiliger 'arahat' wurde oder nicht?'

So hatte Sarana mir das Begräbnis beschrieben. Ich ging nicht hin, denn die Zeit für Meditation war zu kostbar, um jeden zweiten Tag oder so ausserhalb des Meditationsgeländes zu verbringen. Die Zeit verging wie im Fluge, und das Festhalten an Idealen und Trieben war noch weit davon entfernt, überwunden zu werden. Ich erinnerte mich an die Stimulation in Maha Bodhi durch erfahrene Meditierende bei der zweiten Zeremonie der Initiation, und nach drei Tagen völligen Schweigens entschied ich mich, zu der abendlichen Gruppenmeditation hier zu gehen. Um sechs Uhr abends, Zeit der Mücken, ging ich mit einem leichten Mantel und einem weichen Handtuch, das zu warm war, hinüber und setzte mich mit den anderen vor den Schrein. Aber bevor noch die Ausrufung Liebender Güte ganz zu Ende war, begann ein Hundekampf und dauerte, mal mehr, mal weniger, die vollen zwei Stunden. Ich vermutete, dass ein männlicher Eindringling die Herrschaft des Königs über den Harem bei der Pagode herausforderte, und während die Meditation des Abtes über Liebende Güte vielleicht Bomben daran gehindert hätte zu fallen, war sie doch machtlos gegenüber dem Hass der beiden Tiere gegeneinander. Eine der Nonnen, die im Hin - und - Her -

Gehen meditierte, warf etwas auf die sich bekämpfenden Hunde, aber ohne dauerhaften Erfolg. Ich hielt die zwei Stunden durch, aber es war eine harte Probe, keine Stimulation. Als wir zurückkehrten umfing uns wieder der Frieden des Meditationsgeländes und begrüsste uns. Ich stellte fest, dass die Lehre mich nicht dazu ausersehen hatte, Beistand durch die Gruppenmeditation zu bekommen.

Es war Heiligabend. Auch nach drei Wochen hatte ich die Lektion von Mohnyin noch nicht gelernt. Dann klarte es plötzlich auf, das Problem löste sich von selbst, wie es Probleme immer tun, wenn, wie Jung sagte, 'wir das einfache Wachstum psychischer Prozesse in Ruhe lassen' und unseren Eigensinn aufgeben.

Ich verstand, dass die Anbetung der Mönche wesentlich für das burmesische Lebensmuster war, und es abzuschaffen die Moral der Menschen zerstören und ihr Glück und ihre Zufriedenheit beenden würde. Das kleine Kloster im Dorf mit drei oder vier Mönchen ist das Zentrum des dörflichen Lebens, die Mönche zu verehren und ihnen zu dienen der grösste Segen; 'die gelbe Robe anzusehen heisst, sich gut zu fühlen, so dass man weniger Schlechtes tut. Entfernt die gelbe Robe, dann hätten die Menschen nichts mehr, zu dem man aufsehen könnte, nichts, sie daran zu erinnern, dass da noch etwas anderes ist, als Reis und Baumwolle anzupflanzen. Und das wahre Burma sind nicht die Städte wie Rangun und Mandalay, es sind die tausende kleiner Dörfer. Mal auch angenommen, dass ein wohlmeinender Reformer darauf bestehen würde, dass einiges von den grossen Spenden an die Pagode den Nonnen gegeben würde, um Nahrungsmittel, Seife oder

Kerzen zu kaufen, um ihnen dadurch zu ersparen, zweimal im Jahr lange Strecken zu ihren Dörfern zurücklegen zu müssen, um solche Dinge zu bekommen. Die Nonnen wären die ersten sich zu beklagen, denn man verwehrte ihnen den immateriellen Verdienst, Mönchen dienen zu dürfen. Die grösste Freude der Burmesen ist zu geben, und am allerbesten ist es, den Mönchen zu geben.

Das alles ist höchst unlogisch. Aber es geht. Und Logik regiert weder Männer noch Frauen.

Und dann fing ich an, die Mönche zu bedauern. Wahrlich, sie haben ihre Anerkennung. 'Gewinne und Wohltaten', eine immer wiederkehrende Phrase in den Übersetzungen der Pali - Texte, machen es einem Menschen schwer, im Herzen bescheiden und klein zu sein, schwierig, in der täglichen Erfahrung herauszufinden, dass man kein Selbst hat, schwierig, das Selbst zu leugnen Anatta, die Selbstlosigkeit, zu finden, und ohne das alles aktuell zu erfahren, kann er den das Verstehen übersteigenden Frieden nicht finden, den Frieden von 'Nirvana', wo alle Gedanken von 'ich', und 'mein' sich aufgelöst haben.

Und dann brachte eine kleine Novizin eine gemischte Pilgergruppe direkt in den verbotenen Meditationsgrund, um das weisse Tier zu sehen. Sie klammerten sich an die senkrechten Pfeiler meiner Hütte geradeso, wie Kinder sich an Affenkäfige klammern!

Nachdem ich die Lehre von Mohnyin gemeistert hatte, und nach diesem kleinen Zwischenfall kamen die physischen Symptome, die ich in Naha Bodhi hatte zurück, und das war zufriedenstellend, wenn auch unbequem.

Kapitel 9

DORFBEWOHNER UND MEDITIERENDE VON MOHNYIN

Es war am Weihnachtstag. Ich sagte Sarana, dass ich auf eine richtig grosse Expedition gehen würde - zum Bahnhof und ins Dorf, ungefähr 2 km weg. Sie wollte nicht zulassen, dass ich allein gehe. Daw Nyunt hatte ihr gesagt, dass sie mich nie ohne Begleitung aus dem Gelände des Zentrums raus lassen dürfe. Da gab es Hunde und zweifelhafte Gesellen und immer auch Leute, die noch nie einen Menschen mit weisser Haut gesehen hatten. Nach all meinen Abenteuern und einem insgesamt abenteuerlichen Leben entwickelte ich beinah wieder berechtigte Empörung. Allerdings würde Sarana ja Weihnachten mit mir feiern. Sie hatte eine christliche Schule besucht und wusste alles über Nüsse, Rosinen und dergleichen mehr. Also füllte sie einen Korb mit dem, was Nüssen und Rosinen am nächsten kam, und Einda kam auch mit.

Auf dem staubigen Weg zum Bahnhof überquerten wir eine höchst zweifelhafte Brücke; sie schien aus Petroleumfässern gebaut, Unterseite abgeschnitten und auf der Oberseite etwas Erde, und völlig unfähig, einen Bus voll mit Pilgern zu tragen. Auch andere Leute dachten so, und zwei Männer, einer mit einer Sammelbüchse und einer grossen Glocke und der andere in einem Liegestuhl mit einem Registrierbuch sprachen alle an, die da kamen. Ich warf einen Viertel Kyat in die Büchse, - um photographiert zu werden, wie ich gestehe, nicht für den guten Zweck. Bald danach kam eine Nonne mit einem Tablett auf dem

Kopf, die Almosen sammelte. Um dem Sprichwort 'kleiner Verdienst durch die Spende an eine Nonne' Rechnung zu tragen, gab ich ihr einen ganzen Kyat. Der Sammler für die Brücke war zornig – für ihn ein Viertel und einen ganzen gerade mal für eine Nonne! Als ich später in einem Jeep die Brücke überquerte, fühlte ich mich ziemlich schuldig, denn wenn die Brücke unter der Last zusammenbräche, wäre ich zum Teil mit dafür verantwortlich.

Der dahinter liegende Bahnhof bestand aus offenem Gitterwerk mit einem Fenster für den Fahrkartenverkauf und überhaupt keinem Bahnsteig. Wir assen unsere Weihnachtsleckereien im Schatten der weissen Dorfpagode und gingen dann den engen Weg zwischen hohen Wällen zum eigentlichen Dorf hinunter, wo Frauen riesige Cheroots, burmesische Zigarren, rauchten und auf ihrem Kopf Körbe trugen. Eine von ihnen entfernte den Samen aus der Baumwolle und wies darauf hin, dass ihr eigener Longyi (burmesischer Wickelrock für Männer und Frauen) aus selbst gesponnener Baumwolle bestand. Das war ein Anblick, der Gandhis Herz erfreut hätte, denn es zeigte, dass die dörfliche Industrie noch lebendig war. Dann gingen wir zum Kloster direkt am Rande des Dorfs, wo Sarana pflichtgemäss den vier Mönchen in orange farbigen Roben 'Respekt bezeugte' mit ihrem Gesicht buchstäblich im Staub. Auch waren da einige kleine Jungen in der orange farbigen Robe, die an diesem Abend mit der erforderlichen Zeremonie geweiht würden. Die Robe eines der kleinen Gesellen schleifte ziemlich traurig am Boden. 'Erst gestern Abend hat er sie angelegt', sagte seine stolze Mutter und füllte die grosse schwarze Schüssel mit Essen; 'er ist noch nicht daran gewöhnt.' Ein Mann mit einem feinen, intelligenten Gesicht, dem aber zwei Zähne fehlten, organisierte die Fotografie und fand sogar einen dunklen Platz, wo er den Film wechseln konnte. Die Kühe sahen auch schön aus, wohl genährt und gut versorgt, aber ihre Milch ist nicht ein so allgemeines Nahrungsmittel wie in Indien. Nur Kinder bekommen sie.

Auf dem Rückweg sahen wir die rosarote Nonnen - Arbeitskolonne, die den Urwald hinter den Mauern bekämpfte, ein Anblick, der noch ein paar Tage zuvor berechtigte Empörung ausgelöst hätte, führte nun nur zu einem etwas schnelleren Schritt über das Tabakfeld, um einen guten Platz für ein Foto zu finden.

Es waren voll gefüllte eineinhalb Stunden sinnlicher Vergnügen und der Weihnachtstag also sehr glücklich. Aber einige Tage später, als wir Briefmarken kaufen wollten und das nicht ging, weil es Sonntag war, da fanden wir heraus, dass es doch nicht der Weihnachtstag war, sondern Heiliger Abend. Also wurde der Weihnachtstag meditierend verbracht, wie es für den Weihnachtstag auch richtig war, und die einzige andere weibliche Yogi und ich hatten das ganze Meditationsgelände für uns.

Anscheinend wusste niemand, wie diese Yogi Einkauf und Kochen zustande brachte, denn sie hatte für drei Monate ein Schweigegelübde abgelegt und verliess das Gelände nie. Wenn die ersten Sonnenstrahlen durch die schattenspendenden Bäume lugten, kauerte sie an einem warmen Plätzchen mit einem gestreiften Schal um die Schultern und sah genau wie ein kleiner Zwerg aus. Sie badete immer, wenn niemand herum da war und war strikt nur mit sich allein, aber als sie zufällig hörte, dass

Einda Sarana mitteilte, dass ihre Seife zu Ende war, ging sie zu ihrer Hütte, kam aber schnell zurück und bot schweigend ein Stück Seife an – 'in der Welt' handelte sie mit Seife, wie man mir sagte. Bevor ich Mohnyin verliess, gab sie mir einige Früchte und ein paar Tage später ich ihr eins der Taschentücher. Sie lächelte dankbar und 'bezeugte mir, als der Älteren, Respekt'. Ihr Gesicht, obwohl noch so jung, trug den Ausdruck grosser Ruhe und inneren Friedens.

Sie, Sarana und ich waren die einzigen, die dauerhaft auf dem Meditationsgelände wohnten, aber verschiedene Nonnen übernachteten hin und wieder hier. Auch 'Nats', Naturgeister, gab es. Einige von ihnen, so erfuhr ich, waren sogar Sotapannas, oder Heilige ersten Grades, und ihre Gegenwart unterstützte die menschlichen Meditierenden. Manchmal wurden Kerzen angezündet, um ihr Wohlwollen und ihre Hilfe zu erlangen. Nachdem ich von den Nats gehört hatte, fragte ich bewusst jeden, mit dem ich mich unterhielt, ob er oder sie einen Nat gesehen hätten, oder ob ihnen ihre Anwesenheit wenigstens bekannt war. Nicht einer bejahte es. Ich fand das höchst erstaunlich, denn obwohl ich selbst nie solch ein Wesen gesehen hatte, vermutete ich ihre Gegenwart doch immer wieder einmal. Als ich allein auf den Norfolk Inseln kampierte, der grausamsten aller grausamen Niederlassungen Verurteilter, standen mir ohne erkennbaren Grund vor Terror die Haare zu Berge, als ich einmal nachts den Urwald betrat, und ähnlich hatte ich beim Durchqueren einer Lichtung im Unterholz ein plötzliches Gefühl unerklärlichen Glücks und grosser Freude. Darüber hinaus traf ich zweimal Menschen, an deren Wahrhaftigkeit kein Zweifel bestand, die mir unter dem Siegel der Verschwiegenheit – sie wollten sich nicht lächerlich machen - erklärten, dass sie tatsächlich solche Naturgeister gesehen hätten. Entgegen dem Fakt, dass ich keinerlei Beweis für die Existenz von Nats in Birma gefunden hatte, zweifelte niemand daran, dass es sie gibt, und wahrscheinlich besass jeder Schreine für die Nats in seinem Haus und zündete Kerzen für sie an.

Am Ende unseres Besuchs kam eine junge Nonne für einen Monat Meditation auf den Meditationsgrund, aber natürlich musste sie die üblichen Arbeiten zwischen 3.30 und 10.30 am Morgen verrichten. Sie gab mir eine Banane. Sarana meinte, dieses Geschenk hätte nicht mehr Wert als eine ähnliche Gabe im Westen. Aber Sarana täuschte sich. Als nächstes gab mir die Nonne ein süsses Weisswurzel - Salatgemüse und dann auch ein Taschentuch. Als sie das brachte, versuchte sie mir in mehr als schlechtem Englisch zu sagen, dass sie mich sehr gern hatte und dringend Englisch lernen wollte. Ich besprach mich mit Sarana, um herauszufinden, ob es eine Möglichkeit gab, ihr eine Arbeit in der Römisch – Katholischen Schule, in der Sarana und ihre Schwester unterrichteten, zu verschaffen, stellten aber fest, dass das nicht möglich war, und dass sie keinesfalls Englisch lernen könnte, es sei denn, sie legte die Robe ab und kehrte in 'die Niederungen der Welt' zurück. Wir arrangierten eine Zusammenkunft und berichteten ihr von diesem Resultat unserer Bemühungen. Sie war traurig. Sie hatte Sarana und mich beobachtet, und alles schien so einfach. Was sie nicht wusste war, dass Sarana während ihrer gesamten Schulzeit Englisch gelernt und danach ausserdem in einer Telefonvermittlung gearbeitet hatte.

Arme Kleine! Nachdem wir schliesslich abgefahren waren, stellte ich fest, dass ich sie nicht nochmal aufgesucht hatte, um mich zu verabschieden. Das habe ich seitdem immer bereut.

In einer Bemühung herauszufinden, was bezüglich Mohnyin Tatsache und was Einbildung war, vereinbarte Sarana ein Gespräch mit zwei älteren Nonnen, Verwandten von Daw Nyunt. Ihr zweigeschossiges Bambushaus lag etwas entfernt in einer anderen Strasse als die nahe der Pagode. Alles war extrem sauber und aufgeräumt und nirgendwo ein Anzeichen von störenden Blättern. Da standen sorgfältig aufgeschichtete Stapel von Holz zum Heizen aussen neben dem Kücheneingang an jedem Haus, und es herrschte allgemein ein Atmosphäre von Einfachheit und dennoch Fülle. Die beiden Damen, fünfundsechzig und zweiundsechzig Jahre alt, trugen die dunkelrote Robe und zeigten damit, dass sie die zehn Verpflichtungen der Mönche akzeptiert hatten, einschliesslich der, die das Berühren von Geld, Gold oder Silber untersagt. Das dunkle Rot war die Farbe von Mohnyin; die Roben wurden nicht mit synthetischen Mitteln gefärbt, sondern mit echter Baumrinde, und die Farbe war in Einklang mit der Einsiedelei im Wald, obwohl tatsächlich kein Wald in der Nähe war, aber vielleicht gab es ja früher mal einen. Man sagte auch, dass das Dunkelrot geeigneter war als das Blütenrosa, denn es zeigte nicht jeden Fleck; in den Anfängen von Mohnyin trugen es alle – was ziemlich unbequem gewesen sein muss. Wer nahm denn die Gaben von Geld in Empfang? Oder gab es damals nicht - geweihte weibliche Yogis, die mit Gold und Silber umgehen durften?

Es bestand definitiv kein Zwang, an den 2 – Stunden - Predigten teilzunehmen; die Nonnen durften während dieser Zeit in ihren Unterkünften bleiben. Darüber hinaus war es möglich, von dem Aufsicht führenden Mönch die Erlaubnis zu bekommen, ein Gelübde über zehn bis fünfzehn Tage Schweigen abzulegen, diese in einer Hütte zu verbringen und während dieser Zeit von allen Arbeiten befreit zu sein, denn die Nonnen mit der dunkelroten Robe taten ihre Arbeit wie alle anderen auch. Die zwei oben erwähnten älteren Nonnen waren verantwortlich für die Gesundheit in der Gemeinde und pflegten die Kranken, wobei ihnen sechs jüngere Nonnen zur Seite standen. Ausserdem halfen sie dabei, nach den Pilgern zu sehen und für sie zu kochen, die eingeschlossen, die ihnen von der Verwaltung geschickt wurden; im Erdgeschoss ihres Hauses befand sich ein Raum, in dem 5 der üblichen grossen hölzernen Plattformen mit vier Pfosten standen, mit Matten aus Bambus ausgelegt und bereit für besuchende Pilgerinnen, darauf zu schlafen. Auch ein Tisch und einige Stühle waren da, und männliche Pilger konnten zum Essen zu ihnen geschickt werden, zum Schlafen mussten sie aber in ein Kloster oder das Gelände für Meditation der Männer gehen. Im Hintergrund des Raumes kam man über eine Stufe in die Küche mit dem etwas erhöhten Feuerplatz, um die alt gewordenen Knie zu schonen. Alles war äusserst sauber, Nahrungsmittel in Drahtkörben und Behältern aus Steingut, und Teller und Tassen auf einem Regal.

Diese Frauen kamen aus einer guten Familie, die sie unterstützte, indem sie ihnen alles lieferte, was sie brauchten, wie Nahrung und Roben, und die ihnen vermutlich auch das Haus gebaut hatte. 'Aber wenn nun eine Nonne keine solche Familie hatte, die sie unterstützte, was dann?' fragte ich. Dann musste sie zweimal im Jahr zur Erntezeit in ihr Dorf gehen, um so viel Nahrungsmittel wie möglich zu bekommen und auch Baumwollmaterial, das sie für Kerzen, Streichhölzer und anderes eintauschen konnte. Von den Nahrungsmitteln, die die Nonnen bekamen, entweder von ihren Familien oder durch die Besuche in ihrem Dorf zweimal im Jahr, mussten sie auch den Mönchen einen Beitrag geben, aber das war ein grosses Privileg, und ein bisschen von jeder Nonne keine grosse Härte. Natürlich gingen die jüngeren Mönche ins Dorf, um für ihr Essen zu bitten, und die Nonnen meinten, dass so mehr an Nahrung da war, als benötigt wurde, so dass einiges an alte Männer, alte Nonnen und Invalide gegeben wurde. Das mag so gewesen sein, aber doch bleibt es eine Tatsache, dass es nicht genug war, um manchen Nonnen den Weg ins Dorf zu ersparen, aber diese Ungerechtigkeit würde die nicht treffen, die sich zweimal im Jahr auf den Weg machten. Für Menschen aus dem Westen ist es schwer, das Privileg des Gebens zu würdigen, besonders das an Mönche, aber es gehört in Burma fundamental zu der Sicht auf das Leben.

Kochen erschien mir immer eine höchst unangenehme und die am wenigsten gewinnbringende Beschäftigung, aber die älteste Nonne, verantwortlich für die Verköstigung der Mönche, fühlte sich vermutlich sehr privilegiert. Alle halfen zusammen, Nahrung für Mönche zur Verfügung zu stellen, aber wenn eine Nonne arm war, bestand ihr Beitrag vielleicht nur aus einer Schüssel Bohnen, dem arme-Leute-Essen, und um sicher zu sein, dass deshalb Mönche nicht leiden mussten, steuerte ohne Zweifel gerade diese Nonne ein richtig gutes Gericht bei, Fisch oder Geflügel. Jedoch spendeten reiche Gönner gewöhnlich Reis und die Bestandteile eines wirklich schmackhaften Essens, Süssigkeiten und Früchte zum Nachtisch kamen von diesen Spendern und auch den Pilgern.

Wie immer wenig attraktiv das Leben dieser Nonnen als Dienerinnen dem Menschen aus dem Westen scheinen mag, hier gab es ihrer hundertfünfzig, und alle waren vollkommen frei, jederzeit zu gehen, wenn sie das wünschten, sie mussten es bloss dem Aufsicht führenden Mönch melden. Auch konnten sie zeitweise den Aufenthalt dort verlassen, für kurze Zeit genügte die Erlaubnis der Oberin, für länger die von der Verwaltung. Wenn man in einer Gemeinschaft lebt, muss es Regeln geben, und die Regeln von Mohnyin in diesem Bereich waren völlig einleuchtend - so lange man die Mönche als Herren akzeptierte. Ausserdem war der Abt offensichtlich sehr beliebt, und so ein Glück, ihm zu gehorchen. Sein Porträt hing neben dem Buddha Schrein im obersten Geschoss, das man über eine steile, schmale Treppe erreichte, wo selbst kleine Personen leicht ihren Kopf anstossen konnten! In diesem Obergeschoss lebten, schliefen, meditierten die Nonnen, und dort bewahrten sie ihre Habseligkeiten auf. Voller Liebe gaben sie uns Fotos vom Abt mit auf den Weg.

Es war ein Zentrum der Liebenden Güte, und überall herrschte eine Atmosphäre des guten Willens. 'Aber gibt es wirklich nie Streitereien zwischen den jüngeren Nonnen?' fragte ich. 'Nein, nie! Beim leisesten Verdacht von Zwietracht schreiten die älteren Nonnen ein und vermitteln.' 'Arbeitet jeder in perfekter Harmonie und werden die Regeln nie verletzt?' 'Nun ja, meistens, aber manchmal muss auch eine Strafe verhängt werden. Die Missetäterin würde die riesigen Wassertöpfe auffüllen müssen, oder, wenn sie voll waren, den Bodhi Baum giessen, und, während sie das tat, der älteren Nonne erklären, warum es ihr auferlegt worden war.' Was würde wohl geschehen, fragte ich mich, wenn die Nonne, die sich nicht richtig verhalten hatte, alt, oder klein oder schwach war? Aber solche Nonnen würden vermutlich nie gegen die Regeln verstossen.

Die Unterkünfte der Nonnen befanden sich in ausgezeichnetem Zustand. Wie war das möglich? Wurden Reparaturen aus den reichlich gegebenen Spenden an die Pagoden getragen? Oh, meine Lieben, nein! Wenn das Haus von einem Sponsor gebaut wurde, würde es der oder die zu Lebzeiten in Ordnung halten, oder, wenn die Nonne selbst die Mittel hatte, würde sie das tun, wie unsere Gastgeberin, die einen sicheren Zaun gegen Hunde um ihr Haus errichten liess. Wenn keine dieser Möglichkeiten zur Verfügung stand, konnte die Nonne ein Gesuch bei der Verwaltung einreichen, um Geld vom Fond für Allgemeine Instandhaltung zu bekommen, in den gewöhnlich jede Nonne jährlich 5 Kyat einzahlte.

Das Zuhause der Nonnen war braun, fleckenlos sauber, total einfach und hatte doch alles, was man brauchte. Sie selbst waren einfach, reinen Geistes und tief religiös, die ihren Glauben lebten, ungestört von Problemen, die uns Intellektuelle beunruhigen. 'Vielleicht sind es Heilige, 'arahats'?' fragte ich Sarana. 'Schon möglich, wer weiss?' war ihre Antwort. Sie gaben uns einen Einblick in das Leben eines Frauen - Klosters, von dem vermutlich niemand ausserhalb Burmas eine Ahnung hat. Aber man muss nicht denken, dass es da eine Gleichförmigkeit dieser Klöster gab, wie es bei Klöstern für Mönche der Fall war. Was das anbetrifft, so musste ein fünfzehn tägiges Noviziat abgelegt werden, und sollte eine Frau verheiratet oder geschieden sein, so fanden sehr genaue Nachforschungen statt, um sicher zu stellen, dass Mann und Kinder ihr Einverständnis gegeben hatten. Am Tag ihrer Ordination reichten Verwandte den Mönchen und vier älteren Nonnen Essen. Ein Mönch verlas die Regeln und machte deutlich, dass es ein schweres Leben war, das sie nun begann. An einigen Zentren wurde kein Noviziat verlangt, aber andere erwarteten, dass die Einlass Suchende vor der Ordination manchmal eine längere, aber auch eine kürzere Periode in gewöhnlicher Kleidung im Kloster lebte. Das Zentrum, das wir in Rangun besucht hatten, wie auch einige andere, bestand auf Jungfräulichkeit. Aber überall waren Nonnen wie Mönche frei, die Robe abzulegen und in die Welt zurück zu kehren. Dessen ungeachtet machten weniger Nonnen davon Gebrauch als Mönche. Ich jedenfalls hörte nie von einer Nonne, die ihre Robe abgelegt hatte.

Kurz nach diesem Interview nahm ich teil an der zweimal im Monat stattfindenden Predigt des Abtes, Sayadaw Agga Maha Pandita. Des letzte Mal war es an Vollmond, diesmal an Neumond. Eine Stunde vor Sonnenuntergang wurde er in einem Rollstuhl in die Gemeinschaftshalle gefahren, und zwei Laien Yogis, die die russisch-roten dunkelroten Meditationsschals trugen, halfen ihm in seinen Sitz. Er, zehn Mönche und ein jugendlicher Novize nahmen den vorderen Teil der Halle ein und etwa hundert Nonnen und einige wenige weibliche Laien den hinteren. Sarana und ich kamen ziemlich spät, denn ich hatte mich in der Zeit geirrt, und so war der hintere Teil des Saales bereits voll besetzt. Ich wusste nicht, was Sarana da bewegte, aber ich wurde nach vorn geschoben in die erste Reihe der Nonnen, so dass ich einen Logenplatz hatte und die Vorgänge genau beobachten konnte. Die Mönche sassen auf Matten, aber dem kleinen Novizen blieb nur der Fussboden wie all den anderen auch. Einer der Mönche drehte sich um und machte in einem ziemlich rauen Ton (dabei muss man bedenken, dass burmesische Stimmen selten sanft und freundlich waren) die ihm am nächsten sitzende Nonne auf dieses Problem des Novizen aufmerksam. Sofort bot sie dem Jungen ihren Baumwollschal an, auf dem er sitzen konnte - so dass sie Verdienst erwarb und sich vermutlich schalt, weil sie nicht von selbst daran gedachte hatte.

Die Mönche und die wenigen Laien, die die Eingänge besetzten, sassen auf ihren Schenkeln; die Frauen beugten die Füsse seitwärts, und alle hielten ihre Hände zum Gebet. Das Ganze begann mit dem Aufsagen der 227 Vinaya Regeln auf Pali von einem der Mönche, die das umfassen, was für ein gutes Verhalten der Mönche in der Welt als notwendig erachtet wurde, vom Verbot zu töten bis dazu, nicht auf Sofas zu ruhen mit roten Kissen an beiden Enden. Der Mönch, der das rezitierte, musste mehrmals während der dreiviertel Stunde, die das dauerte, zur Eile gemahnt werden. Ich hatte viel Zeit, um die Szene zu beobachten. An der Vorderseite der Halle waren zwei grosse Buddha - Statuen, je auf einem goldenen Thron und mit farbigem Glas geschmückt. Eine Reihe Kerzen davor wetteiferten mit dem vielen Gold und Silber, den künstlichen Blumen und glänzend geschmückten Baldachinen, alles zu Ehren des

Gesegneten, während ein wunderbarer Pfauenteppich in der Mitte der Decke herab hing mit einer fluoreszierenden Leiste in der Nähe, die erleuchtet wurde, wenn die Kerzen nieder gebrannt waren. Auch in den Nischen an der Seite standen Buddha Statuen, eine davon trug ein 'A' in Ornamenten, ähnlich dem auf der Veranda einer Hütte in unserer Nähe auf dem Gelände; Sarana meinte, das habe keine geheiligte Bedeutung. Die Buddha Statue mir gegenüber schien ein amüsiertes Lächeln auf seinen Lippen zu haben. Er und ich verstanden einander. 'Nutzlose Wiederholungen!' Fast hörte ich ihn sagen 'Regeln und Vorschriften sind falsche Lehren. Sie tauchen auf, wenn das wahre Unterrichten anfängt zu verschwinden.' (vergl. 'Kindred Sayings', II S. 131, Verwandte Sprüche) 'Wenn diese Regeln ihnen helfen, eine Gemeinschaft zu führen, in der Frieden und Eintracht herrschen, dann lasst die Regeln bestehen'. Die Vorgänge, deren Zeuge ich wurde, waren meinen intellektuellen Überzeugungen und meiner Erziehung völlig fremd, und doch fühlte ich mich ganz seltsam zu Hause.

Um halb sechs am Nachmittag endete die Rezitation. Der Abt Agga Maha Pandita wurde von Laien Yogis in einen Sessel gehoben, jeder 'bezeugte Respekt', die Mönche atmeten auf, wie auch alle anderen, Laien, die auserhalb der Halle gewartet hatten, drängten sich hinein, und wir alle wendeten uns dem Prediger zu. Es gab weder Anlass noch Platz für mich, um mich zu bewegen, so hielt ich gehorsam meine Hände zum Gebet, und wenn die Beine steif wurden, meditierte ich über phyit-pyet, Kommen und Gehen, und der Schmerz verschwand. Ich dachte, das war für jemand aus dem Westen nicht so schlecht, denn der Abt sprach eine Stunde lang. Seine Lippen waren so dünn wie bei einem Europäer und seine Stimme ebenso voller Kraft, und das trotz seines hohen Alters und seiner Gebrechlichkeit. Er schien in bester Stimmung und zeigte, so dachte ich, sogar einen Sinn für Humor. Sarana erzählte mir später, dass er über alltägliche Dinge gesprochen hatte, wie der Notwendigkeit für Frieden und Eintracht und über die Praxis der Meditation. Den Nonnen wendete er sich mit herzlichem Ausdruck zu, und ich bekam den Eindruck, dass er seine Nonnen fast lieber hatte als die Brüder Mönche - so, wie ein Gutsherr vielleicht seinen Hunden mehr zugetan war als seinen menschlichen Verwandten!

Nach dem Ende der Predigt bekamen die Mönche Flaschen mit Fruchtsaft, und die Laien Yogis das, was übrig war. Der Abt wandte sich mir zu und fragte, ob ich Frieden gefunden hätte. Ich wurde mehr in seine Nähe geschoben, während er noch einige Fragen stellte, bevor ihm abschliessend in seinen Rollstuhl geholfen wurde.

Als wir die Halle verliessen, gab eine junge Novizin mit strahlenden Augen mir und Sarana unsere Sandalen. Ich hatte während der Vorgänge in der Halle schon ihr schmales, intelligentes Gesicht beobachtet und fühlte mich traurig bei dem Gedanken, dass ihre feine Intelligenz niemals etwas anderes kennen würde als die Lehre, Abhidhamma. Die Mädchen hatten nur zwei Stunden täglich Unterricht, denn das hier war kein Zentrum zum Lernen. Ihnen wurde Lesen und Schreiben auf Burmesisch beigebracht, danach lernten sie verschiedene Sutras in Pali auswendig und später, sie zu übersetzen. Die Lehre Abhidhamma und Pali Grammatik kamen zuletzt. Sogar Sarana schien zu denken, dass mit Pali irgendein besonderer Zauber verbunden war. Die meisten der kleinen Mädchen würden ein Leben lang hier bleiben, obwohl es ihnen völlig freigestellt war zu gehen. Es war seltsam, die Mönche und Nonnen hier herum zu sehen, mit denen ich mich hinsichtlich tiefster Dinge sehr verbunden fühlte, und doch zu wissen, dass abgesehen von ihrer begrenzten Bekanntschaft mit einigen Pali Texten wir keinerlei Wissen teilten. Vermutlich sahen sie es als sicher an, dass die Sonne die Erde umkreiste, und das auch nur, wenn solche weltlichen Überlegungen ihnen jemals in den Kopf kamen. Wie lange würden sie wohl solcherart von der Welt abgeschnitten sein, wie lange in ihrem idyllischen Frieden, der Einfachheit und doch Fülle ruhen können? Drohte auch ihnen das Schicksal von Tibet?

Auf meine Bitte hin hatte Sarana ein Interview mit einem der älteren Mönche arrangiert. Sie wählte einen, der in Rangun gewesen war und daher vielleicht einige Bruchstücke weltlichen Wissens neben dem von heiligen Dingen hatte. Als wir eintrafen, sass er auf einem niedrigen Armsessel mit den Füssen auf dem Fussboden, aber halb durch das Interview steckte er sie unter sich - aber warum sollte er sich nicht gut fühlen, so lange er über den Zuhörern sass? Ich verstand schliesslich, ich hatte dasselbe getan. Um burmesische Mönche zu verstehen musst du selbst ein Mönch werden - nicht buchstäblich, wie es einige Menschen aus dem Westen tun, indem sie für ein paar Monate oder auch Jahre die gelbe Robe anlegen, sondern indem man sich selbst in in den Kopf von dem oder jenem mit einer gelben Robe versetzte, und das war es, was ich versuchte, als meine Fragen, übersetzt von Sarana, ihn erreichten, und er antwortete.

Zu seinen Füssen sass ein Laien Yogi mit dem dunkelroten Meditationsschal. Er glich einem treuen Wachhund, der seinen Herrn beschützte, und das war tatsächlich seine Rolle, die von den Vinaya - Regeln gefordert wurde, wann immer ein Mönch mit einer oder mehreren Frauen sprach. Ich erinnerte mich mit Schrecken an ein Interview mit einem Mönch in Sydney, bei dem die Gastgeberin, nachdem sie mich zu ihm gebracht hatte, hinaus ging und die Tür hinter sich schloss, so dass wir ganz allein waren! Was würde dieser Mönch in Dunkelrot da gedacht haben?

Der Mönch sagte uns, da das hier ein Zentrum für Meditation war, meditierten die Mönche unablässig, wenn sie nicht gerade assen, schliefen oder eine Unterweisung in die Lehre gaben. Jeder Mönch konnte zu ihnen kommen, musste aber Pali und die Vinaya Regeln vorab kennen, denn da es keine Gemeinde zum Lernen war, konnte man das nicht, wie sonst üblich, hier im Nachhinein lernen. Aus demselben Grund hatten sie keine Knaben - Novizen, der Bub, der am Abend zuvor auf dem Schal der Nonne sass, war ein Besucher. Ausserdem, junge Novizen würden in ihren Spielen herum rennen und laut sein. Die übliche Arbeit, die junge Novizen verrichteten, wie Kochen für Besucher und nach dem Wohl der Mönche sehen, das taten hier Nonnen und männliche Yogis. Es gab fünfzehn Laien Yogis, um nach zehn Mönchen zu sehen, und wenn ihre Dienste nicht beansprucht wurden, meditierten auch sie. Ihr Arbeit war ehrenamtlich, unbezahlt und nur, um Verdienst zu erwerben - vermutlich kannten sie kein Pali, sonst wären sie Mönche geworden. Geld, das die Mönche erhielten, wurde von diesen Yogis entgegengenommen. Aber Geschenke, die nicht Geld waren, ausser sie waren aus Gold oder Silber hergestellt, durften Mönche selbst annehmen, sogar ganz persönliche Gaben, wie eine Uhr (ich nehme mal an, eine Uhr aus Platin wäre kein Tabu!). Ornamente für Altäre und Schreine durften die Mönche auch entgegennehmen, vorausgesetzt, sie waren nicht aus Gold oder Silber. Geld, das der Mönch nicht für sich selbst benötigte, konnte auf seine Anweisung hin an einen anderen gegeben werden.

Obwohl die Mönche so unablässig meditierten, hatte der Mönch doch noch nie von einem gehört, der übernatürliche Kräfte erlangt hatte, obwohl Meditation zweifellos zu solchen Kräften führen konnte, sogar die hier geübte Vipassana Meditation, die auf Einsicht gerichtet ist, nicht auf Wunder.

Ich brachte dann die Sprache auf den bewaffneten Posten am Eingang. Warum brauchte ein Zentrum der Liebenden Güte bewaffnete Bewachung? Er wurde nicht gebraucht. Weder die Pagode noch die Mönche (die Nonnen erwähnte er nicht) benötigten irgendeinen Schutz. Sie selbst fürchteten nichts. Die Regierung hatte den bewaffneten Posten eingerichtet, um Pilger zu schützen, die oft mit Geld und Schmuck kamen. Die Mönche waren nicht verantwortlich für das, was die Regierung tat. Und was die Liebende Güte hinsichtlich Hunden anging, ja natürlich, sie hatten Liebende Güte für alle fühlenden Wesen; Eltern hatten sie für ihre Kinder, aber das hielt sie nicht davon ab, sie zu schlagen, wenn sie sich falsch benahmen, und Liebende Güte für Hunde hielt dich nicht davon ab, sie zu schlagen. Ich war versucht einzuwenden, dass, wenn Eltern ihre Kinder hungern liessen und sie schlugen, weil sie Nahrungsmittel stahlen, wäre das vermutlich ein Fall für das Gericht. Aber ich war hier, um die Ansicht des Mönches zu verstehen, nicht meine eigene vorzubringen.

Es dämmerte und so war es nicht leicht, sich Notizen zu machen. Weder ein niedriger Tisch noch Kerzen wurden hier oder anderswo zur Verfügung gestellt; ich war hier kein geehrter Gast, sondern nur ein Frau. So fand ich es schwierig mitzubekommen, was er nun über die Vipassana Technik sagte. Ich verstand, dass es keine Initiationszeremonie gab und auch keine individuelle Hilfe nach dem ersten Interview, allerdings war es möglich, einen Termin mit einem Mönch zu vereinbaren, wenn spezielle Schwierigkeiten auftraten. Yogis begannen mit der Meditation über Liebende Güte, um dann, wie in Maha Bodhi, bedachtsam zu phyit-pyet zu wechseln, in Körper und Geist ein unaufhörliches Kommen und Gehen zu sehen, nur mental und physisch, kein permanentes Sein, kein 'ich', kein 'mein', kein 'mir' und kein junges Mädchen, keine alte Frau ('und kein Mönch', fügte ich scherzhaft für mich hinzu), alle waren gleich, nur mental und physisch, nama rupa, alle dem Wandel unterworfen, Verfall, Tod und Wiedergeburt. Er hätte es gern gesehen, mich der üblichen Zwei - Stunden - Predigt auszusetzen, aber einem abstrusen Thema über einen Übersetzer zu folgen, wenn man keine Aufzeichnungen machen konnte, das war mir zu viel, und ich hatte keine Fragen mehr. Er dachte vermutlich, dass ich eine wertvolle Chance vergab, Befreiung zu finden. Widerwillig beendete er seinen Sermon und beantwortete meine letzten Fragen.

Würde ein gewöhnlicher Mönche irgendein Wissen ausserhalb der Pali - Schriften haben? Die Antwort war: 'Nein, es sei denn, er hatte eine öffentliche Schule besucht, oder war erst später in seinem Leben dem Orden beigetreten, oder er war in einem Buddhistischen Missions - Kolleg in Rangun gewesen.' Er hatte mir bereits mitgeteilt, dass keine Frau in der Gemeinde - Halle predigen durfte. Jetzt schoss ich meine letzte Frage los. Ich hatte einen langen Weg zurückgelegt, um diese Pagode zu besuchen. Niemand aus dem Westen war vorher hier. Meine Landsleute würden jubeln, wenn sie Bilder der Wunderwelt sehen könnten. Dürfte ich wohl die Wendeltreppe zur Spitze hinaufsteigen, um noch einige Bilder zu machen? Er versuchte dieser Frage auszuweichen. Niemand, weder Mann noch Frau, der ein unreines Herz hatte, durfte über heilige Reliquien steigen. Ich dachte, dass er zugab, dass neben Männern auch Frauen reine Herzen haben konnten, und dass vielleicht sogar das meine rein war, aber dann fiel er auf den Brauch in Burma zurück, der Frauen verbietet, sich über heilige Reliquien zu erheben, und das war 's dann!

Als wir weg gingen, fragte ich Sarana, ob sie gern ein Mönch wäre. Dieser Mönch, umgeben von allem, was er mochte und rundherum bedient - nein, aber ein Mönch, ja, denn dann könnte sie sich verabschieden und in den Wald gehen, um zu meditieren - wie es Nonnen zur Zeit Buddhas taten, hätte ich hinzugefügt. Aber das hätte so und so nicht der aktuellen Realität entsprochen, denn heute tun sie das nicht, obwohl sie weder Mitglied in einem Orden sind noch Regeln, die sie nicht wollen, unterliegen.

Lange Praxis als eine Rechtsanwältin, die sich in den Klienten hineinversetzt, um herauszufinden, was seine Anliegen sind und ihm zu helfen, schien hier fehlgeschlagen zu sein. Ich fühlte, dass ich nie in wirklichen Kontakt zu diesem Mönch gekommen war. Er war etwas Anderes, seiner eigenen Kompetenz und Autorität völlig sicher, so sicher, dass er nichts von diesem anstachelnden Egoismus hatte, der mit der Sicherheit, überlegen zu sein, kam, verbunden mit dem Wissen, dass andere sich nicht so sicher sind. Ich bin überzeugt, dass er gegen nichts und niemand etwas hatte. Wie konnte es auch anders sein, da doch alle seine Gedanken und die Predigt aller zehn Tage auf Gutes gerichtet waren. Er war seiner selbst vollkommen sicher, total sicher, dass er buchstabengetreu das Gesetz der heiligen Schriften umsetzte, und dass andere in ihm den sahen, der ihnen überlegen war. Glichen Schreiberlinge und Pharisäer ihm? Konnte es sein, dass all das Harte, was in den Evangelien über sie gesagt wird, uns blind macht gegen die Möglichkeit, dass auch sie gute und freundliche Leute sind, wenn niemand sie daran hindert? Aber eine Sünde gegen den Heiligen Geist, die eine tödliche Sünde des Egoismus, kann nicht vergeben werden, das ist das Versagen, in tatsächlicher Erfahrung zu erkennen, dass wir ohne Selbst sind, und damit niemandem überlegen. Solche Mönche erhalten Bewunderung, Dienste und Gehorsam hier auf Erden und wahrhaftig, sie verdienen es. Und dann dachte ich wieder an diese bescheidenen, tief gläubigen Damen in ihren dunkelroten Roben, die sich der Kranken annahmen, für Pilger kochten und in ihrem so gar nicht prätentiösen Dienst glücklich waren.

In dieser Nacht unterbrach keine Schläfrigkeit die Meditation und ein seltsamer Frieden brachte vollkommene Zufriedenheit. Nach dem Frühstück wusste ich, dass der Zweck meines Besuchs in Mohnyin vollbracht war. Ich hatte die Orange ausgepresst, obwohl nur drei Wochen statt der vorgesehenen vier vergangen waren. Ich suchte Sarana auf und sagte 'Lass uns morgen zurück fahren'. Gesagt, getan, denn Sarana ist der geborene Organisator.

Als der Abschied anstand (nach der Abmeldung bei der Verwaltung gewissermassen), da bereute ich es das erste Mal, dass die Bank meine Traveller Cheques nicht akzeptierte, denn die Gabe, die ich den Nonnen geben konnte, war nicht so gross, wie ich gewünscht hätte. Ich bezeugte der Äbtissin Respekt, und alle anderen bezeugten mir ihren Respekt, denn ich war älter als sie, dann bestiegen wir den Jeep, den die Familie der Äbtissin dem geehrten Gast geschickt hatte, und so wurde mir die Erfahrung verwehrt, mit dem Bus der Pilger nach Monywa zu reisen. Während der halbstündigen Fahrt kamen wir vorbei an vielen blühenden Dörfern mit adretten Hütten aus Bambus, Tabakfeldern, Palmen, die zur Alkoholherstellung dienten, einer Schule für Weberei, Unterstände mit sorgfältig gestapelten Holzstämmen, Bambuspfosten und Material zum Decken von Dächern. Auch fuhren wir an einem grossen See vorbei, der vielleicht den Fisch anstelle von Fleisch für das Zentrum der Liebenden Güte lieferte. Ein verdächtig riechender Korb zu meinen Füssen machte mir etwas Bange, dass derselbe Fisch uns zurück bis Maha Bodhi begleiten würde, aber natürlich wurde ein Jünger Buddhas nicht von Gerüchen beeinträchtigt, seien sie gut oder nicht so gut, und man weiss ja durch die Vipassana Meditation, dass da nur ein Organ ist, das ein Objekt der Wahrnehmung und das Bewusstsein miteinander verknüpft, aber kein 'Ich', um etwas zu riechen.

Wir fuhren durch durch das Städtchen Monywa und dann durch das Kloster Ledi Sayadaw hin zum Nonnenkloster Ledi Sayadaw. Aber obwohl Ledi Sayadaw der gelehrte Mönch war, der die Maha Bodhi Methode der Meditation begründete, waren weder das Kloster für Mönche noch das für Nonnen Zentren der Meditation, sie waren Zentren des Lernens. Unser Besuch war angekündigt worden, und so empfingen uns die Nonnen und führten uns zur Äbtissin, um unseren Respekt zu bezeugen, es war eine wirkliche Äbtissin, keine Untergebene von Mönchen. Tatsächlich bestand die einzige Verbindung zum Kloster der Mönche in dem Privileg, einmal im Jahr Essen zu spenden und auch darin, wann immer ihr eigener Lehrer in der Lehre Buddhas, Abidhamma abwesend oder krank war, dem Lehrer der Mönche bei seiner Unterweisung zuzuhören - hinter einem Vorhang! Die Nonnen hatten zu zweit, zu dritt oder auch zu viert ihre Hütten, aber es gab ein ganz neues, zweistöckiges Gebäude, Erdgeschoss aus Ziegelstein und Zement und Holz und Bambus im oberen Stockwerk, und das wurde mir gegeben. Natürlich gab es keine Möbel auf dem polierten Fussboden, ausgenommen einige Matten aus Bambus. Klöster für Mönche und solche für Nonnen erfüllen die gleiche Funktion wie europäische Klöster im Mittelalter, indem sie Reisenden Gastfreundschaft gewähren, die keine Verwandten, oder Freunde von Freunden an dem Ort hatten, den sie besuchten. In den Klöstern der Mönche kochen Novizen für die Gäste, und es gibt immer genug Vorrat an gespendeten Nahrungsmitteln.

Sarana ging mit den anderen Nonnen zum Sightseeing in die kleine Stadt, während ich im Schneidersitz auf meinem Schlafsack sass und zu meditieren versuchte. Das schwache Geräusch der Stadt umgab das kleine Gelände, wie auch das einer Pumpe, aber für die Hunde wurde wohl einigermassen gesorgt und sie benahmen sich also; aber vielleicht war das hier auch einer der Orte, wo Ne Wins rücksichtslose Militärs unwillkommene Hunde zu ihrer nächsten Inkarnation geschickt hatten! Äusserlich war es hier friedlicher als in Mohnyin, aber es gab nicht die seltsame Welle von Frieden, die heranrollte, wenn man die Tür des Geländes für Meditation in Mohnyin öffnete, und Meditation ist nicht so leicht, wenn keiner in deiner Nähe versucht, die Gedanken zur Ruhe zu bringen. Ich wäre gern im Garten herumgelaufen und war sicher, dass die Hunde, die nicht einmal gebellt hatten, freundlich waren und auch nicht an Tollwut litten. Aber Sarana hatte eine Nonne abgeordnet, die mich beschützen sollte, wenn ich mich herauswagte, und sie war mir bei jedem Schritt auf den Fersen, auch, als ich nur ein paar Fotos nahm. So gab ich mich damit zufrieden, durch die verbarrikadierten Fenster ohne Glas auf die Bananenstauden, die Papaya -, Mango - und Neembäume zu blicken, und dahinter auf die Strasse, wo Männer und Frauen auf ihren Fahrrädern entlang fuhren – die Männer stiegen auch, wie Frauen, vorn auf, da ihr 'Rock' sie behinderte. Junge Mädchen kamen mit grossen Körben auf ihren Köpfen vorbei, und dann, bei Sonnenuntergang, mit schweren Tontöpfen voll Wasser. Kleine Jungen sprangen nackt herum, aber die kleinen Mädchen waren sittsam gekleidet. Die meisten der Hütten bestanden aus Bambus, die Küche unterschieden durch ihr doppeltes Dach.

Wie die Dame von Shalott, eine Sagenfigur in einem Gedicht von Alfred Tennyson, hatte ich bereits mehrfach zur Genüge gesehen, was man von meinem Gefängnis der Güte aus sehen konnte, als Sarana zurückkehrte und eine Gruppe Nonnen kam, um die Fremde zu besuchen. Sofort nahm ich meinen Notizblock heraus wie ein Zeitungsreporter, und wie ich von dem Abhidhamma - Lehrer gelernt hatte, schob ich die Nonne nach vorn, die dazu bestimmt worden war, allen meinen Schritten wie ein Hund zu folgen.

Hier waren 35 Nonnen und die Äbtissin. Zwei von ihnen waren Lehrerinnen des Abhidhamma. Die meisten anderen waren Lernende. Sie leben in sieben Hütten und alle bezeugten der Äbtissin Respekt. Um vier Uhr morgens müssen wir auf sein, nicht für Meditation, sondern für Gebete. Wir treffen alle zusammen, nehmen die 'Zufluchten' und die 'Gebote, zünden Kerzen an und legen Opfergaben vor die Buddha Statue. Dann singen wir drei der vorgeschriebenen Sutras, die zehn sind: Mangala, Metta, Ratana (die drei Juwele) Khandha, Mora, Dazeka, Artanatiya, Bhuzin, Popepana und Angulimala (die letztere handelt von dem ehemaligen Räuber, der zum Heiligen wurde, er half einer Frau bei einer schwierigen Geburt). Das Singen dauert ungefähr eine Stunde, und am Ende erklingt die Gong - Glocke und die Hunde heulen. (Ich beobachtete die Hunde, wie sie heulten. Es ist irgendwie lächerlich anzusehen, wie sie ihre Nasen in die Höhe heben und dann ihr 'Heul! Heul! Heul! zu dem 'Klang! Klang! Klang!' der Glocke zu hören. Sarana pflegte zu sagen, dass sie 'Sadhu! Sadhu! 'gut gemacht! Segen ruhe auf euch! sagten. Aber Sarana hatte ein sehr reines Gemüt.

Meinem nicht so reinen klang es eher, als riefen sie Flüche auf uns herab.)

Der Lehrer des 'Abhidhamma' fuhr fort. 'Dieselben Gebete werden im Winter um 6 Uhr morgens oder früher gesagt. Während des Tages gehören fünf Stunden dem Lernen mit dem Lehrer, der Rest der freien Zeit privaten Studien. Da wir keine Mädchen jünger als zwölf bei uns aufnehmen, können alle Birmanisch lesen und schreiben und beginnen also sofort mit Pali. Wir fangen an mit dem Abhidhamma, dann dem Vinaya und zuletzt den Sutta Pitaka oder Erläuterungen, das heisst den frühesten Überlieferungen von Buddhas Lehre, die man als die am wenigsten wichtigen ansah. Eine Lernende, die alle Studiengänge absolviert hat, kennt alle Pali Texte einschliesslich der Kommentare.' Weltliches Wissen kam natürlich in dem Curriculum nicht vor, obwohl die Lehrerin selbst wusste, wo Australien lag, denn sie hatte es an einer Wandkarte gesehen. Sie hatte die öffentlichen Prüfungen in Pali abgelegt, und das würden alle die Studierenden tun, die den Kurs beendet hatten. Es war eine der Reformen von U Nu, Frauen zu diesen öffentlichen Prüfungen in Pali zuzulassen. Die Briten wollten nicht in die Religion des Landes eingreifen und liessen so den Ausschluss von Frauen, wie sie es vorgefunden hatten.

'Wochenenden sind frei, ausgenommen, die Studierenden legen über das, worüber sie in der Woche gearbeitet haben, eine Prüfung ab. Auch hören sie eine Predigt der Äbtissin. Aber von dem allen abgesehen können sie Freunde besuchen und Besuch erhalten.

Zwei und dreissig der sechs und dreissig Nonnen gehen zweimal wöchentlich mit Tabletts auf ihren Köpfen ins Dorf, um milde Gaben einzusammeln. Die anderen vier werden von ihren Familien unterstützt. Auch gehen sie zweimal im Jahr im Herbst in ihre Dörfer, um Nahrungsmittel und Vorräte für die nächsten sechs Monate zu bekommen. 'Wir finden unser Leben nicht hart. Wir sind eine glückliche Familie. Ja, da gibt es schon manchmal kleinere Streitigkeiten, aber die Äbtissin schlichtet sie immer. Und für persönliche Zuneigung oder Eifersucht unter Nonnen ist keine Zeit.'

Es wurde Nacht und eine Kerze angezündet. Inmitten der blassen Roben fiel ihr Licht auf glänzende Edelsteine. Sie gehörten einem kleinen Mädchen aus einem entfernten Dorf, die mit ihrer Tante, einer Nonne, lebte, um die öffentliche Schule besuchen zu können. Sicher wurde das Leben der Nonnen nie von unumstösslichen Regeln regiert. Ein reicher chinesischer Vater einer Nonne hatte ein festes Haus für sie gebaut, sie studierte nicht, las nur, schrieb und meditierte, und auch zehn der älteren Nonnen betrieben keine Studien.

Am nächsten Morgen bekamen wir den Reisbrei um 5 Uhr morgens - wie leicht ist es zu reisen, wenn man nach 10.30 Uhr nichts mehr ass. Der Jeep entsprach dem wieder und setzte uns noch in Dunkelheit an der Bahnstation ab. Ein paar Leute versuchten bei Kerzenlicht zu essen, und wir mussten lange Zeit warten, ehe der Fahrkartenschalter öffnete. Ich war für das Experiment vorbereitet, ohne Burmesisch eine Fahrkarte zu kaufen, aber es stellte sich heraus, dass der Mann am Schalter einer der wenigen Burmesen an so einem entlegenen Platz war, der sehr gut

Englisch konnte. Es gab sogar keine Geldprobleme, denn ich hatte mich entschlossen, in der 3. Klasse nach Hause zu reisen, aber das durfte ich U Aye Bo nicht wissen lassen. In einer niedrigen Klasse zu reisen ist viel interessanter; der einzige Nachteil war, dass die Leute nicht verstanden, wenn man auf der gegenüber liegenden Seite des Wagens fotografieren wollte.

Die Sitze waren hart, und es war auch deutlich kalt, als wir losfuhren und vier Stunden später, als die Sonne herein brannte, ebenso heiß. Ich legte etwas Weiches auf den Sitz, nahm meine Beine unter mich, wie ein Mönch in Mohnyin, und fühlte mich total bequem. Der anhängliche Korb mit dem fragwürdigen Duft hatte seinen Platz direkt neben mir. Aber natürlich bevorzugt ein Jünger Buddhas weder guten noch schlechten Geruch, es gibt nur ein Sinnesorgan, ein Objekt dieses Sinnes und das Bewusstsein, das die beiden in Verbindung bringt. Obwohl es ein grosses Gewühl gab, um in den Zug zu kommen, war da doch reichlich Platz, und 'Sarana sagte mir, dass die wichtigen Bahnhöfe an nicht mehr Fahrkarten ausgeben, als im Zug Platz haben. Allerdings stiegen an den kleineren Bahnhöfen noch Leute zu, und ich sah, dass manchmal die Vorschrift gebrochen wurde, dass Frauen und Männer nicht nebeneinander sitzen sollen, und Mönche nicht näher als etwa einen Meter von einer Frau entfernt. Am Bahnhof Mohnyin stiegen einige Nonnen ein auf dem Weg zu ihrem Dorf, um Nahrungsmittel zu holen.

Es stellte sich heraus, dass das Land, aus der Luft gesehen anscheinend ganz uninteressant, doch voll von interessanten Dingen war. Es stimmte zwar, dass die Dörfer riesige Strecken voneinander entfernt lagen, und es schauderte mich bei dem Gedanken an die Zeitverschwendung, die Familien auf dem Weg zu ihren entlegenen Feldern in rumpelnden Ochsenkarren verbrachten, wenn sie zum Pflanzen, Unkraut Jäten und Ernten fuhren. Von oben hatte das Land ganz dürr und wenig fruchtbar ausgesehen, aber es brachte Ernten von Baumwolle, Sesam, Mais, Erdnüsse, Weizen und Bohnen hervor, und als wir die Bewässerungskanäle erreichten, die frühere burmesische Könige konstruiert hatten, da waren die Felder smaragdgrün mit jungen Reissetzlingen. An jeder Station trugen Essenverkäufer in dunkelblauen Schürzen Tabletts mit buntem Essbaren auf ihren Köpfen, die sich dann, wenn das Geschäft nachliess, an den Gleisen nieder hockten, um auf den nächsten Zug zu warten.

Und dann tauchten die Sagaing Berge auf mit ihren glänzend weissen und goldenen Pagoden, und wir fuhren in den Arakan Bahnhof ein, einem Sitz buddhistischer Gelehrsamkeit, wo gelbe Roben umher liefen mit wichtig aussehenden Büchern unter ihren Armen.

In Mandalay fuhren vier Wagenladungen Yogis heran, um uns in Empfang zu nehmen. 'Das ist wie das Willkommen für den verlorenen Sohn,' sagte ich. Es war gut, eine Begleiterin zu haben, die wusste, wer der verlorene Sohn war. Ich hatte angefangen, Saranas Liebe und Güte so sehr als selbstverständlich anzusehen, dass mir vielleicht erst jetzt, wo ich das schreibe, so richtig klar wird, wie wunderbar es war, als meine Begleiterin nicht nur die vielleicht einzige birmanische Nonne zu haben, die Englisch sprach, eine christliche Erziehung genossen hatte und die sich zudem so völlig im Hintergrund hielt, dass sie mir bei allem half, was ich wollte - ausgenommen natürlich, allein ins Dorf zu gehen, wo es Hunde mit zweifelhaftem Charakter gab!

Alle Yogis von Maha Bodhi versammelten sich an Daw Nyunts Veranda, als wir uns zum Mittagessen nieder liessen, und - siehe da – auch der anhängliche Korb stand wieder an meiner Seite! Der Fisch darin war ein Geschenk der freundlichen Einda an die Yogis von Maha Bodhi.

U Thein fragte mich, ob ich in der einsamen Klause am Rande des Geländes leben wollte. Ein Yogi, früher Kaufmann, hatte darin gewohnt, der jeden Tag mehrere Stunden damit beschäftigt war, Obstbäume und Gemüse zu kultivieren. Er musste gehen, weil seine Frau krank geworden war und er nach ihrem Geschäft sehen musste. Von der Klause zur Küche waren es nur fünf Gehminuten, aber der Koch, seine Frau und eine der weiblichen Yogis boten an, mir das Essen zu bringen, und eine Nonne bat, Verdienst dadurch zu erwerben, indem sie täglich eine Mahlzeit für mich zubereitete. Und da war ich also, fast so verwöhnt wie die Mönche in Mohnyin, und Menschen betrachteten es fast so verdienstvoll, mich zu verwöhnen wie die Mönche zu verwöhnen. Und um alles noch zu krönen sagte Daw Nyunt, dass ich für meine Bleibe nichts zu bezahlen hatte. Das war meine Heimat!

Kapitel 10

DER EINSIEDLER

Die Einsiedelei, die sowohl Hüter der Stille als auch meine Bleibe für die verbleibenden fünf Wochen sein sollte, unterschied sich sehr von den Meditationshütten. Sie war aus Zement mit einem Hartplattendach aus Asbestfasern und bestand aus einem sehr grossen Raum, einem Altarraum, einer Nasszelle und einem kleineren Toilettenraum, der noch nicht an den septischen Tank angeschlossen war. Es hatte einen eigenen Wassergraben sowie kürzlich gepflanztes Gemüse und Obstbäume. Jeden zweiten oder dritten Nachmittag kam ein alter Yogi, um den Garten zu bewässern, dafür zog er Wasser aus dem Graben mit Hilfe eines Eimers am Ende eines Seils. Ich fragte mich, wie lange es wohl dauern würde, bis das Wasser aus dem Graben aufgebraucht sein würde, denn gegen Ende hin verbreiterten sich die schlammigen Ufer unangenehm stark, und obwohl Wasser aus den Bewässerungskanälen in den Hauptgraben geleitet wurde, kam es doch nicht bis hierher. Inzwischen wanden sich Wasserschlangen langsam dahin, lugten in verschiedene Löcher und schwammen dann in völlig entspanntem Rhythmus weiter. Auch an Land gab es Schlangen; eine etwa 1 m lange zischte über den ganzen Gemüsegarten. Aber Schlangen, ausgenommen Kobras, sind gute Vorzeichen, und Kobras widmeten ihre Aufmerksamkeit dem Kolleg - Gelände; sie kamen niemals zu Maha Bodhi. 'Und wenn nun doch mal eine hierher käme, was würden

Sie tun?' 'Ihr liebende Güte geben und sie gehen lassen.' erwiderte U Thein.

Der Graben zog auch immer mal einen strahlend blauen und schwarzen Königsfischer an. Er glitt über die Wasseroberfläche wie ein funkelnder Edelstein, tauchte plötzlich kurz und schwang dann zurück, sass frech auf dem Brückengeländer, stellte seine prächtige bronzene Brust zur Schau und hatte einen winzigen Fisch im Schnabel.

Der erste Tag dämmerte mit einem wunderschön schimmernden Morgennebel, und der Tau tropfte wie Regen von den Bananenblättern. Alles war wunderbar friedlich und die Ausstrahlung von Liebender Güte schien schöner als die Schönheit des Tagesanbruchs. Aber die Meditation war nicht so richtig erfolgreich, und dann lief einer der 'Offiziere', die sonntags ins Maha Bodhi kamen, rüber zu meiner Bleibe, um mich zu 'unterweisen'. Die erste Woche sollte definitiv eine des totalen Schweigens sein, jedenfalls sofern es Englisch sprechende Besucher betraf, aber der Eifer des Offiziers liess es nicht bei einem einfachen 'nein' als Antwort. Man kann schon verstehen, dass ein gelehrter Mönch, der die Pali Texte kennt, sich als kompetent ansieht, einen Menschen aus dem Westen in die Lehre Buddhas einzuführen, obwohl er keine andere Religion kennt und nicht einmal andere Formen seiner eigenen. Aber buddhistische Laien, die kein Pali können und auch die Schriften nicht gelesen haben sind ebenso überzeugt, dass jemand aus dem Westen ihres Beistands bedurfte.

Nachdem ich mich erfolgreich geweigert hatte, in ein Gespräch mit dem Offizier gezogen zu werden mit dem Hinweis auf das Gelübde des Schweigens, verliess er mich schliesslich und hinterliess mich ein wenig verärgert, weil er meinen Frieden gestört hatte, aber natürlich konnte ich sehen, dass es nur Mara war, die Personifikation des Selbst, der sehr erfolgreich versuchte, Meditation zu verhindern. Danach kehrte Meditation zufriedenstellend zurück, und der Körper durchlief fast alle schmerzhaften Empfindungen, die im Büchlein der Instruktionen aufgelistet waren, zusammen mit einer neuen, die mich betraf, die frühere Atemlosigkeit und ein Schmerz in der Nähe des Herzens, so, als ob man einen Berg zu schnell erklomm - 'Sehr gut!' sagte U Thein, als ihm davon berichtet wurde.

Um mir Störungen durch Besuch zu ersparen, begann U Thein, herüber zu mir zu kommen, statt umgekehrt, aber danach gab es nicht viel zu sagen, und er selbst ging nach Rangun für ein paar Tage, so dass die Einsamkeit umso weniger gebrochen wurde.

Dinge kamen zu einer Routine vom Aufstehen um 2 Uhr morgens und Schlafen ab ungefähr 8.30 oder 9.00 Uhr am Abend. Winzig kleine, braune Ameisen wurden richtig zur Plage, und ich brachte meinen Schlafsack auf das harte, hölzerne Bett im Schrein Raum, denn dessen Füsse standen in Dosen, die mit Wasser gefüllt werden konnten. Es war dort auch angenehmer, denn ich konnte den Garten im Mondlicht auf drei Seiten durch Fenster ohne Glas sehen. Um vier Uhr strahlte der Grosse Bär durchs Nordfenster und das blassere Kreuz des Südens funkelte durch das Fenster im Süden. Um 4.00 dröhnte die riesige Glocke des

Tempels, schickte Liebende Güte zu den Yogis und das grüne fluoreszierende Licht über der neu errichteten Gemeinde Halle wetteiferte mit dem Mondlicht. Später pflegte ich meinen Schlafsack zu dieser Stunde nach draussen zu bringen und entweder auf der Brücke oder auf dem Vorplatz zu meditieren, obwohl die Mücken irgendwie ziemlich aufmerksam waren. Bei meinem letzten Besuch gab es wenige Mücken, ausgenommen kurz vor Sonnenuntergang, aber diesmal war die einzige Zeit frei von Moskitos kurz vor Tagesanbruch, der stillsten Stunde des Tages, deren Feierlichkeit an die Zeit in einer hochalpinen Hütte erinnerte, zwischen von Schnee bedeckten Gipfeln, wenn alles gefroren war und keine Lawine die Stille unterbrach. Am Ende der Reisfelder waren die Umrisse der Maymyu Hügel gegen der verblassenden Himmel zu sehen und beinah hätten sie grosse Gipfel über einem Nebel gefüllten Tal sein können. Anders als die Vögel in dem Buschland meiner Heimat in Australien begrüssten die Vögel in Maha Bodhi nicht die ersten Strahlen des neuen Tages, erst in der Abenddämmerung wachten sie auf und begannen unter den Blättern zu zwitschern, wo sie eifrig damit beschäftigt waren, ihre Nester zu bauen. Um sechs Uhr morgens tauchte aus dem grauen Nebel der Koch auf mit einem Tablett Reisbrei, heisser Milch, Toast und Banane, und wenn es etwas gab, dass Sarana mitgeteilt werden sollte, nahm er einen Zettel mit zurück.

Nach dem Frühstück war es immer noch kalt, aber die Sonne erwärmte sich schnell und der angenehmste Ort für die Meditation war auf einer der Brücken über dem Graben im Schatten der Bäume, die sich im Wasser spiegelten und von einer sanften Brise bewegt wurden. Diese Schatten waren niemals still, sie änderten sich ständig und immer anders; dann eine plötzliches Aufschrecken, wenn eine stärkere Brise einen unerwarteten Schatten bewegte, den ich aus dem Augenwinkel bemerkte - alles Phantastereien, die erschienen und vergingen wie alles auf der Erde und in Körper und Geist - phyit - pyet.

Um zehn kamen die Frau des Kochs - beide waren nicht mehr dieselben wie bei meinem vorigen Besuch - und die Frau, die ich später als Roter Drachen Yogi kennenlernte - sie hiess so, weil sie Meditation am Zentrum des Roten Drachen erlernt hatte - über die Reisfelder mit Tabletts auf ihren Köpfen und ein viel zu reichhaltiges Mittagessen wurde auf dem niedrigen Tisch ausgebreitet. Kurz vor 12 Uhr Mittag wagte ich mich durch die Arbeiter und all die Bauarbeiten zu meinem früheren Badezimmer, das eine Tür hatte! Dann folgte der sehr lange Nachmittag, manchmal drinnen, manchmal draussen, und um fünf Uhr nachmittags der willkommene Zitronensaft. Nachdem U Thein zurückgekehrt war und die zwei Wochen Stille beendet waren, ging ich um 7 Uhr zu ihm zu der Zeit, als alle Offiziere und Englisch sprechenden Leute gegangen waren. Der Koch, der mich wie eine Prinzessin bewachte, rief mit Nachdruck 'Sayalay! Sayalay! (so wurde eine gewöhnliche Nonne gerufen) und Sarana kam dann gehorsam heraus. Der Koch lauschte dem Interview dicht an der Veranda, denn er hatte auch mal für zehn Tage meditiert. Am Ende des Gesprächs geleitete er mich mit einer Fackel und einem Stock, den er gegen vorstehende Äste und Werkzeuge schlug, zur Brücke und über den

Graben, aber dann bestand ich darauf, alleine meinen Weg über die Reisfelder zu nehmen.

Ein Grund, weswegen ich nicht gern zu Maha Bodhi zurückkehrte, war die Erinnerung an die Feierlichkeiten zum letzten Unabhängigkeitstag. Aber dieses Jahr gab es nur das Programm über Radio oder Lautsprecher ungefähr um 4 Uhr - ich nehme an, es war eine Predigt, nicht eine politische Rede, denn ich verstand das Wort 'Dukkha', Schmerz. Dann war es friedlich, ausgenommen die Arbeiter, die weder an öffentlichen Feiertagen, noch am Sabbath oder Sonntag aufhörten zu arbeiten. Ihre Arbeit dauerte von 8 Uhr früh bis 5 Uhr am Nachmittag, und eine der Hütten, die sie bauten, lag ziemlich nahe an meiner Klause. Sie war geräumig, auf Stelzen gebaut und bestand aus einem grossen Raum, zwei kleineren und einer kleinen Veranda.

Es gab noch andere grosse Hütten, aber der Blick von der Klause ging auf kleine Hütten, sehr viele davon, Es war schwer, sich alle während der Regenzeit voll vorzustellen, den vier Regenmonaten, wenn es vier Zusammenkünfte zu Mahlzeiten gab, zwei für Männer und zwei für Frauen. Normalerweise bevorzugten die Männer die kleinen Hütten, während die Frauen zusammen in einer der grossen Unterkünfte schliefen. Ich erfuhr, dass manchmal eine Gruppe einen eigenen Koch mitbrachte, oder eine der Frauen würde eine Stunde täglich damit zubringen zu kochen, aber diese Zeit wurde nicht gern gegeben, und der grosse Vorteil dieses Zentrums war, dass Mahlzeiten für wenig Geld angeboten wurden. Strikter Zölibat galt natürlich für alle im Zentrum, das Koch Ehepaar ausgenommen, und die Nachtquartiere für Männer und Frauen waren klar getrennt.

Meditation begann zu einem gleichmässigen Rhythmus zu finden, als so, wie es vereinbart war, U Sein Maung kam, um mit mir zur Bank zu gehen, um zu sehen, ob sie endlich Geld für mich bekommen hatte. Leider hatte sie nicht. Das wenige Geld bekümmerte mich nicht wirklich, denn ich hatte noch ein paar uneingelöste Reise Schecks. Aber die Göttin der Effizienz erhob ihr hässliches Haupt, und da ich in völliger Einsamkeit lebte, wurde das Gefühl der Irritation irrational verstärkt. Das scheint ein charakteristisches Merkmal einer Periode der Isolation zu sein. Dasselbe hatte ich oft während er einen Woche bemerkt, in der ich allein zeltete, einmal im Jahr in Australien. Es gibt keine Ablenkung, um Gefühlsschwankungen der Depression oder erhöhten Glücks zu hindern, ihren vollen Weg zu nehmen. Es gibt der ganz natürlich allein lebenden Person eine Ahnung davon, welcher Terror es für eine gesellige Person sein musste, wenn sie in in Einzelhaft gezwungen wurde; für so jemand wäre physische Gewalt weitaus vorzuziehen. Wenn ich mein Tagebuch wieder lese, scheint es ganz unverständlich, dass dieses oder andere Gefühle solche Störungen hervorgerufen haben sollen. Meditation zu solchen Zeiten ist, wie Buddha es ausdrückte, als wenn man mit feuchtem Holz ein Feuer machen wollte. Die unablässige Wiederholung von 'Führe mich nach Haus, freundliches Licht ' (Henry John Newman, 1801-1890) wirkt am Ende, aber inzwischen ist es das einzig Vernünftige, was man tun kann, sich daran zu erinnern, dass der Mensch immer in der Lage war, zu ertragen, und dass dieser spezielle Mensch das auch kann, wie andere vor ihm. Immer wurden schwarze Stimmungen von solchen des Friedens und der Glückseligkeit gefolgt, und diesmal waren es drei Stunden glücklicher Versunkenheit in wie ein sanfter Strom fliessendes phyit-pyet, in dem Geist und Körper eintauchten und eins mit ihm wurden, und zwei Visionen abwechselnd. Aber diese Glücksmomente sind viel gefährlicher, denn es ist schwieriger, ihnen zu entkommen und sich von ihnen zu lösen, als vom Schmerz. Beides sind nur Gefühle, die überwunden werden müssen. Möglicherweise hätte U Theins Weisheit die Zeit, die es brauchte, um das zu lernen, abgekürzt. Aber er war abwesend, und noch ehe er zurückkehrte, waren die Dinge wieder auf Kurs. Ein weiterer Komplex oder 'Selbst' war geschlagen. Das ist der Grund, weswegen Buddha die Notwendigkeit von Einsamkeit betonte. Wenn es äusserliche Ablenkungen gab, verschwand die dunkle Stimmung ziemlich schnell, aber der Zusammenhang, der sie hervorrief, ist noch da, und der Schmerz, der hervorgerufen wird, kehrt wieder und wieder zurück, jedes mal, wenn der entsprechende Anlass vorhanden ist. In Abgeschiedenheit jedoch gibt es die Möglichkeit, diesen Komplex vollkommen auszurotten, und dann wird der Schmerz, den er hervorrief, nie wieder zurückkehren.

Zwischen den Perioden erfolgreicher und nicht so erfolgreicher Meditation beobachtete ich das Dorfleben ausserhalb des 1,20 oder 1,50 m hohen Zaunes aus Stacheldraht, der kürzlich um das neu erworbene Gelände von Maha Bodhi errichtet worden war. Ich bin ziemlich gut dabei, unter einem solchen Zaun durchzukommen, aber bei diesem versuchte ich es besser nicht. Das heisst, dass es keine Bedrohung durch Diebe gab. An diesem Zaun kamen Bauern vorbei, Mädchen, die Körbe auf ihren Köpfen trugen, und manchmal taten das auch Männer. Oft wurde das Baby vom Mann getragen, und er ging nicht immer voran, wie es die Tradition verlangte. Manchmal ging ganz modern eine Studentin neben einem Studenten. Dann gab es da Ziegenherden, die zum Schlachten getrieben wurden und mit Heu beladene Ochsenkarren. Hinter der Klause lag der Weg, den gelb gekleidete Mönche am Morgen zwischen 8 und 9 gingen, um Almosen zu sammeln. Einer von ihnen ging immer in das nächst gelegene Haus für eine Tasse Tee, und nachdem er ihn getrunken hatte, würde er durch den Hintereingang zurück ins Kloster gehen mit seinen Schnitzereien und dem gebogenen Dach, das an 'das Haus erinnerte, das nie fällt'. Und dann darunter im Wasser diese kräuselnden Wellen, Welle folgte auf Welle, wie das Gefühl der Depression dem der Erleichterung, Freude folgte - leider meistens das erstere! - phyit – pyet, Kommen und Gehen, und dass feste Erde auch solche Wellen war, weniger substantiell vielleicht als die Bananenwedel, die sich im Wasser spiegelten, und als einzige Realität das 'Reine Weisse Licht'. Das war alles schön poetisch, aber es änderte nichts an der Tatsache, dass die Zeit verflog und sehr wenig Fortschritt erzielt wurde.

Als U Thein schliesslich zurückkehrte, hatte sich das unmittelbar anstehende Problem von selbst gelöst, wie vorher gesagt wurde, und es gab nur eine abstrakte Diskussion über die Schwierigkeit einer Person mit einem hellen, viel beschäftigten Verstand, verglichen damit, wie ein einfacher Bauer es lernte, seine Gedanken zur Ruhe zu bringen. Warum konnte ich nicht über diesen Verstand meditieren, anstelle von Körper oder Herz, und in dem dämlichen, alten Verstand phyit - pyet finden? Diese Frage hatte ich schon mal vor zwei Jahren gestellt und die Antwort bekommen, das führe nur zu Kopfschmerzen. Jetzt sagte er, wenn ich denn den Kopfschmerz in Kauf nehmen wolle, könnte es vielleicht eine ganz gute Idee sein.

So begann ich meine Aufmerksamkeit auf phyit - pyet, Teilchen, die unablässig kommen und gehen, auf den Teil des Kopfes zu lenken, der zehn oder fünfzehn Jahre früher so besonders akut schmerzte. Es hatte Erfolg. Es war leichter, sich zu konzentrieren und nur leichter Schmerz, der nach ein oder zwei Tagen verging. Später erfuhr ich, dass diese Methode tatsächlich in einem kleinen Zentrum in Maymyu benutzt wurde. Aber die Konzentration auf einen Punkt war sehr anstrengend. Es schien wie der willkürliche Versuch, das ganze Sein auf eine andere Vibrationsstufe zu heben, und keine Verbindung zu haben mit der 'Zentrierung auf Gott' der Quaker oder mit dem 'mentalen Gebet' der Katholiken, und ich fing an zu verstehen, warum Daw Nyunt die Meditation aufgeben musste, als sie krank wurde. Wenn vagabundierende Gedanken ins Bewusstsein traten, war ich nicht in der Lage zu entscheiden, ob ich zu hart oder nicht hart genug daran arbeitete, und ich fragte U Thein. Er antwortete, dass solche Gedanken andeuteten, dass für etwa fünf Minuten besonders starke Bemühung nötig war. Aber wenn ich so auf diese Periode zurückschaue, bin ich nicht überzeugt, dass er recht hatte. Es war das erste Mal, dass er auf die Tendenz des durchschnittlichen Menschen aus dem Westen traf, sich zu nachdrücklich anzustrengen und und

Resultate erreichen zu wollen, anstatt das dem natürlichen Gang zu überlassen, den das Gesetz eines jeden vorschreibt.

Ein sehr interessantes physisches Symptom entwickelte sich aus der zu starken Beanspruchung. Die Sehnen an der Rückseite des rechten Beins verkürzten sich plötzlich, so dass es unmöglich wurde, die Zehen mit den Händen zu umfassen und zur selben Zeit mit dem Kopf das Knie des ausgestreckten Beins zu berühren, eine der leichtesten Yoga Übungen für jemand Geübten. Als das U Thein mitgeteilt wurde, sagte er, das sei ein Resultat der abwechselnd erfolgreichen und nicht erfolgreichen Meditation. Aber dieser drastische Wechsel von dem einen zum anderen war offensichtlich der zu starken Bemühung geschuldet und dem Versagen, den psychischen Prozess natürlich wachsen zu lassen.

Derselbe übersteigerte Enthusiasmus brachte mich dazu, auf der Brücke über dem Wassergraben in den frühen Morgenstunden zu meditieren, wenn der Tau fällt. Das erste Mal, als der Koch zu dieser Zeit kam, war er total entsetzt und die arme Sarana sogar noch mehr schockiert. Auf diese Art holte man sich doch den Tod durch die Kälte. Aber wie es so kam, nicht der Meditierende im Mondlicht sondern sie erkältete sich heftig und sie meditierte und schlief doch mit Fenstern und Türen fest verschlossen.

Der Offizier, der so entschlossen war, mich zu retten, machte einen erneuten Versuch, mir zu helfen. Er wollte, dass ich eine amerikanische Nonne treffen sollte, die an einem entfernten Ort lebte. Er schien einfach nicht zu verstehen, dass der Weg, Meditation zu erlernen nicht war, mit erfolgreich Meditierenden zu sprechen, sondern selbst zu praktizieren.

Wenige Tage nach der Rückkehr U Theins von Rangun fand eine zweite Zeremonie der Initiation statt, und ich bat, auch daran teilnehmen zu dürfen, wieder einmal in der Hoffnung, durch die Meditation mit erfahrenen Meditierenden stimuliert zu werden. Die neue Gemeinschaftshalle war nicht lang, sondern breit und zwischen den Männern, die vorn sassen und den Frauen dahinter wurde kein Vorhang gezogen. Daw Nyunt war nicht unter den erfahrenen weiblichen Meditierenden, denn sie war wieder krank gewesen und hatte die Meditation aufgeben müssen. Prächtige Seidenmatten wurden den drei Mönchen ausgelegt, die mit einem alten Mann und dem Novizen ganz vorn sassen. Ich hatte einen wollenen Schal mitgebracht, und U Thein sorgte dafür, dass ich ein Kissen hatte, an das ich mich zurücklehnen konnte.

In der ersten Stunde herrschte völlige Versenkung; für mich blieb nur, passiv den unablässig wechselnden Atomen im Gehirn zuzuschauen. Aber am Ende der Stunde schmerzte der Körper, ohne dass es eine Erklärung dafür gab. Ich hätte mich ja bewegen können, um den Schmerz zu beenden, aber wieder einmal weigerte sich die Beharrlichkeit des Menschen aus dem Westen nachzugeben - schliesslich mussten Frauen während der Geburt oder bei der Haarentfernung schlimmere Schmerzen erdulden und das aus einem weniger wichtigen Grund. Aber jeder Muskel des Körpers schien in höchster Qual, sogar die der Hände, die friedlich gegeneinander ruhten. Ein wenig verringerte der Schmerz sich vor Ende der zwei Stunden, aber es war die schlimmste Periode, die ich jemals durchmachen musste. War es falsch, nicht aufzugeben? U Thein meinte, ich hätte das Richtige getan. Aber ich weiss es bis heute nicht so recht. Und richtig oder falsch, die so sehr erfolgreiche Periode der Versenkung wurde natürlich von einer gefolgt, in der keinerlei Konzentration möglich war.

Als ich den erfahrenen Meditierenden um 3 Uhr am Nachmittag hinaus folgte, hielt einer der Mönche mal kurz die Tür offen und hielt an, um zurück zu schauen. 'Ein netter, höflicher junger Mann,' sagte ich zu mir, 'hält die Tür für den nächsten offen.' Aber natürlich tat er nichts dergleichen. Es war nur Neugier, um die weisse Yogi zu sehen. Kein Mann und schon gar nicht ein Mönch würde einer Frau die Tür offen halten. Ich fragte mich oft, ob ein Mönch, der eine ertrinkende Frau sah, die Vinaya Regeln vergessen würde und hinein spränge, um sie zu retten, oder eher nicht.

Bevor ich das Zentrum verliess, versuchte ich U Thein die extreme Anspannung des durchschnittlichen Menschen aus dem Westen mit seinen Ängsten und Sorgen zu erklären, und um das noch klarer zu machen, ballte ich meine Fäuste und runzelte die Stirn; ich fuhr fort mit dem Vorschlag, dass für uns Entspannung an erster wesentlichster Stelle steht und vielleicht die Untersuchung von Träumen das Unterbewusste ins Bewusstsein bringen könnte, um so Konflikte zu lösen. Offensichtlich hatte er keinen blassen Schimmer wovon ich redete. Burmesen waren immer entspannt; das Problem war, dass sie sich nicht ernsthaft genug bemühten, und inneren Konflikten war er anscheinend niemals in all den Tausenden von

Meditierenden, die er kannte, begegnet. Die Methode, die am Maha Bodhi Zentrum gelehrt wurde, scheint ausserordentlich geeignet für Menschen aus dem Westen, die akzeptieren, dass die Erkenntnisse der Naturwissenschaften eine Art Evangelium sind. Zur gleichen Zeit werden sie aber nicht weit kommen, wenn nicht die Wichtigkeit vorausgehender Entspannung betont wird und ebenso die Notwendigkeit, verborgene Konflikte ins Licht des Bewusstseins zu bringen. Schliesslich kann nicht oft genug betont werden, dass das, was am Ende erreicht wird, nicht der Kontrolle des Meditierenden unterliegt, und dass sein Teil nur ist zu praktizieren und weder Erfolg zu erwarten noch Misserfolg abzulehnen. Wäre all das auf der Anzeigetafel für die Regeln aufgeführt gewesen zusammen mit der Notwendigkeit, all die eigentlich nicht so wesentlichen Sachen im Gedächtnis zu behalten, dann wären die Wochen am Maha Bodhi Zentrum diesmal leichter gewesen.

Kapitel 11

MEDITIERENDE AM MAHA BODHI ZENTRUM

Als ich am Ende der 14 Tage strikter Abgeschiedenheit, das Hinübergehen für das Mittagessen um 10 Uhr am Morgen eingeschlossen, auftauchte, war das ganze Gelände wie ein eifrig beschäftigter Bienenstock. Überall Arbeiter unterwegs, neue Gebäude wurden errichtet, alte repariert oder aufgebaut. Das wichtigste neue Gebäude war eine prächtige Gemeinschaftshalle im Stil der Mohnyin Architektur mit derselben russisch - roten Farbe. Im Moment wurde die Fertigstellung aufgehalten, weil die Regierung oder die Armee alle im Land erhältlichen Nägel beschlagnahmt hatte. Nachdem das Gebäude fertig war, würden der Ausbilder und der Prediger der Lehre jeweils Räume zu beiden Seiten des Schreins einnehmen. Das Prachtgebäude wurde durch die Grosszügigkeit einer reichen Geschäftsfrau ermöglicht, deren Freigebigkeit für immer auf zwei Marmorsäulen festgehalten wurde, deren Errichtung nur auf die Nägel wartete. Ich fotografierte sie, wie sie bei einer riesigen Zigarre darüber nachdachte, wo sie als nächstes ihr Geld spenden würde. Offensichtlich entschied sie sich für einen künstlichen Bodhi Baum auf der einen Seite des Schreins, mit einer Buddha Statue darunter. Sie war typisch für reiche Burmesen, die ganz einfach lebten, um ihr Geld für religiöse Zwecke auszugeben und dadurch immateriellen Verdienst zu erwerben, den sie an andere spendeten.

Das zweitgrösste der neuen Gebäude war ein Speisesaal, oder wenigstens die Gräben für die Fundamente. Der alte Saal war demoliert worden, während ich abgeschlossen lebte, und als ich auftauchte, war nur das Geröll noch da und Arbeiterinnen, die Ziegel auf ihren Köpfen transportierten und sie dann reinigten. 'Sie dürfen nicht mehr als zehn oder zwölf Ziegel tragen' sagte der Bauunternehmer. Ich glaube nicht, dass die burmesischen Ziegel ganz so schwer sind wie unsere, und so betrug die Last auf dem Kopf nicht mehr als 70 zu 90 Pfund! Sie bekamen zwei Kyat am Tag; die Männer mit mehr Ausbildung bekamen drei Kyat und die Maurer (die die Ziegel verlegten, nehme ich an) fünf Kyat. Ein Kaufmann spendete den neuen Speisesaal; er kam am Wochenende, um zu meditieren; die Grundsteine waren noch nicht verlegt, und er, mit einem schäbigen europäischen Mantel, stand inmitten des Gerölls.

Als ich an diesem Abend in Daw Nyunts Hütte für das Interview mit U Thein kam, brütete sie über einer Tabelle. 'Morgen um 8 Uhr ist die Zeit, die die Astrologen festgesetzt haben, um die Grundsteinlegung vorzunehmen', sagte sie. 'Als Meditierender halte ich es nicht mit der Konsultation von Astrologen,' sagte U Thein, 'aber es ist nun mal Brauch in Burma.' Am nächsten Morgen wurden pünktlich um 8 Uhr sieben Grundsteine gelegt, die vorgesehenen Beschwörungen gesagt und Kerzen entzündet. Ich nahm nicht an der Zeremonie teil, denn Meditation schien wichtiger, daher habe ich das Ganze vielleicht nicht völlig korrekt beschrieben, aber doch korrekt genug, um zu zeigen, dass, trotz Buddhas Ablehnung der niederen Kunst, Horoskope herzustellen und Glück bringende Tage auszusuchen, taten es die Burmesen so glückselig wie sie es auch taten, bevor der Buddhismus nach Birma kam. Jedem Kind wird das

Horoskop gesagt und der Name entsprechend ausgewählt, und es ist bemerkenswert, wie gut der Name passt. Die Ablehnung der Astrologie beruht nicht darauf, dass es keine Wissenschaft sei, sondern es ist in den Augen derer Zeitverschwendung, die in der aktuellen Erfahrung das suchen, was jenseits von Zeit und Raum ist, deshalb Zeitverschwendung, weil es sich mit Dingen beschäftigt, die innerhalb von Zeit und Raum sind, also mit flüchtigen, mit Leid behafteten Dingen.

Dennoch es war durch die ganze Geschichte Burmas der Brauch, und weil es so ernst genommen wurde, führte es zweimal zu Veränderungen im Kalender. Könige, denen die Unglücke, die die Astrologen vorhersagten, nicht gefiel, schnitten einfach grosse Stücke aus dem Kalender. Sie waren zwar erfolgreich, Historiker zu beschwindeln, aber es gelang ihnen nicht, die Unglücke abzuwenden, wie Dr. Soni bei sorgfältiger Analyse herausfand, festgehalten in seinem Buch 'Burmese Era'.

U Thein lehnte die Beschwörung des Übernatürlichen so sehr ab, dass, obwohl er die Hilfe des Astrologen beim Legen der Grundsteine tolerierte, er doch in der Meditation nichts damit zu tun haben wollte, nicht einmal, um die Gedanken der übenden Yogis zu lesen. Tatsächlich war es ein wenig beunruhigend herauszufinden, dass, unabhängig davon wie geradeheraus ich ihn ansah im Bestreben zu verstehen, was in seinem Kopf vorging, er mich nie ansah, sondern er sprach immer durch Sarana und sah nur sie an. In die Gedanken eines anderen einzudringen war unter den Wunderkräften, die Buddha ablehnte, und die Vipassana Methode der Meditation schliesst das Erreichen solcher Kräfte aus, um den geraden

Weg zu Einsicht und Weisheit zu verfolgen; aber wie ich es sehe, hat das nichts mit dem Versuch zu tun, ohne Worte zu verstehen, was jemand anderes mir sagt, so, wie die Mutter versteht, was ihr Kind braucht, bevor es sprechen gelernt hat.

Die Weigerung U Theins, zu versuchen, irgendeinen Kontakt mit meinem Denken zuzulassen ausser durch Saranas Worte, hielt mich nicht davon ab, eine tiefer liegende Einheit des Gedankens zu finden. Ich fragte ihn, wie es geschehen könne, dass einige Leute, erfahren in Meditation, doch mit Stolz und der eigenen Wichtigkeit aufgeplustert und in der Gewohnheit waren, andere herabzusetzen. Er konnte nicht sehen, wie das möglich war, wenn eine Person wirkliche Einsicht in Vipassana erlangt hatte. Aber er gab zu, dass er Stolz nur dadurch überwunden hatte, dass er unablässig darüber wachte und sich überprüfte. Liebende Güte und Selbstverleugnung waren die Früchte der Vipassana Einsicht. Er konnte auch nicht verstehen, wie jemand, der diese Meditation praktizierte, jemals Soldat werden konnte; er würde eher davonlaufen als jemand zu töten. Geschickt umging er meine Frage, ob das grosse Zentrum in Rangun nicht einen Fehler machte, indem es die Liebende Güte nicht in seine Technik aufnahm. Natürlich müsse man die Meditation damit beginnen, Liebe auszustrahlen; wenn der Yogi erst auf der Stufe der Konzentration war, sollte er volle fünf Minuten dafür verwenden, sagte er.

Dann fragte ich ihn, was er tun würde, wenn er hörte, dass Räuber oder Banditen zum Zentrum kämen. Würde er die Polizei rufen? Er antwortete, dass er nichts weiter tun würde, ausser ihnen Gedanken Liebender Güte zu senden.

Und dann erinnerten er und Daw Nyunt daran, was tatsächlich bald nach Öffnung des Zentrums passierte, als die Zeiten unsicher waren und Gesetzlosigkeit vorherrschte. Unangenehme Charaktere streiften in Mandalay herum, und einer von ihnen gab einem Yogi einen Brief für U Thein. Er enthielt die Forderung nach Geld. Er besprach sich mit Daw Nyunt und dem Priester der Lehre, und sie überliessen ihm die Antwort. Sie lautete: 'Wie Sie wissen, habe ich all mein weltliches Habe weggegeben. Alles, was ich besitze, ist liebende Güte und die gebe ich Dir gern und freiwillig.' Darauf herrschte Stille. Aber diese zweifelhaften Charaktere waren noch immer unterwegs in der Gegend, und Daw Nyunt, die das Geld unter sich hatte, schlief jede Nacht in einer anderen Hütte. Die Yogis in der Ausbildung wurden nervös, und so nach und nach verliessen sie das Zentrum. Die ständig dort lebenden Yogis fürchteten sich nicht, aber schliesslich gab es keine Notwendigkeit mehr für sie, dort zu bleiben, denn sie waren nicht ihretwegen da sondern, um Lernenden beizustehen. Am Ende schickte U Thein sie alle nach Hause zurück, und das Zentrum wurde zeitweise geschlossen. Bevor U Thein diese Geschichte erzählte, hatte ich nicht verstanden, wie weit doch diese erfahrenen Yogis die richtige Atmosphäre für die, die noch lernten, schufen, und wie sehr die Moral des Zentrums von ihnen abhing. Und ich hatte auch nicht verstanden, wie Meditation zu Furchtlosigkeit führen kann. Anders als Sarana fürchtete U Thein es nicht, wenn ich allein auf den Reisfeldern unterwegs war, aber das, so sagte Sarana, lag daran, dass ich schon älter war. Was, so fragte ich, würde er sagen, wenn ein junges Mädchen in Einsiedelei leben wollte? Zunächst schüttelte er den Kopf, als ich aber den Einwand machte, dass ihre Furchtlosigkeit und Reinheit ihr Schutz bieten würden, gab er zu, dass, wenn das junge Mädchen wirklich keine Angst hatte, sie sicher sein würde. In dem Moment erinnerte er daran, wie Daw Nyunt allein immer wieder in einer anderen einsamen Hütte geschlafen hatte.

Jedes Mal, wenn ich im Zentrum Maha Bodhi war, gab es einige Mönche. Sie mussten aussergewöhnlich bescheiden gewesen sein, um zu Füssen von Laien zu sitzen. Denn Mönche sind eine besondere Klasse, und, wie schon erwähnt, weit über jede andere Klasse erhaben. Sogar Novizen, ganz zu schweigen von Laien, durften nicht am selben Tisch mit ihnen sitzen. Für sie wurden besondere Toiletten bereit gestellt. Wenn ein Laie mit ihnen sprechen wollte, war eine spezielle Absprache notwendig, und für eine Frau musste eine passende männliche Begleitperson vorhanden sein. Auf meine Bitte hin arrangierte U Thein ein Interview mit einem Mönch. Er wählte einen jungen Mann aus, der sechs Monate lang Meditation gelernt hatte und ausgewählt worden war, zu dem Schwester - Zentrum in den Shan Staaten zu gehen, um einen verstorbenen Mönch zu ersetzen. Seine Abreise hatte sich verzögert, weil chinesische Kriegsherren Unruhe stifteten, denn die Burmesische Regierung hatte sich in ihren lukrativen Opiumhandel eingemischt. Der junge Mönch sprach die Sprache der Shan nicht, und so wurde es als nicht opportun angesehen, ihn zum jetzigen Zeitpunkt gehen zu lassen. Warum hätte denn nicht die junge, charmante Meditierende aus den Shan Staaten, die bei meinem letzten Besuch in Maha Bodhi war, als Ausbilderin dienen können? Das fragte ich. Warum war es so notwendig, einen Mönch zu importieren, der die Sprache nicht beherrschte?

U Thein erwiderte, die Leute dort hätten um einen Mönch gebeten. Leute wollen immer Mönche. Es gab nicht mehr als drei oder vier Laien - Ausbilder in ganz Burma, und was Frauen in dieser Funktion anbelangt, das konnte sich niemand vorstellen, allerdings gab es natürlich keinen Grund, warum das nicht doch sein konnte.

Der schlanke für die Shan - Staaten vorgesehene Mönch wurde auf Daw Nyunts Veranda gebeten wie auch der meditierende Kaufmann als Begleitperson U Thein bezeugte ihm Respekt, wie wir ebenso. Anders als die Mohnyin - Mönche war er bescheiden und anspruchslos und auch nicht mehr so jung, denn er war 41. Seine Eltern waren Bauern und er hatte sieben Brüder und zwei Schwestern. Als er dreizehn war, nahm er die gelbe Robe im Kloster des Dorfes zusammen mit anderen Buben für die kurze Periode wie es Brauch war, und ihm gefiel das Leben dort so gut, dass er die Robe nie mehr abnahm. Offensichtlich war er ein geborener Glaubender und völlig mit dem Leben, das er gewählt hatte, zufrieden. Ausserhalb der Buddhistischen Schriften wusste er nichts, ausgenommen vielleicht solch winzige Brocken aus einer gelegentlichen Zeitung oder einer Weltkarte an der Wand. Er hatte nie von Asok, dem grossen buddhistischen Eroberer gehört. Aber die Lehre ('Abidhamma') kannte er perfekt; die Prüfung als Lehrer hatte er mit fünfunddreissig abgelegt und seither andere unterrichtet. Wegen der Theorie, die er durch Abidhamma kennengelernt hatte, beschloss er, weiter zu gehen und auch Dinge aus eigener Erfahrung zu lernen. Die Ledi Sayadaw - Technik gefiel ihm, und deshalb war er zu Maha Bodhi gekommen. Es machte ihm nichts aus, von einem Laien zu lernen. Hatte nicht Buddha gesagt, dass, wenn man von einem Kind lernen könne, man das tun solle? Ja, er war auch bereit, von einer Frau zu lernen.

Er sagte, dass es ihm ziemlich gleichgültig war, ob die Leute ihm Respekt bezeugten oder nicht. Sie verbeugten sich nicht vor ihm, sondern vor der gelben Robe, und das Verdienst gehörte dem, der Respekt bezeugte, nicht dem Mönch, der ihn erhielt. Das stimmt so nicht ganz. Menschen beugen sich nicht vor jedem Mönch nieder auf ihr Gesicht, dem sie gerade begegnen - sie würden ihre Zeit damit verbringen, auf ihren Händen und Knien zu kriechen, wenn sie es täten! Aber sie tun alles, um sich bis in den Staub nieder zu beugen, wenn ein hochrangiger Mönch vorbei kommt. So gilt ihr Respekt doch dem Mönch, nicht der gelben Robe. Weiterhin gibt es in der Gemeinde der Mönche eine Hierarchie der Bezeugung von Respekt, die sich nach der Länge der Zeit richtet, die der Mann Mönch war, nicht nach dem Alter. Wenn ein Mönch in ein Kloster eintritt, erkundigt er sich sorgfältig danach, wie lange jeder der dort Lebenden 'in Religion' war, und er bezeugt Respekt denen, die länger als er selbst Mönche waren. Diese Vinaya - Regel ist das Gegenteil von der Geschichte, die Buddha vom Elefanten, dem Affen und der Schnecke erzählte, um zu verdeutlichen, dass einzig und allein das Alter das Kriterium ist, wer den grössten Respekt erhalten sollte. Und diese Geschichte wurde Mönchen erzählt, nicht Laien und war also als Richtlinie für das Verhalten im Orden gedacht, (Book of Discipline, Band 5, Seite 224)

Und was war der Zweck eines Lebens als Mönch? Das fragte ich. Als erstes, Erleuchtung (Nirwana) für sich zu erreichen, zweitens das Studium der Schriften, und drittens, diese Errungenschaften an andere weiter zu geben.

Wenn alle Mönche wie dieser wären, dann, das fühlte ich, wären sie tatsächlich die Seele eines Volkes und bis zu einem gewissen Grad das Instrument für die ersatzweise Erlösung. Es war gerade deswegen, weil so wenige waren wie er, dass die Bewegung der Meditation für Laien entstand. Die Gemeinschaft, so meinte U Thein, erwachte jetzt zur Anerkenntnis der Tatsache, dass Laien ebenso wie Mönche meditieren und dadurch Befreiung vom Leiden finden können, und das führte dazu, dass Mönche beginnen,Laien mehr als zuvor zu respektieren. Und dann, um nicht in die Nähe zu kommen, etwas Unnachsichtiges zu sagen, fügte er hinzu 'Aber die Gemeinschaft tat Gutes, indem sie die Schriften am Leben erhielt, die Worte, die Buddha selbst sagte. Vielleicht wären sie sonst tot.' Mehr und mehr bewunderte ich die Art, in der U Thein jede Frage vermied, die ihn hätte veranlassen können, etwas Hartes, Unnachsichtiges zu sagen. 'Sie tun ihr Werk, wir das unsere.' Die Bewegung für Meditation ist eine Reformbewegung innerhalb des Buddhismus, aber man sucht nicht die Lehre, sondern sich selbst zu reformieren. Und wie viel Hass und Leid wäre uns in Europa erspart geblieben, hätten unsere Reformatoren dasselbe getan!

Und wegen dieser Devise 'leben und leben lassen' war es möglich, von der reinen, nackten Erfahrung in einem Zentrum für Meditation geradeswegs zur Arakan Pagode zu gehen und dort gesagt zu bekommen, dass sie das Bild von Buddha enthält, dessen Anfertigung von Buddha selbst genehmigt worden war, als er Burma verliess, um nach Indien zurückzukehren. (Westliche Gelehrte mögen Beweise anzweifeln, dass er jemals nach Burma kam). Dieses Bildnis wurde später von einem Burmesischen König weggenommen - oder, um genau zu sein, gestohlen, denn niemand hält es für wahrscheinlich, dass die Gläubigen die Wegnahme gern sahen - um seinen Palast in Arakan zu schmücken. Die Figur hat ein Gesicht aus Bronze, das jeden Tag von Mönchen poliert wird, und Goldblättchen wurden so ausgiebig auf seinem Körper angebracht, dass die ganze Figur mit Ausnahme des Gesichts weich und schwammig ist. Während der japanischen Besatzung wurde die Pagode geschlossen und Mönche bewachten sie. Es mag unglaublich klingen, aber in normalen Zeiten ist dieser Goldreichtum so heilig, dass selbst der abgehärteste Räuber nie wagen würde, auch nur das kleinste bisschen davon ab zukratzen.

Als wir den Schrein mit der Statue betraten, waren Gläubige eifrig damit beschäftigt, Blumen zu opfern, mehr Goldblättchen anzubringen und Kerzen anzuzünden. Sarana bat mich, meinen Hut abzunehmen - man muss das nicht tun, wenn man eine Pagode betritt, wohl aber, wenn man sich in Verehrung nieder beugt. Daw Nyunt plazierte dann ein ganzes Paket Kerzen auf einen Stand, der besonders für diesen Zweck aufgestellt war, und zündete sie alle auf einmal an. Das Abbrennen von Kerzen ist ein Symbol für das aufsteigende Innere Licht. Für ein westliches Gemüt scheint das bloss eine ungerechtfertigte Verschwendung von Kerzen, die von armen Nonnen so dringend gebraucht wurden, und eine arme Nonne hing auch an der Arakan Pagode herum und bettelte geradeso aufdringlich wie die Bettler an heiligen Plätzen in Indien.

Sarana verstand nicht, wie unheilvoll sie und andere ihrer Art auf die wirkten, die versuchten, den Status der Nonnen in Burma zu verbessern.

Der nächste Meditierende, den ich befragen wollte, war der Priester der Gemeinde (Dhamma), der selbst einst ein Mönch war. Ich hatte mich nie zu ihm hingezogen gefühlt, und nun, als Sarana zu übersetzen begann, machte er aus mir beinah einen christlichen Missionar! Er hatte die bekannte Herkunft aus armer Bauernfamilie, acht Kinder, von denen jetzt nur noch zwei am Leben waren, er ging mit dreizehn ins Kloster, und es gefiel ihm dort so gut, dass er blieb. Mit dreissig wurde er krank; er konnte die Pflichten eines Mönchs nicht mehr erfüllen, legte die gelbe Robe ab und kehrte heim. Nach sieben Jahren besserte sich seine Gesundheit, aber er legte die gelbe Robe nicht wieder an. Sicherlich würde er nun erzählen, wie leer und nutzlos die grosse Mehrheit der Vinaya Regeln war und dass die Krankheit ihm einen besseren Weg gezeigt habe. Aber nichts derart. Er war ein Eiferer für die Regeln. Er sagte, dass Buddha, lebte er heute, noch viel mehr erlassen würde; das Problem der heutigen Gemeinde war, dass die Regeln bei weitem nicht strikt genug eingehalten wurden; Mönche heute schlugen totes Holz von den Bäumen, statt sich daran zu halten, Abfall weg zu fegen und andere Arbeiten den jungen Novizen zu überlassen; schlimmer noch, sie gingen in die Dörfer mit einer entblössten Schulter, sie hatten Sandalen an und trugen Schirme; in den alten Tagen gingen sie nur in die Dörfer für Almosen und wenn Gefahr bestand; jetzt reisten sie hierhin und dorthin und überallhin; natürlich mussten sie in die Städte, um die Schriften zu studieren, und Buddha hätte ihnen erlaubt, Züge und Autos zu benutzen, aber in von Pferden gezogenen Karren sollten sie nicht reisen. Als ich vorschlug, man solle den jungen Novizen das Hantieren mit Geld zu überlassen sowie den Einkauf dessen, was die Mönche wollten, entsprach das kaum der Wahrheit, und das war es jedoch, worin er und ich übereinzustimmen schienen. Ich fragte, ob er der Meinung war, Frauen sollten wie in Buddhas Tagen Mitglieder der Gemeinschaft der Mönche, Sangha, werden. Das, so sagte er, kam nicht in Frage, denn eine Frau musste sowohl von einem Mönch wie von einer Nonne geweiht werden, und es gab jetzt keine geeigneten Nonnen. Ich wies darauf hin, dass eine geeignete Nonne aus den nördlichen Regionen Burmas geholt werden könne. Das würde nichts helfen, sagte er, denn die Mönche würden sie nicht anerkennen. Aber natürlich konnten Nonnen die Schriften studieren und meditieren, obwohl sie der Gemeinschaft nicht angehörten. Ich schloss mit der Frage, was die Mönche mit ihrer Zeit anfingen. Es wurde angenommen, dass sie entweder studieren oder meditieren, aber er hatte nur sehr wenig Ahnung von dem, was sie denn jeweils erreichen sollten. Nach der Ordination sollten sie zumindest so viel Pali lernen, um die Vinaya Regeln auswendig zu beherrschen, wenn schon nichts anderes, aber manchmal neigte er dazu zu denken, dass sie sogar das kaum taten. Der Prediger der Gemeinschaft, Dhamma, war kein glücklicher Mensch. Er war arm, denn er hatte keine Familie, die ihn unterstützte. Jedoch hatte er die zehn Gelübde für Mönche abgelegt, und man konnte sicher sein, dass er empört ablehnen würde, dass andere für ihn die Dinge kauften, die Mönche üblicherweise erstanden, wie z. B. Zigaretten. Bei jedem Menschen gibt es etwas, was man bewundern kann, und ich bewunderte ganz ehrlich die Tatsache, dass ein Mann mit siebenundsechzig täglich mehrere Stunden damit zubrachte, den Garten in Ordnung zu halten.

Ein liebes altes Ehepaar bewohnte eine Hütte in der Nähe der Gemeindehalle, die U Thein nach dem Mittagessen zu einer Tasse Tee einzuladen pflegten. Der alte Mann war beschäftigt, die Rippen aus Palmblättern für einen Besen heraus zu lösen, während ich mich mit seiner Frau unterhielt. Sie waren seit der Gründung von Maha Bodhi da, und sie halfen U Thein bei der Vipassana - Einweihung. Mir war der alte Mann als einer der letzten in einen makellosen Longyi Gekleideten aufgefallen, und er sass wie alle anderen (Mönche und mich ausgenommen!) auf einer harten Bambusmatte. Sie hatten keine Kinder. Ihren Unterhalt hatten sie durch die Zucht von Früchten und Rosen erworben. Mit einunddreissig lebte die Frau in einem Zentrum für Meditation in den Sagaing - Hügeln, wo es Hütten und Höhlen zur Meditation am Tag und Schlafhäuser für die Nacht gab. Der diensthabende Mönch unterrichtete die schwierigste Methode der Atembeobachtung, bei der die ein - und - ausgehenden Atemzüge gezählt werden. Die ersten fünf Tage predigte er über diese Methode; am sechsten sagte er: 'Das ist ein Vipassana - Tag, wir werden damit beginnen, Vipassana zu praktizieren,' und eine Predigt zu Vipassana folgte. Sie begann ziemlich oft in das Zentrum in Sagaing zu gehen, und einmal blieb sie fünf Monate. Es musste eins der wenigen Meditationszentren für Laien in diesen frühen Zeiten gewesen sein. Übrigens war es hier, wo Sarana

Einda getroffen hatte. Als das Zentrum Maha Bodhi eröffnete, beschlossen sie, ihre Arbeit aufzugeben und für den Rest ihres Lebens vom wenigen Ersparten und dem, was sie durch den Verkauf von Fischfutter an Touristen verdienten, die herkamen, um Fische in dem malerischen See zu füttern. Jetzt war sie achtundsiebzig und ihr Mann vierundsiebzig, und sie lebten mehr als elf Jahre hier und hatten vollkommenen Frieden und Freude gefunden. Auf meine Frage, ob es etwas gäbe, dessen Kommen oder Gehen ihr Schmerz verursachen würde, sagte sie, dass sie ein wenig geweint habe, als die Tochter von U Thein mit jungen neunzehn Jahren starb, die war so lieb und schlief oft in ihrer Hütte. Ihr Vater hatte sie gelehrt zu meditieren, und sicherlich war alles soweit gut, aber sie vermisste sie eben ein wenig.

Jetzt fiel nicht viel Tau, und obwohl der Himmel klar war und mit Sternen leuchtete, so blieb die Erde am Morgen doch trocken, und die Blätter der Bananen dienten nicht länger zum Waschen des Gesichts. Waldbrände leuchteten in den Maymyu Bergen, Wälder mit wertvollem Teakholz, sagte Sarana. Der Garten trocknete mehr und mehr aus, obwohl beinah alle zwei Tage drei Stunden lang gewässert wurde, und der Matsch wurde hart wie Stein. Es führte mich dazu, den Sandboden meines Gemüsegartens zu schätzen. Ich dächte, diese Erden benötigte eher eine Breitaxt als eine Spitzhacke, um sie aufzubrechen. Aber der alte Mann blieb bei seinen Bemühungen, und schliesslich reiften kleine Blumenkohlköpfe, Zwiebeln und Chinakohl heran. Ob der Blumenkohl so klein war wegen seiner Rasse oder aus Mangel an geeigneter Pflege, das konnte ich nicht feststellen. Das Gesicht des alten Mannes war für gewöhnlich teilnahmslos, aber wenn ich in seine Augen sah und lächelte, dann erhellte sich sein Gesicht mit Freude und auch er lächelte. Ich hatte damit begonnen, einen Braunkohleofen zu benutzen, um das Wasser für die Thermoskannen abzukochen, um dem Koch die Arbeit zu ersparen, das Wasser von der Küche herüber zu bringen, und hatte daher angefangen, sorgfältig Späne zum Anzünden zu sammeln, als ich den alten Mann mit einem grossen Korb voller Späne kommen sah, den er neben meinem kleinen Haufen mit offensichtlicher Freude ausleerte. Kein Wunder, dass die ersten Worte, die Engländer am Zentrum lernten 'Vielen Dank!' waren. Es gab so viele Anlässe, sie zu sagen.

Die Eltern des alten Mannes waren Bauern, aber da sie arm waren, verdiente er Geld, indem er für andere arbeitete, ihre Kühe versorgte und ihren Boden bestellte, und er wurde, was man einen Knecht, Dorf Kuli, nennt. Er hatte geheiratet und drei Kinder gezeugt, aber nun war seine Frau tot. Vor ungefähr einem Jahr hatte er von dem Dorfmönch eine Predigt über Meditation gehört und begonnen zu lernen. Die Methode, die er unterrichtete, war die der Achtsamkeit bei allem Tun, unablässig achtsam zu sein bei dem, was man tut, sagt und denkt. Er war mit dieser Methode recht erfolgreich, aber er wurde älter, und das Leben eines Knechts ist sehr hart. Seine Kinder sagten zu ihm: 'Du interessierst dich für Meditation. Warum beendest du nicht dein Leben in Maha Bodhi?' Das war vor 6 Monaten. Zuerst fand er die Methode dort ein bisschen schwierig, aber als er die Idee begriff, wie phyit - pyet durchs Herz fliesst, ging alles gut, und er fand dasselbe wie bei der anderen Methode; nach der Initiation in Vipassana hatte er keine Schwierigkeiten mehr, und er meditierte glücklich, wie es der Zeitplan vorgab. Aber dann wurde die bezahlte Gärtnerstelle frei, und er übernahm die meiste Arbeit, so dass er nur früh von 4 bis 6 Uhr und später von 5 Uhr am Nachmittag bis 10 Uhr abends meditieren konnte, und hin und wieder zwischendurch. 'Gibt es etwas, was Sie sich jetzt wünschen?' fragte ich. 'Überhaupt nichts. Der Lehrer versorgt mich mit Nahrung und Kleidung. Was sonst könnte ein Mensch wünschen?' Ich zeigte ihm meinen Fotoapparat. Eilig verschwand er in seiner kleinen Hütte, eine von denen, die über dem Wassergraben gebaut waren, und erschien wieder, gekleidet in sauberen Longyi und Hemd und stand stolz auf dem hölzernen Steg.

'Sehen Sie', sagte ich zu U Thein, dieser alte Mann ist der Beweis, dass die einfachen Menschen das Geheimnis der Meditation viel leichter finden als gescheite Intellektuelle.' Er lächelte. 'Der Bauer aus dem Dorf im Urwald findet leicht zur Lehre. Der gelehrte Mönch vielleicht niemals.' Und jemand weiser als er stellte fest, 'Wenn ihr nicht wie die kleinen Kinder werdet, werdet ihr niemals Eingang in das himmlische Königreich erhalten.' (Matthäus. 13: „Wahrlich ich sage euch: Wenn ihr nicht umkehrt und werdet wie die Kinder, so werdet ihr keinesfalls in das Reich des Himmels hineinkommen.“)

Mit einem Schmerzstich von Neid setzte ich mich hin, um wieder zu meditieren und sagte Mara, Versucher, Teufel, der Personifikation des Ich, dass er sehr schlau war, aber ich würde nicht länger sein Spiel treiben. Ich hatte erkannt, dass Schläue der schlimmste Feind der Meditation ist. Fotografieren war keine Ablenkung, aber schlaue, witzige Bemerkungen dabei zu machen war es sicher - ich brachte einmal sogar die ernsthaften Mönche zum Lachen, als sie zusahen, wie die reiche Kaufmannsfrau, ihre riesige Zigarre rauchend, für die Aufnahme im Schatten ihrer neuen Dhamma - Halle posierte. Die Fähigkeit zu besitzen, Leute zum Lachen zu bringen, hatte oft die Spannung mit Kunden gebrochen und eine unangenehme Situation in Lächeln gelöst, aber man bezahlt für jedes Talent, und ich erkannte, dass Erfolg bei Meditation hiess, die natürliche Neigung zu scherzhaften Kommentaren zu bändigen, denn sie führte zu einer Minderung an Achtsamkeit, der wesentlichen Basis von Konzentration. Buddha lehnte unkontrolliertes Gelächter ab, und ich verstand jetzt, warum. Was zählte, war nicht das Lachen selbst, sondern der Mangel an Achtsamkeit und Kontrolle, die ihm zugrunde lagen. Nachdem ich diese Wahrheit verstanden hatte, brachte die Lehre eine lange Periode glückseliger Versunkenheit in phyit - pyet, wie es sanft durch Körper und Geist floss, als jede Wahrnehmung von 'Ich' verschwand. Das wurde natürlich von einer Zeit herum schweifender Gedanken und von Selbstmitleid wegen Versagens gefolgt, Mara war sehr traurig, weil er entlassen worden war! Es ist sehr interessant, dass beide, der Lehrer und Daw Nyunt die Notwendigkeit von Liebender Güte Mara gegenüber betonten, dem Ego mit all seinen Schwächen und Fehlern. Jung (Psychoanalytiker) hatte auch herausgefunden, dass der tödlichste Feind, den wir lieben und dem zu vergeben wir lernen müssen, die dunkle Seite in uns selbst ist. Uns für unser Versagen anzuklagen ist genauso falsch, wie andere für ihres zu tadeln.

Zu dieser Zeit brachte Sarana einige Nonnen, die die Einsiedelei während der Freizeit um 5 Uhr nachmittags sehen wollten. Unter ihnen war eine kürzlich geweihte Frau im mittleren Alter aus Maymyu. Irgendetwas zog mich unwiderstehlich zu ihr als jemandem älter und erfahrener, obwohl 6 Jahre jünger als ich. Sie und ihr Mann, 70 Jahre, hatten eine Manufaktur zur Herstellung von Bambusmaterial zur Dachdeckung geführt. Vor 6 Jahren hatte sie begonnen zu meditieren. Während der ersten drei Jahre hatte allein der Glaube sie unterstützt. Dann plötzlich wurde die Meditation leichter und sehr bald überaus zufriedenstellend Sie übergab ihrer Tochter die Arbeit im Haus - sie hatte sechs Kinder, drei Buben und drei Mädchen - und gab soweit es ging ihre Arbeit im Geschäft auf. Da schon wäre sie gern Nonne geworden, aber ihre Mitarbeit im Geschäft war nicht zu ersetzen. So wartete sie auf ihre Zeit und lehrte Mann und Söhne die Weisheit, die sie selbst gelernt hatte. 'Ich fand zuerst die Lehre', erklärte sie mit der Einfachheit eines Kindes. Ein Jahr zuvor hatte ihr Mann zugestimmt, dass sie das Haus verliesse, aber bevor sie die Robe anlegen konnte, erkrankte sie; so wurde sie erst vor wenigen Wochen geweiht. Aber warum wurde sie eine Nonne? Warum konnte sie nicht weiter als nicht geweihte Frau meditieren? Ihre Antwort war sehr interessant. Als Nonne hätte sie grössere Freiheit zu gehen, wohin die Lehre sie führte, ohne irgendein Gefühl der Verpflichtung gegenüber der Familie. Aber sie hatte auch gefühlt, dass 'die Lehre wollte, dass sie die Robe als Nonne trug.' Jemand aus dem Westen, der gelehrte Abhandlungen über den Buddhismus las, hatte keine Ahnung von dem, was in Realität die Führung der Lehre für einen im Buddhismus Geborenen bedeutete. Ja, es gibt kein Gefühl eines persönlichen Gottes, aber die Leitung durch das Innere Licht ist für den buddhistischen Meditierenden ganz genauso real wie für den Quaker Gott; vielleicht sogar noch mehr, denn im Osten ist die Religion nicht getrennt von weltlichen Leben, wie es im Westen der Fall ist.

Khema, das war ihr 'religiöser' Name (so hiess die Frau von König Bimbisara), war in der sehr kalten Jahreszeit in Maymyu nach Maha Bodhi gekommen, aber so bald es wärmer würde, hatte sie vor, in ihre Stadt zurück zu kehren und die erste Meditierende in dem kleinen neuen Zentrum für Meditation dort zu werden, das jetzt nur einmal während der Fastenzeit von einem Mönch besucht wurde. Sie erwartete, dass andere ihrem Beispiel folgen würden, aber auch wenn nicht, sie hatte nichts dagegen, allein zu leben, und es gab Klöster für Nonnen in der Nähe. Sie hatte auch andere ausserhalb ihrer Familie unterrichtet, und sie dachte, dass Frauen für Unterweisung zu ihr ins Zentrum kommen würden. Was aber mit Männern? Sie sagte, dass sie kaum erwartete, dass Männer kämen, denn Birmanen hätten viele Vorurteile gegen Frauen, was diese Sachen betraf, aber der diensthabende Mönch hätte nichts dagegen, wenn sie auch Männer unterrichtete. Sie selbst war Vegetarierin und brauchte nur eine kleine Bohnenmahlzeit. Wenn andere Leute kämen, würde vermutlich die Schwester des Mönchs für sie kochen. Die Methode, die an dem Zentrum gelehrt wurde, war der in Maha Bodhi ähnlich; man begann mit der Atmung und wechselte dann zu Vipassana mit der Betrachtung von phyit - pyet im Kopf. Die Nonne war ruhig und sanft, jedoch mit einer subtilen Strenge, die nur die Ruhigen und Sanften besitzen können.

Von der Klause aus konnte man das Meditationszentrum für Aussätzige, das mich bei meinem letzten Besuch so beeindruckt hatte, eher ahnen als sehen. Aber U Thein ging nicht mehr dorthin. Der Mönch des Zentrums, das U Thein verlassen hatte, als er dort nicht länger willkommen war, hatte das Zentrum für Leprakranke übernommen. Was lag dem zugrunde? Natürlich gab U Thein nicht den leisesten Hinweis auf irgendetwas Ungutes. Dann besuchte Sarana das Zentrum und berichtete, dass alle Nonnen und die nicht geweihten Frauen es verlassen hatten. Warum? Ich fuhr hinüber, um selbst zu sehen, warum ein heller Stern im lokalen Buddhismus so bleich geworden war. Sarana nahm uns an der Wesleyan Niederlassung für Leprakranke an dem See, voll mit Wasserlilien, vorbei. Am Zentrum für Leprakranke trafen wir zuerst auf eine kleine Gruppe Frauen, die den Rosenkranz beteten. Eine von ihnen kam mit Genehmigung von der Wesleyan Niederlassung, um den Sabbat an ihrem Platz der Anbetung zu verbringen. Die einzigen anderen Bewohner am Zentrum waren Novizen – niemand mit einer Krankheit wie Aussatz konnte ganz geweiht werden. Ausser drei Hütten waren alle anderen verlassen und leer. Warum waren alle Laien, Männer wie Frauen und die Nonnen weggegangen? Die Novizen sagten uns, dass sie gegangen waren, weil sie kein Essen bekommen konnten. Es gab keine Laien Wohltäter, um sie zu unterstützen oder Vereinbarungen mit der Regierung zu treffen, Nahrungsmittel zur Verfügung zu stellen, und da sie krank waren, konnten sie nicht selbst zu den Behörden gehen, und jetzt waren sie auch zu wenige, um sich für die Hilfe der Regierung zu qualifizieren. Es war also ein Teufelskreis - keine Menschen, keine Nahrung, - keine Nahrung, keine Menschen. Sie selbst hätten wegen ihrer gelben Roben für Almosen ins Dorf gehen können. Aber es bringt wenig Verdienst, gesunden Nonnen zu geben, geschweige denn kranken, so konnten die Nonnen keine Nahrungsmittel bekommen und mussten sich entweder an das öffentliche Zentrum für Leprakranke wenden oder an das der Katholiken oder schliesslich an das der Wesleyan. Und warum, so fragten die Christen, konnte ihnen der Mönch, der ihr Priester war, nicht helfen? Na gut, Mönche tun das nicht, das ist alles, was man dazu sagen kann.

Und so waren es nur die hübschen kleinen Hütten, die Bananensträucher, die golden - orangen afrikanischen Studentenblüten und die wenigen gelben Roben, was sich in den stillen Wassern des Sees spiegelte. Zu Zeiten des buddhistischen Kaisers Asoka in Indien und des Prinzregenten Shotoku in Japan wäre das nicht so gewesen, und man kann Buddha sagen hören 'Der, der mir nicht dienen kann, soll den Kranken dienen.' Gute Taten mögen kein Selbstzweck sein, aber wenn wir in anderen Leben ernten, was wir in diesem säten, welches Schicksal mag die ohne Mitleid mit den Leidenden erwarten, auch wenn diese vielleicht jetzt leiden, weil sie in früheren Leben Schlechtes getan haben?

Ich war eigentlich nicht geneigt, denen in gelben Roben etwas zu spenden, weil sie von anderen so gut versorgt werden. Aber als ich dann an die schreckliche Krankheit dachte, an der diese Novizen litten, gab ich nach, und der Koch und noch ein anderer Mann gingen los mit einer Menge nützlicher Dinge wie Seife und Kerzen. Buddha sagte, mit eigener Hand, selbst, zu geben, ist segensvoller, aber ich hatte nur noch sehr wenig Zeit.

Bei einem meiner Besuche bei der Bank kam gleichzeitig ein junger birmanischer Arzt in den Besuchsraum des Abteilungsleiters und setzte sich an seinen Tisch - in Mandalay ging man einfach kühn hinein, ohne in der Schlange vor der Tür zu warten und vertrieb sich gewinnbringend die Zeit des Wartens damit, den privaten finanziellen Angelegenheiten von jemand anders zuzuhören! Dieser junge Doktor war sehr zornig darüber, dass ich nach Mandalay gekommen war, um zu meditieren, was er als sehr selbstsüchtig fand, wohingegen seine Arbeit darin bestand, das Leiden anderer zu lindern. U Theins Kommentar zu dieser Einschätzung war 'die Arbeit des Arztes ist eine Gabe aus Kupfer; Meditation ist eine von Gold. Die Kunst des Arztes kann Leiden nur erleichtern, aber die Kunst der Meditation zeigt den Weg, insgesamt von allem Leiden befreit zu werden. Die Gabe der Lehre ist das grösstmögliche Geschenk.' Aber die Gabe von ein wenig Reis, so dachte ich bei mir, hätte den Aussätzigen vielleicht ermöglicht, auch die Gabe der Lehre zu empfangen. Gottes Taten sind sicher kein Selbstzweck, wie manche Christen denken, in einer Welt, in der alles vergeht, und es ist nicht sehr sinnvoll, das Leiden eines Menschen in dieser Welt des Leidens zu verlängern, wenn man ihm nicht den Weg zeigt, der von allem Leiden befreit. Aber Buddha selbst weigerte sich, über die Lehre und den Weg aus allem Leiden zu predigen, bevor man nicht zuerst einem Hungrigen Speise gegeben hatte. (Havard Oriental Series, Vol.30, Seite 74)

Die schwere Tätigkeit von Daw Nyunt im Maha Bodhi hatte sich ein wenig erleichtert durch die Ankunft eines reichen Kaufmanns im Ruhestand, dreiundsechzig Jahre alt, der zuvor Tee, Sesam, Cherootblätter (für die burmesischen Zigarren, d. Übers.), Erbsen und Kaffee aus den Shan Staaten nach Mandalay importiert hatte. Er war nun zuständig für die Erfordernisse der Yogis wenn Daw Nyunt nicht da war, er gab Quittungen für Geld aus und kümmerte sich um neue Bauarbeiten. Aber all das liess ihm noch genügend Zeit für Meditation, und er hatte seit acht Jahren meditiert. Wie Khema hatte er es auch anfangs als schwierig empfunden, aber nach vier Jahren hatte er, wie sie auch, den Wunsch gehabt, sich aus dem Geschäft zurückzuziehen, aber seine Frau und die drei Kinder willigten nicht ein. Er drohte damit, sein Haupthaar zu schneiden und Mönch zu werden. Letztendlich, vorigen April, hatten sie nachgegeben. Es wurde ihm erlaubt, ihnen sein Vermögen und das Geschäft zu übergeben und sich nach Maha Bodhi zurückzuziehen. Seine Frau meditierte auch und kam am Wochenende zum Zentrum, aber sie fühlte, dass sie selbst nicht jetzt schon ihre zwei Söhne, die noch unverheiratet waren, verlassen konnte. Wenn sie ins Zentrum kam, nahm sie die Wäsche ihres Mannes mit heim und brachte sie am nächsten Wochenende zurück. Ansonsten sorgte die Familie für seine geringen Bedürfnisse. Immer, wenn er sein Zuhause besuchte, gab es Probleme und Streitigkeiten, und er war sehr froh, wieder ins Zentrum zurückzukehren; er hatte ein Alter erreicht, in dem er nur noch wünschte, seine Tage in Frieden zu beenden und anderen dabei zu helfen, das auch zu erreichen.

Sarana kommentierte, 'Es ist leichter für ein Kamel durch ein Nadelöhr zu gehen, als für einen reichen Mann, ins Himmelreich zu kommen, aber dieser reiche Mann hat es geschafft.' Schon wahr, doch bald, nachdem er angekommen war, fand er es zwingend notwendig, seinen Reichtum aufzugeben. Es ist die Abhängigkeit von weltlichen Gütern, das zählt, nicht ihr Besitz, aber tatsächlich fand ich nie einen Yogi im Kloster, der noch seinen Reichtum besass.

Der ehemalige Kaufmann sass allein an einem Tisch im Esssaal. Der Grund, warum er nicht an demselben kleinen runden Tisch sass wie der alte Mann, der den Garten wässerte, war nicht, dass er einmal reich war und der letztere arm – alle waren gleich im Maha Bodhi Zentrum – aber weil er Vegetarier war. Als er ins Zentrum kam, gelobte er: 'Ich werde jetzt Vegetarier werden. Möge meine Meditation gut sein.' Sein Wunsch hatte sich erfüllt. Aber warum ass er dann nicht an meinem Tisch? Nun, einfach deswegen, weil Männer und Frauen nie am selben Tisch assen.

Die Nonne Khema und der ehemalige Kaufmann kamen aus der gehobenen Klasse, aber wahrscheinlich die Mehrheit der Nonnen und Laien - Meditierenden gehörten der Klasse der Ladenbesitzer an. Die anderen zwei Frauen, mit denen ich sprach, stammten aus dem Basar, das heisst, sie waren kleine Ladenbesitzerinnen.

Die erste war die Nonne, die täglich ein Gericht für mich kochte. Sie war erst zweiundfünfzig und die einzige, die zu den Ideen von Fielding Hall passte, dass nur Frauen, die einen schweren Verlust zu beklagen hatten oder Probleme in der Liebe erfuhren, Nonnen wurden, was sehr weit von der Realität entfernt war. Diese Frau hatte vor 25 Jahren ihren Mann verloren und sieben Jahre später das letzte ihrer drei Kinder, aber sie wurde nicht gleich Nonne. Für zwei Jahre führte sie ihr kleines Obstgeschäft weiter und wurde dann in die Meditation eingeführt. Selbst dann war sie es zufrieden, daheim zu praktizieren. Als Maha Bodhi öffnete, war es zuerst nicht möglich, da zu leben und für sich selbst zu kochen, und sie hatte das Geld nicht, die Mahlzeiten zu bezahlen. Sie ging in die Hügel von Sagaing, legte ihren Schmuck ab und die Robe der Nonne an. Das war vor sieben Jahren. Seither meditierte sie ununterbrochen, zuerst in den Sagaing Hügeln, dann im Zentrum Maha Bodhi. U Thein wollte nicht, dass die Nonnen irgendeine Arbeit verrichteten, ausgenommen, bei der Vipassana Initiation zu helfen. Aber natürlich war sie immer bereit beizustehen, wenn jemand in Not war, und tatsächlich hatte sie eine alte Dame während ihrer letzten Krankheit gepflegt. Wenn sie diese Tage zum Markt zurückkehrte, sah sie Neid und Habgier überall, und es war eine seelische Qual für sie. Als sie selbst dort ihr Geschäft leitete, hatte sie diese Dinge nicht bemerkt. Zu der Zeit hatte sie nichts getan, um anderen zu helfen, aber jetzt gab es oft etwas, was sie für andere tun konnte, mal abgesehen von der Meditation, so zum Beispiel für eine fremde Yogi täglich ein Gericht zu kochen. Alles, was sie für sich selbst forderte, war, die Tage in Frieden zu verbringen.

Die andere Frau, die ich die 'Roter-Drachen-Dame' nannte, war keine Nonne und fühlte sich auch nicht berufen, eine zu werden. Sie hatte der Frau, die gekocht hatte, geholfen, mein Mittagessen hinüber zu meiner Klause zu tragen. Ihr Interesse an Meditation war vor zwanzig Jahren geweckt worden, kurz nach dem Tod ihres Mannes, als sie erst fünf und dreissig war, ihre drei Söhne noch jung und das Ladengeschäft wichtig, um sie zu ernähren. Sie nahm einen fünfzehn Tage dauernden Kurs in Meditation mit der Apana Technik im Shwebo Kloster und praktizierte diese Methode neunzehn Jahre lang zuhause, bis ihre Söhne erwachsen und verheiratet waren. Dann ging sie zu dem Zentrum für Meditation Roter Drachen in der Nähe des Mandalay Hügels, wo die Methode die der Betrachtung der zwei und dreissig Teile des Körpers war, und es gab keinen geplanten Wechsel zur Vipassana Methode. Ich hörte oft von diesem Zentrum, das von der reichen Geschäftsfrau, die ihr Vermögen mit der Herstellung von Cheroots (burmesische Zigarren, d. Über.) mit der Handelsmarke 'Roter Drachen' erworben hatte, gegründet und unterhalten worden war. An diesem Zentrum gab es kostenlose Mahlzeiten, und es war natürlich immer sehr voll.

Die 'Rote - Drachen - Dame' hatte viele Monate an dem Zentrum gelebt, aber sie verliess es für den Frieden am Zentrum Maha Bodhi und eine Technik, die sie als besser und auch leichter empfand. Die Söhne hätten sie gern zurück im Geschäft gehabt, aber das lag ihr fern. Alles, was sie wollte, war, ihre Tage in Frieden zu beenden, aber auch sie war immer bereit, wenn nötig Hilfe zu leisten, wie zum Beispiel der Nonne, die für mich kochte, beizustehen, die Mahlzeiten für die fremde Yogi zu transportieren. Die Hütte, in der sie lebte, war von einer Verwandten gebaut worden; sollte die Verwandte während der Regenzeit zu Besuch kommen, konnte sie vermutlich bei ihr wohnen. Ihr

Gesicht war noch immer jung und strahlte heiter gelassene Ruhe aus.

Die Gespräche mit den Mönchen offenbarten ein homogenes Gemeinschaftsleben, das unsere jungen Enthusiasten beneiden konnten, die versuchen, 'Gemeinschaften' auf die Füsse zu stellen ohne geistige und religiöse Grundlage, was allein schon dazu helfen würde, diese Gruppen nicht schnell wieder verschwinden zu sehen. Die Gruppe der Mönche unterhielt sich nicht selbst; sie bauten weder Obst noch Gemüse an, hielten keine Kühe oder anderes Getier. Sie war fast vollständig abhängig von Spenden derer, die sie unterstützten, denn die Gebühren, die die Yogis-in-Ausbildung einbrachten, deckten nicht einmal die Kosten für Ernährung und den Lohn des Kochs. Es gab keine Regel, die besagte, dass Yogis nichts besitzen durften, aber tatsächlich, obwohl sie keine Mönche oder Nonnen waren, übergaben sie ihren Familien all ihren weltlichen Besitz. Oft hatten diese ständigen Yogis Verwandte, die sie unterstützten, aber eben nicht immer.

Anders als die meisten Gemeinschaften gab es Im Maha Bodhi Zentrum kein offensichtliches regierendes Gremium. Theoretisch war U Thein zeitweilig wie das spirituelle Oberhaupt. Aber keinem war irgendeine 'Regierung' bewusst, und tatsächlich war Daw Nyunt zeitweise bestimmend und ordnete das meiste an. Am Ende bestimmten die öffentliche Meinung oder die Unterstützer, was passierte, so, als sie einen berühmten Dhamma - Prediger einluden, die neue Gemeinschaftshalle zu eröffnen. Sowohl U Thein als auch Daw Nyunt wussten, dass das der Meditation nicht gross helfen würde, aber sie taten nichts, sich dieser Einladung zu widersetzen. Alle, ausser dem Koch – Ehepaar, stellten ihre Dienste unentgeltlich zur Verfügung. Die Aufgaben von Daw Nyunt und dem alten Mann, der nach dem Garten sah, waren offensichtlich anstrengend, aber nicht weniger wesentlich für das Gemeinschaftsleben war die Tätigkeit von denen, die für die richtige Atmosphäre sorgten und bei der Vipassana – Initiation assistierten.

Kapitel 12

ABLENKUNGEN

Etwas widerstrebend stimmte U Thein zu, dass die Dhamma verlangte, ich solle nach Maymyu gehen, aber schliesslich war er es zufrieden, dass die Lehre, Dhamma, meine Torheit, wenn es denn eine war, schon richten würde. Die Berge von Maymyu hatten sich verlockend im Nord-Osten erhoben, seit ich mich zum ersten Mal in der kleinen Hütte über dem Wassergraben hingesetzt hatte, und Sarana erzählte mir von ihren Schönheiten, besonders von der Schönheit der Kirschblüte. Und es gab dort auch Zentren für Meditation. So vereinbarte U Aye Bo an dem Sonntag, bevor er Mandalay verliess, mit einem seiner Freunde, uns in die Berge zu fahren. Eine bezaubernde Schauspielerin in rotem Gewand und funkelnden Juwelen kam mit, um ihre Familie zu besuchen.

Die Strasse wand sich wie ein Korkenzieher hinauf mit wunderbaren Ausblicken auf Bergspitzen - die Burmesen hatten keinerlei Interesse daran, gab es auf ihnen doch keine Pagoden! Aber wir fuhren dicht an einem Hügel vorbei, dessen Pagoden in der Sonne glänzten. Also das war doch etwas Lohnendes und wir hielten an, um Fotos zu machen. Kurz darauf kamen wir zu einem besonders schönen Aussichtsplatz, der sich zudem durch die Errichtung einer Pagode lohnte, durch deren Bögen man die Berggipfel und auch die glitzernden Wasser des Irrawaddy - Flusses sehen konnte. Wenn da eine Pagode ist, halten selbst die lautstark fröhlichen Feriengäste an für einen Augenblick der Achtsamkeit und die Wiederholung der Zufluchten; deshalb sind Pagoden in Ferienorten so wichtig.

Am Grunde der Täler gab es Flüsse, über die glänzend grüne Bäumen hingen, unter ihnen auch Banyan - Bäume, aber nicht der berühmte 'ficus religiosa', in dessen Schatten Buddha sass, als er Erleuchtung erlangte und dessen Blätter grösser waren, als die der birmanischen Art. Über den Tiefen der Täler waren die Berghänge hauptsächlich mit Laubbäumen bedeckt, auch Teak und getrocknetem braunem Bambus im Unterholz, die mit den kommenden April - Regen grün ausbrechen würden. Diese bewaldeten Hügel waren ganz anders als der dichte Urwald, durch den wir 1938 während der Regenzeit kamen, unterwegs von Myitkina zum Kambaiti - Pass. Das Grün dieser Hügel erinnerte an das stachelige Grün von denen nahe Rajagaha oder Rajgir in Indien, von dem ein bisschen noch lange blieb, nachdem der zuvor erwähnte Pfad geendet hatte. Aber hier gab es Pfade zu allen Shan - Staaten und die Dürre endete in saftigem Grün entlang der Flussbetten. Überall viele Dörfer, aber die Hütten waren ganz verborgen, und nur ein gelegentliches Ananasfeld oder anderer Anbau offenbarten den Flickenteppich, den man vom Flugzeug aus sah.

Unterhalb der Pagode hatte sich ein schlimmer Unfall ereignet. Die Bremsen eines Jeeps hatten versagt; er lag umgestürzt auf der Seite in einer Windung unten und seine Insassen waren ins Krankenhaus gebracht worden. Die Kaffee - Plantagen waren sorgfältig mit Bambusmatten bedeckt, was zeigte, dass Sarana Recht hatte, es gab im Winter Frost, obwohl die Hügel von Maymyu nur etwa 1000m hoch waren. Es gab Anzeichen verschiedener

Industrien, so wie eine für Kondensmilch, während mit Ringen gezeichnete Bäume bereit waren, gefällt zu werden, nachdem sie drei Jahre lang getrocknet wurden. Am Wegrand standen Kioske und kleine Geschäfte, nicht viel anders als in Australien, ausgenommen, dass hier die Händler im Schneidersitz auf Plattformen sassen. Auch gab es eine Kabine für die Wahlen mit der unerlässlichen Pagode daneben und einem Kuhstall dahinter. Aber der interessantesten Anblick war der eines Nat - Dorfes, jede Menge kleine Puppenhäuser auf Stelzen, einige mit Abbildungen des tatsächlichen Nats, und viele mit Vasen, frisch gefüllt mit Blumen. (Nat: Naturgeister)

Wie ich schon erwähnte, hörte ich nie von jemandem, der einen Nat gesehen hatte, aber jeder war davon überzeugt, dass sie existierten. Sogar U Thein, der kein Interesse an Astrologen hatte, schickte ihnen Liebende Güte und manchmal, wenn er die Gong - Glocke schlug, fühlte er, dass da himmlische Wesen oder Nats wohlwollend zuschauten. Er meinte, wenn ein Meditierender wusste, dass an einem gewissen Ort Unglück bringende Nats waren, dann würde er dort nicht meditieren, nicht, dass die Nats ihm schaden würden, aber seine Gegenwart könnte einen bösen Nat stören und verärgern. (Übrigens auch ein guter Rat auf feindliche Menschen angewendet.) Manchmal, in Ausnahmesituationen, hatte er zu den Nats gesagt, ' Ich habe euch immer Liebende Güte geschickt. Nun ist es an euch, werdet ihr mir helfen?' - und er war ein Buddhist, der nicht daran glaubte, dass Götter die Macht haben zu helfen, da sie selbst, wie alle anderen Wesen, der Dhamma unterlagen! U Thant, ein ausgebildeter Naturwissenschaftler, versuchte die Nats klein zu reden, aber als ich ihm die Geschichte von zwei Autounfällen erzählte, die an einem identischen Ort in der Nähe der Botanischen Gärten in Sydney stattgefunden hatten, und danach keine je wieder, stimmte er bereitwillig zu, dass Nats die einzige Erklärung dafür sein konnten. Und U Aye Bo zündet am Morgen Kerzen an, einige für Nats für seine Leiden und einige für Buddha für seine Erleuchtung. Und Sarana brennt Kerzen an für Nats in der Nähe ihrer Meditationshütte.

Maymyu wurde durch eine Tafel am Wegrand angezeigt. Würde es so schön sein wie die indischen Bergstationen in den Himalayas, Bergstädtchen wie Almora auf einem kilometerlangen Rücken, an den sich die Häuser klammern wie Napfschnecken (limpets), so dass man von dem Weg hinten auf das Dach des Hauses unten steigen kann und wo man durch dunkle Zedern auf weisse Berggipfel schaut? Aber Maymyu wurde auf einem flachen Plateau gebaut, also gibt es überall Fahrräder, und natürlich sind da keine schneebedeckten Gipfel. Nicht einmal Bäume säumen die Strassen, um die Geschäfte vor dem Strassenstaub abzuschirmen. Erst als wir das frühere britische Viertel erreichten, war Maymyu wunderschön mit schattigen Bäumen und weit ausgelegten Gärten, die noch schöner gewesen sein mussten, als sie von einheimischen Gärtnern gepflegt wurden. Aber wie sehr hätte ich es damals gehasst! Die Briten schufen diese Myu oder Stadt. Man kann sich Gouverneur May vorstellen, in der sommerlichen Tropenhitze Mandalays schwitzend, wie er hinauf in die kühle Region der Hügel reiste und dort nur Shan - Dörfler fand, die sich ihres heilsamen Klimas erfreuten, und der dann prompt begann, seine Stadt zu bauen, mit Burmesen und Indern, deren Abkömmlinge nun eine kosmopolitische Gesellschaft bildeten, wo die verschiedenen Rassen und Religionen sich bei der Arbeit und zu festlichen Anlässen mischten, es aber noch immer keine Mischehen gab. Wir fuhren an zwei Leichenzügen vorbei, eine nach Hindu Ritual mit einer teilweise offenen Leiche; die andere moslemisch mit einem völlig bedeckten Körper. Es gab Hindu Tempel und Moscheen, und Buddhisten gingen am Wochenende in die Klöster und lauschten den Predigen der Mönche. U Nu, nicht einverstanden damit, dass Menschen sich vergnügten, ohne religiösen Verdienst zu erwerben, hatte eine Pagode in dem britischen Park erbaut in der Nähe eines reizenden künstlichen Sees, und wir sahen fröhliche Feriengäste in bunter Kleidung, wie sie ein paar Blumen stibitzten, um sie vor Buddha niederzulegen, während sie die Zufluchten beteten. In der Nähe hatte er auch einen Schrein für die allgegenwärtigen Nats zur Verfügung gestellt. Die Kirschen waren in voller Blüte und ein verschwommenes Rosa, wo immer man hinschaute. Kirschen dürfen nicht exportiert werden, um Beschädigung der Bäume zu vermeiden, aber es waren wilde Kirschen und nur Kinder daran interessiert, sie zu essen. Doch Maymyu züchtete andere Früchte, und wir hatten Himbeeren zum Mittagessen.

Das hatten wir im Haus von Saranas Schwester, Daw Saw Yin, die an der katholischen Schule unterrichtete, an der auch Sarana gewesen war. Sie war die, die das Geld verdiente für die alte Mutter, die erblindete Schwester, den Mann der jüngeren Schwester, der schon älter und im Ruhestand war, deren Kind und eine Tante. Und nun, da

Sarana eine Nonne geworden war, sorgte sie auch für ihre Nahrungsmittel. Die Familie hatte einen Schüler aufgenommen, um die Finanzen ein wenig aufzubessern. Es war Daw Saw Yins Vorhaben, nach dem Tod der Mutter das Haus zu vermieten und sich als Laien Meditierende von der Welt zurückzuziehen. Jemand aus dem Westen betrachtet es vermutlich als höchst unfair, dass eine Frau das Geld für all diese Leute verdiente, oder anders ausgedrückt, sollte Sarana die Robe ablegen und auch arbeiten. Saw Daw Yin aber sah darin nichts Seltsames oder Unfaires; in früherer Zeit hatte Sarana ihre Karriere aufgegeben und Geld verdient, um ihre jüngeren Brüder und Schwestern aufzuziehen und nun, wie Maria, hatte sie das Bessere gewählt, und das sollte ihr nicht genommen werden. Mehr noch, sie konnte ihrer Mutter die 'Gabe der Lehre' geben, die erst dagegen war, dass ihre Tochter eine Nonne werden wollte, nun aber selbst meditierte und inneren Frieden gefunden hatte.

Es gab drei Zentren für Meditation in Maymyu. Das erste, das wir besuchten, war das kleine, wo die neue Nonne Khema leben würde, sobald wärmeres Wetter eingesetzt hatte, das aber jetzt leer stand, da der Mönch nur während der Fastenzeit kam. Ich verbrachte dort eine Stunde der Ruhe und Meditation in einer der Hütten, die wegen der Kälte hier solider gebaut waren, als die in Mandalay. Das zweite gehörte zum Zentrum des Roten Drachen nahe dem Hügel von Mandalay. Hier gab es Mönche, Nonnen und Novizen. Diese praktizierten Meditation nur von 4 bis 6 Uhr am Morgen. Den Rest des Tages verbrachten sie damit, ihre Lektionen laut herzusagen. Das wäre sicher ein gutes Zentrum, um darüber zu meditieren 'Da sind nur das Ohr, das Objekt des Hörens und das Bewusstsein, das beide verbindet'. Die anderen 31 Teile des Körpers würden wahrscheinlich leicht aus dem Bewusstsein entlassen werden durch die zwingende Notwendigkeit, die Verbindung zwischen dem Hören und dem Objekt des Hörens zu entfernen! Eine der Nonnen pflückte einige englische Blüten für mich. Aber ausser diesen gab es guten alten australischen Eukalyptus und einen Strauch mit roten Flaschenbürstenblüten, die auch aus meinem eigenen kleinen Buschlandgarten 'Ahimsa' stammen könnten. Das letzte der drei Zentren war gross und das Gras hoch gewachsen; dort übte man die Atem - Meditation, Anapa, aber auch hier schien jetzt niemand da zu sein.

Eine viel schlimmere Ablenkung als nach Maymyu zu gehen, war die Aussicht, am Abend danach eine Vorlesung halten zu sollen. Eigentlich bin ich an Vorlesungen gewöhnt, aber dennoch wurde ich extrem nervös, was zu Halsschmerzen führte. Nervosität resultiert natürlich aus Egoismus, dem Unvermögen, der Lehre, Dhamma, zu vertrauen und weil man nicht richtig weiss, was Nicht - Ich, Anatta, in der aktuellen Erfahrung bedeutet. Problematisch war, dass die Zuhörer eine unbekannte Grösse darstellten, und auch, dass ich ihre Reaktion nicht einschätzen konnte, denn als ich mir vorstellte, was ich ihnen sagen wollte, wurde mir erstmals der ungeheure Unterschied klar, der zwischen ihrer Wellenlänge und meiner bestand. Die Aufgabe wurde noch dadurch erschwert, dass alles durch einen Übersetzer laufen musste. Die Rettung brachten nur ein paar Farbdiapositive, aber selbst die würden für Menschen unverständlich sein, die eine Landschaft als solche wertlos finden, es sei denn, es gäbe dort Pagoden, während sie für mich und meine Freunde in Sydney nur Wert hatten, wenn es keinerlei Anzeichen von Menschen gab.

Als es dann soweit war, stellte sich grosse Erleichterung ein, denn Saranas Übersetzung führte zu gelegentlichem Lachen.

Danach hatte Sarana, eine grossartige Organisatorin, arrangiert, dass meine Spenden vergeben werden sollten. Für jemanden, der damit aufgewachsen war, dass 'die linke Hand nicht wissen soll, was die rechte tut', war es höchst peinlich, der einzelnen Aufzählung zu lauschen, welche Spenden 'Daw Marie' an wen oder wohin gemacht hatte oder jetzt machen würde, eingeschlossen die an die Lepra - Kranken, mickrige zwei Pfund wert, einen 'Fussabdruck von Gautama Buddha' (Buch der Autorin) an U Ay Bo, die burmesische Übersetzung der Digha Nikaya und der englischen der Majjhima Nikaya an Sarana, wie auch die substantielleren Geldspenden für Eindas Hütte, U Aye Bos Meditationszentrum am Mandalay - Hügel und natürlich für Maha Bodhi. Ich erwähne all das nicht, um zu zeigen, dass die Bank einige Tage vor meiner Abreise das Geld zur Verfügung stellte, auch nicht, weil ich jetzt kein schlechtes Gewissen mehr habe, wenn meine Wohltaten bekannt werden, sondern um den Unterschied zwischen der burmesischen Einstellung und der unsrigen zu zeigen. Als die Aufzählung der Gaben von Daw Mary vorbei war, rezitierte der eine anwesende Mönch, (übrigens der, mit dem ich das Interview hatte), Segenssprüche, während ich Wasser aus einem kleinen Krug in einen grösseren goss und gleichzeitig 'phyit - pyet!' sagte - alles vergeht, der Geber, die Gabe und der Empfänger. Danach schlug einer der Männer den grossen Glocken - Gong, um das Verdienst zu verteilen. Aber trotzdem, es waren keine milden Gaben 'im Geheimen', auch wenn das Verdienst daran verteilt wurde!

Irgendetwas ging schief bei der Schau der Bilder mit elektrischem Licht, und es gab die Bitte, das am nächsten Abend zu wiederholen. Die anderen drei Mönche waren diesmal anwesend. Sollte ich mich selbst loben, weil der bescheidene junge Mönch ihnen gesagt hatte, dass nichts gegen diese Darbietung sprach, und dass sie vielleicht sogar etwas lernen könnten von einer Frau? Diesmal klappte es besser. Ich hatte die Technik herausgefunden, mit Übersetzung zu sprechen, und Sarana war weniger nervös, weil im Publikum keine Englisch sprechenden Leute waren, die ihre Übersetzung hätten kritisieren können. Es gab ein erfreuliches Kichern der Zuhörer bei dem Bild eines Ashrams von Anandamaya, der Heiligen Frau von Indien, und bei der Erläuterung, dass in Indien nicht jeder, der die gelbe Robe trug, verehrt wurde, sondern sondern nur die, von denen man glaubte, dass sie Arahat, Heilige seien, die die Asavas, Vorurteile, mit denen wir geboren werden, überwunden hatten, und dass in der Religion kein Unterschied zwischen Männern und Frauen bestand. Und nochmal, ich lobte mich, weil ich vielleicht in Mandalay einen winzigen Samen für den Respekt für Frauen gesät hatte.

Als ich mich bei U Thein beklagte, dass diese Vorlesung viel mehr ablenkte, als der Besuch von Maymyu, hatte der kein Verständnis. Diese Vorlesungen waren sehr gut für die Menschen die zuhörten, denn ich war vom weit entfernten Australien ins Zentrum Maha Bodhi gekommen, währenddessen viele der Zuhörer den Weg nicht mal vom Basar zurücklegten! In anderen Worten, zu leiden, um Meditierenden von Mandalay zu helfen.

Aber die Ablenkung durch die Nervosität wegen der Vorlesung war nicht die Ursache, dass die Meditation bei diesem zweiten Aufenthalt weniger erfolgreich war, als bei dem ersten. Wahr ist, dass es Fortschritt gab und dass da glückselige Erfahrungen geschahen, als Geist und Körper aus ständig wechselnden Atomen bestanden, und dass diese Erfahrungen vollständiger waren als zuvor. Aber lange Perioden der Konzentration passierten seltener und der Fortschritt war weniger spektakulär. Der Grund lag vermutlich in zu intensivem Verlangen und der Entschlossenheit (weiter zu kommen, das Ziel zu erreichen d. Übers.), statt der Natur ihren Gang zu lassen, die Dinge zu entwickeln ohne Einmischung des Bewusstseins. Aber Meditation ist nur ein Schritt auf dem Achtfachen Pfad. Sie ist kein Selbstzweck. Das ultimative Ziel ist die Befreiung von Leiden durch die Überwindung der Asavas, der Vorurteile oder Tendenzen, mit denen wir geboren werden, um sinnliche Vergnügungen zu suchen, unser Ich zu erhalten, gegenüber der wahren Natur der Dinge unwissend zu bleiben. Wenn man das wesentliche Ziel von Meditation vor Augen hat, dann musste der zweite Besuch der Zentren für Meditation in Burma ertragreicher eingestuft werden als der erste, und die Resultate waren evidenter bei meiner Heimkehr. Und tatsächlich, die Erfahrungen, die ich bei meiner Rückkehr nach Australien machte, liessen nicht den geringsten Zweifel daran, dass zu lernen, die Zerstreutheit der Gedanken zu sammeln, verbunden mit bewusstem Einüben von Liebender Güte und Wahrhaftigkeit unweigerlich zur Befreiung von Leiden und zu einem Frieden führten, der das Verstehen übersteigt.

Die Nacht vor meiner Abreise war glückliche Wachheit und leicht erlangte Konzentration. Alle Zweifel schienen sich zu klären, und der Weg sich zu öffnen. Früh am nächsten Morgen besuchte ich U Thein für ein abschliessendes Gespräch, bevor die Yogis kamen, denn es war Sabbat, Sonntag. Er sagte, dass, wenn ich in Birma lebte, es gut wäre, jedes Jahr für einen Monat ins Maha Bodhi Zentrum zu gehen, und ich stimmte aus ganzem Herzen zu. Ich fragte ihn, wie man unterscheiden konnte zwischen den Schmerzen, die Dhamma verursachte, wie die Magenschmerzen bei meinem ersten Besuch, oder bei diesem Besuch, während ich in der Dhamma Halle sass, und den Schmerzen, die durch Mara oder Egoismus herrührten, solche wie die heissen Nadeln. Er antwortete, dass die Schmerzen, die das Wirken von Dhamma, dem Gesetz des eigenen Seins, verursachte, langsam einsetzen und auch langsam, allmählich wieder gingen, während die Schmerzen durch Mara schnell kommen und auch so vergingen, denn sie sind der Versuch des Ego, einen von der Lehre, Dhamma und der Meditation abzulenken. Das Mittel gegen die letzteren ist, keinen Unmut zu fühlen, sie zu erkennen als die angeborene Tendenz, ein individuelles Selbst zu begründen, und stattdessen die Intensität der Meditation zu erhöhen. In beiden Fällen müssen die Schmerzen ruhig ertragen und kein Versuch unternommen werden, sie zu beenden. Nur, wenn die Schmerzen durch kosmisches Karma verursacht sind, so wie plötzliche

Änderung der Körpertemperatur, ist es notwendig und angeraten, nach äusserer Hilfe zu suchen.

Ich fragte auch nach dem Mittel gegen Schläfrigkeit, und er sagte, es sei das beste, die Intensität der Meditation zu erhöhen, es sei denn, die Schläfrigkeit war Erschöpfung geschuldet, dann müsste den Erfordernissen des Körpers Genüge getan werden. Aber Erschöpfung selbst, sagte er, resultiert üblicher weise aus dem Mangel an Aufmerksamkeit. Wenn es überhaupt möglich ist zu meditieren, dann sollte man das tun und die Erschöpfung, Müdigkeit werden allmählich verschwinden, und das stellte sich später bei mir als richtig heraus. Nach der Rückkehr nach Hause gab es viele Gelegenheiten, auch die andere Feststellung U Theins, dass Müdigkeit, Erschöpfung auf dem Mangel an Aufmerksamkeit beruht, zu überprüfen. Oft schien das richtig zu sein, aber öfter noch schien sie durch Gedanken der Ablehnung offensichtlicher Überforderung verursacht zu sein, oder vielleicht durch einen Fehler eines Verwaltungsmitarbeiters, oder durch einen eigenen. Wenn es möglich war, den Tag zu verbringen, ohne dass sich der kleinste Gedanken von Ärger oder Ablehnung herein schlich, dann gab es an diesem Tag, unabhängig wie voll, kein zu viel an Arbeit und daher auch keine Erschöpfung, keine Müdigkeit. Mehr noch, es war durchaus möglich, aufmerksam gegen Gedanken von Ärger und Ablehnung zu sein und sie dennoch nicht los werden zu können, und dann schützte Aufmerksamkeit nicht vor Müdigkeit. Das ultimative Heilmittel liegt in unablässigem Üben, so dass am Ende Gefühle von bösem Willen und Feindschaft unmöglich werden, so unmöglich wie es für ein wohlerzogenes Kind wäre, nicht 'danke' und 'bitte' zu sagen. Zum wiederholten Mal war U Thein sich sicher, dass ich in Australien anderen zeigen konnte, wie man meditiert, und noch einmal bekräftigte er, dass es nicht notwendig sei, dass Australier Buddhisten werden oder auch nur die Grundprinzipien des Buddhismus verstehen. Und weiter erzählte er von einem burmesischen Arzt, einem Christen, der zum Maha Bodhi Zentrum kam, weil die hier praktizierte Methode ihm zusagte. Er fragte, ob er zuerst Buddhist werden müsse, und U Thein hatte erwidert, 'Sicherlich nicht. Es gibt nur eine Lehre, Dhamma, ein Gesetz, das alle umfasst.'

Als er seine letzten Ermahnungen gab, trafen die Sabbat - Yogis ein, um dem Lehrer Respekt zu erweisen und auch, um mich mit Abschiedsgeschenken zu überhäufen. Sie sagten, ich könne sie ja bei meiner Heimkehr nach Australien weiter geben, so lange ich sie aber jetzt annahm. Hübsche golden - schwarze Lackschalen und Schulterbeutel aus den Shan - Staaten überwogen, und Daw Nyunt überreichte mir ein Lacktablett mit einem feinmähnigen Löwen, der seine Pfote erhob und vermutlich seinen missratenen Sohn mit Gedanken Liebender Güte umhüllte.

Als wir uns auf den Weg zum Flugplatz machten, folgte eine beachtliche Anzahl von Autos, eher wie eine Leichenprozession, dachte ich. Aber U Aye Bo war nicht unter den etwa dreissig Yogis in den Autos. Wichtige Geschäfte hatten ihn wieder gerufen. Der Tod seiner Mutter hatte eine Menge Probleme hinterlassen. Unter buddhistischem Gesetz erben alle Kinder gleich, aber wenn Eltern den klaren Willen hinterlassen, es anders zu halten, dann führen die Kinder diesen Willen gewöhnlich aus. Aber die Mutter von U Aye Bo hatte hatte bestimmt, dass ihr Geschäft an U Aye Bos Tochter, also ihre Nichte, gehen sollte, die sie ausgebildet hatte, aber einige der anderen Brüder und Schwestern wehrten sich dagegen, und der arme U Aye Bo war von allen Seiten angeeckt (sein Ausdruck) worden. Erst am Tag zuvor war es ihm gelungen, sie dazu zu bringen, ein Dokument zu unterzeichnen, in dem sie einwilligten, den Wunsch der Verstorbenen auszuführen. Damit war ein Problem beiseite geschafft. Da blieb das Geschäft seines Bruders, das er wegen des Exports nicht als 'sauber, rein' betrachtete. Er wünschte, zu seiner Tochter und Nichte in das Geschäft der Mutter einzusteigen, das sauber, rein war.

Am Flugplatz stellte sich heraus, dass die zahllosen Geschenke die vorherigen dreissig als Gepäck erlaubten Pfund überstiegen. Der Offizielle übersah freundlich die Anzeige der Waage. Vielleicht schaute er auf die 'zweiunddreissig verschiedenen Teile des Körpers', die, obwohl in genauer Ordnung, zu blossen 84 Pfund reduziert worden waren und dachte, dass sie die Geschenke aufwogen! (wahrscheinlich eigene Gewichtsreduktion?)

Unter denen auf der Rollbahn war U Kywa, der Mann, der sich bei meinem ersten Besuch neben mich setzte, als ich gerade Zitronensaft trank, und erklärte, dass er mich in einem früheren Leben gekannt habe. Er war es auch, von dem angenommen wurde, dass er eines Tages den Platz von U Thein als Lehrkraft und Ausbilder einnehmen würde. Er selbst hatte seinen Abschied von der Welt in sieben Jahren vor, dann würde er zweiundfünfzig sein und sein jüngstes Kind neun. Er hatte jung geheiratet und acht Kinder, von denen einige geboren worden waren, nachdem er mit fünfunddreissig begonnen hatte zu meditieren. Obwohl Meditierenden geraten wurde, nicht sinnlichen Freuden und weltlichen Dingen nachzugehen, so ist doch anerkannt, dass all das nicht per Zwang aufgegeben werden kann (ausgenommen während der Residenz im Maha Bodhi). Es gab nicht Gandhis Drängen darauf, dass nach der Geburt des zweiten Kindes sinnliches Verlangen sublimiert werden musste, und die meisten Meditierenden hatten mittlere Familien und vergrösserten sie auch nach dem Beginn der Meditation noch. U Kywas Bekehrung geschah nach der Predigt eines Mönches, der sinnlichen Freuden hinterher zu jagen verglich mit einem Hund, der, nachdem er in einen Knochen gebissen hatte, damit nicht zufrieden war, sondern zum nächsten und dann wieder zum nächsten ging. Und so ist es mit den Freuden der Sinne. Wenn das Verlangen eines Sinnes gestillt wurde, geht der Mensch einem anderen nach; und nicht zufrieden mit den Unzulänglichkeiten des einen Lebens, erschafft er sich ein anderes und noch ein anderes. Nachdem U Kywa sich all das überlegt hatte, wurde ihm klar, dass er nie ganz mit den Dingen dieser Welt zufrieden sein würde. Als er von U Thein hörte, ging er zum Maha Bodhi. Drei Jahre lang fand er Meditation schwierig, aber es schien der einzige Weg zu sein, und so blieb er dabei, kam jedes Wochenende zur Meditation, stellte Fragen und korrigierte seine Fehler. Weltliche Dinge wurden immer weniger zufriedenstellend, und er wollte weg kommen von seinem erfolgreichen Geschäft, Kosmetika und Schönheitsprodukte zu verkaufen, aber er konnte seine Familie nicht unversorgt zurück lassen. Es ist eine Tatsache, dass nur wenige

Meditierende vorher eine Arbeit hatten, die entweder als solche interessant war oder hilfreich für andere, und es kam ihnen nie in den Sinn, dass, sich für 'wichtige Belange' einzusetzen, eine Möglichkeit für kreative Tätigkeit war, wenn die tägliche Arbeit nicht zufrieden stellte. Hätte das Verlangen, die Welt zu verlassen, sich sonst diesen Ausweg zunutze gemacht?

Andererseits erinnert man sich an die Ashramas der Hindus, die vier Stadien des Lebens. Das erste ist das von Brahmacharya oder die Phase des Lernens; das zweite das des Familienoberhaupts als Ehepartner und Vater. Dann kommt die Abwendung von der Welt, wenn Mann und Frau sich in den Wald zurückziehen. Das letzte, das von Sannyasin, muss allein und ohne weltliche Besitztümer gegangen werden. Könnte das eine normale und angemessene Teilung des Lebens sein, die erste Hälfte hauptsächlich den Anforderungen der Welt gewidmet, und die zweite ab etwa fünf und dreissig oder vierzig weiter zu den nicht weltlichen Dingen? Nur sehr wenige der jungen Meditierenden kamen zu mehr als kurzen Versuchen beim Meditieren. Für die meisten begann die ernsthafte Übung im mittleren Leben. Im Alter dann gaben sie ihre Arbeit und den Besitz ab und gingen zu Maha Bodhi oder anderen Zufluchtsstätten, um Frieden für sich zu finden und Hintergrund und Atmosphäre für die zu gewähren, die noch im Übungsprozess waren. Ist es möglich, dass für die meisten sogar die Tätigkeit für edle Gründe im Alter aufgegeben werden sollte, denn selbst diese Gründe gehören zu den Dingen dieser Welt, die keinen Bestand haben?

Das Flugzeug rollte entlang der Landebahn und liess eine Gruppe von Menschen zurück, die wie Brüder und Schwestern geworden waren. Soweit es beobachtet werden konnte bildeten sie eine Gemeinschaft, nicht perfekt, aber völlig ohne Missklang. Vielleicht ist es leicht, Frieden und Einklang zu erreichen, wenn Menschen die meiste Zeit schweigend verbringen, von all den 'zwei und dreissig verschiedenen Teilen den Körpers' muss sicher die Zunge am ehesten Streit bewirken. Was auch immer die Erklärung sein mag, das Resultat war eine Zuflucht des Friedens für die Tätigen in der Welt ebenso wie für die, die im Alter die Welt hinter sich lassen wollten. Und es war ein Training für das Alter, nicht als unnützes Zeug im Regal, eine Last für sich selbst und andere, sondern als Inspiration für die Jüngeren, und als ein Speicher, ein Schatz von Weisheit, angesammelt im Laufe eines Lebens.

Zentren der Meditation wie Maha Bodhi verlangen eine Vereinfachung des Lebens, vergleichbar der von katholischen Mönchen und Nonnen in einem Orden, aber es ist kaum vorstellbar, dass sie im Westen entstehen, wo fast alle überwältigt sind durch Reichtum und Zerstreuung. Gleich dem jungen Mann, den Jesus aufforderte, sein Hab und Gut zu verkaufen und den Erlös den Armen zu geben, so müssen wahrscheinlich auch wir uns traurig abwenden, denn wir haben grosse Besitztümer. Dennoch, auch nur zu wissen, dass es solche Zentren gibt, mag eine Inspiration für die wenigen im Westen sein, die ernsthaft danach streben, die teure Perle zu finden und bereit sind, den hohen Preis, der dafür verlangt wird, zu zahlen.

Kapitel 13

REFLEXIONEN DES VERSTANDS

Der Intellekt oder Organ des Denkens ist der sechste Sinn. Dem Wunsch irgendeines Sinnes nachzugeben, behindert Meditation, denn alle sind die Ursache von Ablenkung, Zerstreuung. Daher kommt es, dass Intellektuelle, die immerzu Fragen stellen und Antworten zu finden versuchen, gewöhnlich langsamer mit der Vipassana Meditation vorankommen als einfache Leute, die damit zufrieden sind, mit Zutrauen zu üben, ohne nach dem Wie, Warum und Weshalb zu fragen. Dieses Kapitel ist ein absichtliches, wohlüberlegtes Nachgeben der Lust des sechsten Sinnes, dem Intellekt gegenüber, also das Stellen bestimmter theoretischer Fragen in Zusammenhang mit der Vipassana Methode und ein Versuch, sie zu beantworten. In anderen Worten, es ist eine Sünde gegen das Licht, indem man Dinge schwer zu verstehen macht, die für einfache Gemüter, denen das Himmelreich gehört, ganz leicht sind.

VIPASSANA MEDITATION UND DER PSYCHOLOGE JUNG

Dr. Carl Jung ist einer der wenigen hervorragenden westlichen Psychologen, die damit zufrieden sein können, dass der Mensch in der Lage ist zu erfahren, was jenseits der Kenntnis der fünf Sinne und des sechsten Sinnes, dem Organ des Denkens, liegt. Darüber hinaus fand er, dass für alle seine Patienten in der zweiten Lebenshälfte, das heisst über 35, 'es keinen gab, für den das schliesslich wichtigste Problem nicht das war, einen religiösen Ausblick im Leben zu finden'. Zu den hergebrachten, irrationalen Glaubensrichtungen zurückzukehren war gewöhnlich für sie nicht möglich, und die Terminologie, die er benutzte, um den Frieden zu erklären, den sie fanden, wenn sie seiner Methode folgten, musste daher ohne den Begriff 'Gott' sein. Aus diesem Grund sahen westliche Buddhisten eine ziemliche Übereinstimmung mit den Erkenntnissen von Jung. Darüber hinaus spielen Visionen eine wichtige Rolle beim Beginn der Vipassana Methode - zumindest wie ich lernte, sie zu praktizieren - und Träume und Visionen sind grundlegend im Prozess der Integration, wie Jung ihn lehrte. Daher ist es ganz natürlich, nach einer zu Grunde liegenden Ähnlichkeit zwischen Jungs Methode und der der Vipassana Meditation zu suchen.

Jung stellte dennoch fest, dass ein Mensch aus dem Westen nicht versuchen sollte, Meditation oder Yoga zu lernen. Yoga sei das Verbinden und Verknüpfen dessen, was dem Wandel und der Vergänglichkeit angehört mit dem Unveränderlichen und Ewigen, sondern er müsse eine eigene, wesentlich christliche Technik entwickeln. Er betonte, dass jemand aus dem Westen, der extrovertiert ist und die äussere Welt als Realität ansieht, nicht die Methoden eines Menschen aus dem Osten nachäffen sollte, der im Wesentlichen introvertiert ist und die Realität in sich findet ('in diesem 2 m langen Körper ist die Welt und der Ursprung und das Ende der Welt'). Für den westlichen Menschen, so sagt er, ist notwendig, das Unterbewusste für sich selbst sprechen zu lassen, es ins Licht des Bewussten zu bringen durch die Kontemplation von Träumen und Visionen, deren archetypische Formen und Symbole die Befreiung von innerem Missklang bewirken.

Bei der Maha Bodhi Vipassana Meditation wurde uns gesagt, in den ersten drei bis fünf Tagen Visionen zu betrachten. Aber sobald 'Visionen mit Licht' gesehen wurden, Visionen insgesamt zu ignorieren. Träume und Visionen sind substantiell dasselbe, aber Visionen haben gewöhnlich Licht und Farbe, wohingegen Träume manchmal nur in schwarz weiss sind.

Ist der Weg für einen Menschen aus dem Westen verschieden von jemandem aus dem Osten? Sollte jemand aus dem Westen nicht Meditation oder Yoga erlernen?

Jeder ist unterschiedlich verfasst, und ich kann natürlich nur aus meiner eigenen Erfahrung sprechen. Aber die Frage war von besonderem Interesse für mich, denn vierzehn Jahre vor dem ersten Besuch eines Vipassana Zentrums hatte ich begonnen, Träume und Visionen aufzuschreiben als Konsequenz aus der Lektüre einiger Bücher von Jung. (siehe besonders 'Der moderne Mensch auf der Suche nach einer Seele', 'Psychologie und Religion West und Ost' und 'Das Geheimnis der goldenen Blume'). Das wurde aus blosser müssiger Neugier getan. Aber nach ungefähr sechs Monaten gab es ein plötzliches Aufblitzen des Verstehens einer ganzen Serie von Träumen. Das Ergebnis war äusserst demütigend, denn es deckte die Schattenseite der Seele auf. Jedoch gab es keine Alternative dazu, als es anzuerkennen. Innerhalb von vierundzwanzig Stunden mit Verdauungsbeschwerden und Übelkeit, die das Leben fast unerträglich machten, verschwand es vollständig. Die eiternde Wunde von Egoismus und Missklang zwischen bewusst und unbewusst war aufgestochen worden und die Erleichterung sowohl physisch als auch geistig. Ziemlich lange danach kam eine überraschende Vision in Richtung Archetyp, die ich als Kreuz des Leidens interpretierte, dem die Flügel des Sieges entsprangen. Jungs Theorien entsprechend hätte das eine wunderbare mentale Heilkraft bringen sollen. Aber ich kann mich an nichts dergleichen erinnern. Ganz sicher beendete es nicht die geistige Dunkelheit, noch erübrigte es die Notwendigkeit endlosen Bemühens darum. Nach meiner Rückkehr von meinem zweiten Besuch im Vipassana Zentrum begann ich wieder, Träume und Visionen aufzuschreiben. Sie waren interessant, besonders eine, in der die Entwicklung der ersten Vision, die ich bei meinem ersten Besuch gesehen hatte, klar wurde; und es war erfreulich zu beobachten, dass der vormals leere Kerzenhalter nun eine hell brennende Kerze vor einem Hintergrund von reinem Weiss zeigte. Allerdings, so weit ich sehen konnte, war das Beobachten dieser Träume und Visionen nun blosse Ablenkung und Zeitverschwendung.

Aldous Huxley bemühte sich in seinen Büchern 'Die Türen der Wahrnehmung' und 'Himmel und Hölle' zu zeigen, dass Visionen hervorgerufen werden können durch Drogen, Vitaminmangel und ein Übermass an Kohlendioxid. Die Visionen mittelalterlicher Denker, sagt er, beruhten mit grosser Wahrscheinlichkeit auf mangelhafter Ernährung gepaart mit langen Fastenzeiten. Treffen von Anhängern der Erweckungsbewegung mit lautem Rufen und Tanzen (wenn mehr Sauerstoff ausgeatmet als eingeatmet wird) mag dasselbe Ergebnis haben. Er schlug auch vor, dass die Abwesenheit oder das Vorhandensein bestimmter Chemikalien im Blut die Türen zu Himmel oder Hölle öffnen könnten. Wir können die Möglichkeit der Richtigkeit dieser Behauptungen nicht leugnen, denn alles, vom höchst Sublimen bis zum Lächerlichen muss durch die grauen Zellen unseres Gehirns ins Bewusstsein kommen. Wie es dahin kommt, mindert nicht notwendigerweise seinen Wert.

Obwohl die Thesen von Huxley korrekt sein mögen, gibt es dennoch keinen Grund, Jungs Erkenntnisse von der Wichtigkeit von Träumen und Visionen für Integration und Frieden des Geistes leichtfertig abzutun. Mehr noch, nervöse Anspannung und innerlicher Missklang, für die er in der Betrachtung von Träumen ein Heilmittel fand, sind unter Menschen im Westen weit verbreitet, im Osten aber praktisch unbekannt, besonders bei den Burmesen. Es scheint daher, dass Jung ganz recht hatte, darauf zu bestehen, dass der durchschnittliche Mensch im Westen damit anfangen muss, die Entfremdung zwischen den bewussten und den unterbewussten Elementen in seiner Psyche zu beenden und seine dunklere Seite zu akzeptieren. Diese Aussöhnung scheint sehr leicht durch die Betrachtung von Träumen und Visionen herbeizuführen zu sein. Deshalb wird hier vorsichtig vorgeschlagen, dass die meisten Menschen aus dem Westen, die nach Befreiung streben, zumindest einige Monate der Beachtung von Träumen widmen, vielleicht simultan mit Entspannung und anapana, der Beobachtung des Atems. Abschliessend gesagt sollte er vermutlich diese Praxis nicht beenden, bis er die archetypische Art von Traum oder Vision bekommt.

Archetypische Träume und Visionen sind sehr wahrscheinlich das, was mein Lehrer in Meditation 'Visionen mit dem Licht' nannte. Bevor diese kommen, sollte der Meditierende nicht danach streben, das Ich, Ego, in seine Elemente aufzulösen, was der Kern der Vipassana Meditation ist. Vermutlich zeigen für beide, den Menschen aus dem Westen wie dem aus dem Osten, die archetypische Art der Träume und Visionen das erste Stadium der Regeneration an. Der aus dem Westen wird viel länger dafür brauchen, es zu erreichen; das ist, wie ich sehe, der einzige Unterschied zwischen beiden. Danach, so scheint es, muss für beide gleichermassen die ernsthafte Arbeit beginnen. Damit ist gesagt, dass Jungs Methode der Traum - Betrachtung nicht zu wahrer Befreiung vom Leiden führt. Der, der sich darum bemüht, hat noch einen weiten Weg vor sich, und dieser Weg wird nur dadurch gefunden, die weit schweifenden Gedanken durch Meditation zu sammeln.

Jung hat zwei andere Gründe, warum jemand aus dem Westen nicht meditieren sollte.

Der erste Einwand ist unsere Trennung zwischen Philosophie und Naturwissenschaft. Das sieht man zum Beispiel daran, dass ein übliches Lehrbuch der Psychologie solche Dinge wie Liebende Güte und das Bewusstsein dessen, was hinter der Wahrnehmung der sechs Sinne ist, völlig ausser Acht lässt, als ob diese Dinge nicht genauso zum Inhalt des menschlichen Geistes gehörten wie Ärger und Eifersucht. Diese Trennung zwischen Naturwissenschaft und Philosophie hindert, so sagt er, den westlichen Menschen am Loslassen und am Vertrauen in die eigene Natur, die wirkliche, eigene Natur der Dinge, oder die Lehre, Dhamma, wie der Buddhist sagen würde. Die erste Notwenigkeit für den westlichen Menschen ist, aufzuhören, Dinge intellektuell erklären zu wollen und den psychischen Prozess in Frieden wachsen zu lassen.

Das scheint offensichtlich. Aber all das führt dazu festzustellen, dass jemand aus dem Westen mehr Zeit damit zubringen muss zu lernen 'Zuflucht zu nehmen' zu einer Macht die nicht er selbst ist. Die Betrachtung von von Träumen und Visionen mag ihm dabei helfen, oder auch nicht. Meine eigene Erfahrung war, dass eine weit grössere Hilfe das unablässige Rezitieren eines Mantra mit der Botschaft von Vertrauen und Zuversicht bot. Die 'Drei Zufluchten', Three Refuges, des Buddhismus sind ein perfektes Beispiel eines solchen Mantras, obwohl es für einen gewöhnlichen Menschen aus dem Westen nicht geeignet ist.

Jungs zweiter Einwand gegen das Praktizieren der Meditation im Westen ist, dass wir materiellem Reichtum und materiellen Werten verfallen sind. Es ist wohl war, dass es leichter ist für einen 'Yogi, der auf einem Gazellenfell sitzt', zu meditieren, als für 'jemand in Mayfair oder der Fifth Avenue' oder 'in Reichweite eines Telefons'. Aber zu insistieren, dass wir demzufolge niemals östliche Methoden annehmen könnten, sondern eine eigene christliche Methode entwickeln sollten, heisst vergessen, das es Christus, nicht Buddha war, der gesagt hat, dass es leichter für ein Kamel sei, durch ein Nadelöhr zu gehen, als für einen Reichen, in den Himmel zu gelangen. So betrachtet unterschied sich die Lehre von Christus nicht von der Buddhas.

Es mag sein, dass unsere materiellen Werte es uns für immer verwehren, erfolgreich zu meditieren. Aber das heißt nicht, dass es irgendeinen anderen Weg zur Befreiung gibt. Noch heisst es, dass wir der unbekömmlichen Wahrheit entkommen können, dass es nicht möglich ist, die elementaren Stadien von Integration und Befreiung vom Leiden hinter uns zu lassen, es sei denn, wir lösen uns von den 'Dingen dieser Welt', eingeschlossen den Attraktionen von Mayfair und der Fifth Avenue, also unserem so geliebten intellektuellen Talk.

Das ist der geforderte Preis, wenn wir Freiheit vom Leiden und die Geburt von Frieden und Glück finden wollten – das völlige Loslösen von irdischen Freuden und den Dingen dieser Welt. Und diese reichen von dem eher groben Verlangen nach Essen und Sex bis zu dem subtileren für Kunst und Musik, gute Gesundheit und sogar den 'Gründen, die es wert sind'. Es ist das ewige Paradox, dass der, der sein Leben finden will, es zuerst verlieren muss, oder, wie Buddha sagte, dass wir Ekel am Leben fühlen müssen, bevor wir Begeisterung, Ruhe und Glück im Leben finden.

Die Betrachtung von Träumen und Visionen ist kein Weg, durch den wir vermeiden könnten, den Preis für die Überwindung von Leiden zu zahlen. Träume und Visionen sind noch innerhalb der Gegensatzpaare, wo es keine Harmonie ohne Disharmonie oder Freude ohne Schmerz gibt. Spirituelle Lehrer in Ost und West haben beide die Notwendigkeit der völligen Überwindung dieser Gegensatzpaare gezeigt.

Vipassana Meditation ist eine Art von jnana Yoga, Yoga des Wissens, die von Jung nicht geprüft wurde, wie sonst doch eine ziemliche Anzahl anderer Aspekte des Buddhismus. Es würde ganz besonders zu westlichen Ansichten passen, eine philosophische oder religiöse Methode in fast wissenschaftlicher Terminologie auszudrücken, die Betrachtung der unablässigen Veränderung von Atomen, aus denen Körper und Geist bestehen. Aber wenn wir sagen, die Vipassana Methode sei für den Westen besonders geeignet, sollte doch nicht vergessen werden, dass vom Meditierenden erwartet wird, Wert zu legen auf die Notwendigkeit für Liebende Güte, Glauben, Bescheidenheit und die Abwesenheit jeglicher darüber hinaus gehender Motive. Und das mag eine schwer zu schluckende Pille für den wissenschaftlichen westlichen Geist sein.

VIPASSANA MEDITATION UND DAS HERVORBRINGEN VON ICH

Bei der Vipassana Meditation gelangt der Meditierende tatsächlich zu der Einsicht, dass alle Dinge unablässig ihre Elemente oder Teilchen verändern. Die Erkenntnisse moderner Naturwissenschaft sind weitgehend dieselben, sofern es den ständigen Wechsel und die Abwesenheit eines festen Kerns in jedem Gegenstand, Ding angeht. Sie zeigt, dass alles aus sich verändernden Wellen oder Atomen besteht, wofür passend der Begriff 'wavacles' (nach Heisenberg, z. B. Photon ist weder Welle noch Teilchen, kein deutscher Ausdruck dafür, d. Übers.) geprägt wurde. Vor über fünfzig Jahren fand der Psychologe William James heraus, dass Gedanke und Denkender dasselbe sind, und dass da eben nur ein Strom des Denkens existiert. Heute stellt Jung fest, dass 'individuelles Bewusstsein sich gründet und umgeben ist von einer unendlich ausgedehnten unbewussten Psyche' und fragt 'Warum Bewusstsein?' und worauf wir uns beziehen, wenn wir von 'unserem Bewusstsein' sprechen. Er ist auch der Ansicht, dass, wenn wir sagen, 'Ich habe dieses oder jenes Verlangen oder diese oder jene Gewohnheit' wir richtiger sagen sollten 'Dieses oder jenes Verlangen – *hat mich*'.

Aber der Beweis von Anatta, Nicht - Ich, in irgendeiner praktischen Hinsicht hat mit keinem dieser Erkenntnisse zu tun. Der Beweis ist vielmehr, dass, wenn jemand sein Leben lebt, als *ob da kein Selbst wäre,* das heisst, wenn er alle Gefühle des Selbstseins aufgibt und sich diesen Vibrationen innerhalb der Vibrationen hingibt, dann ist da Frieden, Freude und Glück. Er findet auch heraus, dass, insofern er seinen eigenen Willen dagegen setzt, er seinen Wünschen nachläuft und Unannehmlichkeiten zu vermeiden versucht, dann resultiert es in Konflikt, Elend und Leiden. Buddhas Lehre war im wesentlichen experimentell -'Was du selbst herausfindest, führt zu Zufriedenheit und Ruhe, Freude und Frieden – das ist die Lehre, Dhamma! Das ist Vinaya!' (Korb der Disziplin, Sammlung von Ordensregeln)

Das Problem dabei, es ist viel einfacher, Essays zu schreiben und Predigten über Anatta zu halten, als tatsächlich unser Leben so zu leben, als wäre es Realität. Und nur das, unser Leben zu leben, als wäre es Realität, kann zur Befreiung vom Leiden führen. Denn, unabhängig von der Tatsache Anatta, da gibt es eine innewohnende Tendenz, nicht nur *ein* Selbst herzustellen, sondern viele. Diese Tendenz liegt in allem erschaffenen Leben. Wir sehen einen Aspekt davon in der Krankheit Krebs, die im niedersten Gemüse ebenso zu finden ist, wie in der höchsten Form tierischen Lebens, das Verlangen von Zellen, ein eigenes Wachstum und eigenes Leben zu kreieren. In der geistigen Sphäre gaben Psychologen extremen Formen den Namen 'Komplex', einer engen Verbindung von geistigen und emotionalen Reaktionen zu einer individuellen Einheit, die ein eigenständiges Leben und ein solches Wachstum aufweist. Wo immer wir diese individuellen Wachstumsformen finden, da ist Unruhe, Unbehagen, Elend und Leiden.

Das üblichste all dieser Formen des Selbst ist das körperliche Selbst. Wir sagen 'ich' leide, wenn wir doch meinen, dass bestimmte Elemente im Körper Schmerz empfinden. Das heisst, wir identifizieren uns mit dem Körper. Das Hervorbringen dieses Körper - Selbst ist praktisch universell.

Die formlosen Formen des 'Ich', die Ineinander - Verschränkung mentaler und emotionaler Reaktionen sind unterschiedlicher. Ein Beispiel für den extremeren Typ findet man in dem englischen Volkslied 'On Ilkla Moor Baht 'At' (Auf dem Ilkley Moor ohne Hut). Es ist die Geschichte einer Mutter, die darüber beunruhigt war, dass ihr Sohn hinaus aufs Ilkley Moor ging ohne seinen Hut, weswegen er sich zu Tode erkälten würde, stürbe, begraben und schliesslich selbst zu Würmern werden würde; die Würmer würden dann von den Enten gefressen, seine Familie würde wiederum die Enten und damit ihn essen - und all das, weil er darauf drängte, Mary Jane auf dem Ikley Moor ohne Hut den Hof zu machen. Wir lachen über diese Art von Komplex, aus dem sehr guten Grund, dass wir es vorziehen, über törichtes Verhalten von anderen eher zu lachen, als über unser eigenes, aber tatsächlich gibt fast jeder von uns ein ähnlich groteskes, widersinniges Selbst ab.

Eine allgemeinere Form von Selbst wird in der Geschichte des jungen Brahmanen Ambattha dargestellt, der sich bei Buddha beklagte, dass, als er die Lords von Sakyan in ihrer Halle der Erörterungen besuchte, sie sich untereinander unterhielten und gegenseitig schubsten, als machten sie sich über ihn lustig - und sie waren bloss Knechte und er ein Brahmane! Buddha versuchte, ihn zu besänftigen, indem er darauf hinwies, dass sogar eine Schnecke, ein kleines Huhn in ihrem eigenen Nest tun konnten, was sie wollten, und dass die Sakyan Halle deren kleines Nest war. Aber obwohl Komplexe besänftigt werden können, können sie doch nicht ausgelöscht werden, ausgenommen durch Übung; Ambatthas verwundetes Selbstwertgefühl fuhr fort, sich zu behaupten. (Fussnote: Dialogues of the Buddha, Vol. I. p. 108)

Und dann ist da der Komplex der Dame, die sich damit identifiziert, den Menschen Gutes zu tun, so dass man die, denen sie es zukommen lässt, am gejagten Blick ihrer Gesichter erkennen kann. Oder der Geschäftsmann, die Geschäftsfrau, die ein formloses Selbst mit Effizienz geschaffen haben und richtig ärgerlich werden, wenn ein Angestellter einen Brief über Land statt per Luftpost geschickt hat. Oder die Frau, die aus ihrer Weiblichkeit ein Selbst gemacht hat, so dass sie nun wirklich grosse Angst vor Spinnen hat. Alles, was 'unseren Hals anschwellen' lässt, oder Gefühle von Ärger, Kummer, Ablehnung oder Angst hervorruft, ist ein sicheres Zeichen für das Entstehen eines Selbst. Und es sind diese Arten des Selbst, die die Quelle von Leiden sind, hauptsächlich für den, der es entstehen lässt, aber zu einem geringeren Teil auch für andere.

Mehrere dieser Arten von Selbst existieren gewöhnlich in einem Körper. Das Selbst der Muttersorge mag im selben Körper bestehen wie das des 'anderen Gutes tun', und fast immer ist da das Körper - Selbst. Diese Selbstarten verblassen in unserem Bewusstsein, erwachen aber, sobald eine entsprechende Anregung daher kommt. Und es ist vernünftig anzunehmen, dass sie wieder und wieder in anderen Körpern lebendig werden, nachdem der jetzige Körper sich in seine Elemente aufgelöst hat. Sie sind vermutlich für die Erinnerung an vergangene Leben verantwortlich, die viele von uns anscheinend haben. Ob aber genau dieselbe Kombination der Selbstarten im selben Körper entstehen, kann eher bezweifelt werden.

Buddha lebte unter Menschen mit einem festen und sicheren Glauben an Reinkarnation, Wiedergeburt, einem ziemlich universellen Glauben, der zweifellos diesem angeborenen Wunsch, ein permanentes Selbst zu erschaffen, geschuldet ist. Er versuchte nicht, diesen Glauben, den er um sich herum fand, zu ändern; er sprach zu den Leuten in der Sprache und Terminologie, die sie gewohnt waren und redete daher ganz selbstverständlich von anderen Leben in den Himmeln, den Höllen und Welten. Er selbst hatte die sublime Wahrheit von Anatta, dem 'Nicht - Selbst' entdeckt, die Abwesenheit irgendeines permanenten Selbst, das wiedergeboren werden kann in den Himmeln, den Höllen oder Welten. Er versuchte nicht, den Glauben der Menschen, die ihn umgaben, mit dieser höchsten Wahrheit zu versöhnen. Es war Nagasena, der Mönch, der viele Jahre nach Buddhas Tod versuchte, das zu tun, indem er die Lehre von von der Wiedergeburt als unterschieden von der der Reinkarnation erfand, also dass der Charakter, nicht das Selbst wiedergeboren würde.

Buddha selbst hatte nichts über Wiedergeburt zu sagen, worauf er aber mit Nachdruck bestand, war, dass, nach einem permanenten Selbst oder einer Seele unter den erkennbaren Dingen mit den Sinnen des Intellekts zu suchen, ebenso töricht sei, als zu sagen, man sei verliebt in die schönste Frau der Welt, ohne sie jemals gesehen zu haben und ohne zu wissen, ob sie gross, klein, blond, dunkel, und so weiter und so weiter war. Und wie Krishnamurti meinte, selbst wenn wir unsterbliche Formen des Selbst oder der Seele hätten, könnten sie vom Verstand, der sterblich ist, nicht gewusst werden. Warum also Zeit verschwenden mit Diskussionen über etwas, von dem wir nichts wissen können?

Es hat nie jemand gegeben, der so wie Buddha fähig war, neuen Wein in alte Krüge zu füllen, ohne sie zu zerbrechen. Er zerbrach den Krug der Reinkarnation nicht, um den neuen Wein von Anatta, Nicht - Selbst zu geben.

Buddhas Lehre von Anatta ist ganz praktisch, keine Theorie darüber, was nach dem Tod ist. Sie ist praktisch, indem sie die Tendenz ausrottet, Arten des Selbst zu schaffen, und wegen der Erkenntnis von Anatta als Tatsache, so dass da nicht länger der Drang nach Identifikation mit dem Körper besteht, sich wegen persönlicher Zuneigung zu beunruhigen, oder ärgerlich zu werden, weil Leute uns für weniger fähig ansehen. Wie Mahatma Gandhi es ausdrückte, ist es die Lehre von 'der Reduktion des Selbst auf Null'.

Alle Meister spiritueller Weisheit fanden aus Erfahrung die Notwendigkeit, das Selbst zu beenden, um Erlösung vom Leiden zu erhalten. 'Wenn irgendjemand nach mir kommt, lass ihn sich selbst verleugnen'.

Gedicht von Gerald Manly Hopkins:

'I wake and feel the fell of dark, not day.'

'Mir geht die Galle über, mein Leib hat Brand Gottes Fug,

der letzte, würde mich bitter finden. Ich schmecke nach meinem Sinn,

Fluch, der Knochen baute, Fleisch mir stopfte, ins Blut mir kroch.'

Alle Religionen haben danach gestrebt, von diesen Sinn 'ich' und 'mein', und 'mich' los zu kommen. Gewöhnlich erreichen sie das auf dem Umweg der Unterwerfung unter Gottes Wille. In vielen Systemen von Vipassana, die in Burma angesagt sind, hat der Meditierende gelernt, nach fünf Tagen, von anapa, der Beobachtung des Atems, direkt zum Objektiven überzugehen, indem man die unablässig sich verändernden Elemente betrachtet, aus denen unser Geist und unser Körper zusammengesetzt sind. Ich gestehe, dass ich nicht in der Lage war, irgendeine spezielle Autorität im Pali Kanon zu finden für diesen gewollten Wechsel von anapa zur Betrachtung der stets wechselnden Atome, ausgenommen den nicht sehr spezifischen Rat an Rahula (Majjhima Nikaya: Middle Length Sayings II, p. 91 und III p. 328) Aber das ist nicht wichtig. Das, was du selbst findest, führt zur Zufriedenheit, Ruhe und Frieden, und diese Technik scheint aussergewöhnlich effektiv zu sein, um zum Wissen von Nicht - Selbst durch tatsächliche Erfahrung zu führen.

Aber welche Methode auch immer angewandt wird - eine Art der Vipassana Meditation oder Gebet für die Unterwerfung unter Gottes Wille, oder was sonst, das allein reicht nicht, von der Last zu befreien, die durch das Schaffen von Selbst entsteht, die Last des Ego, und dazu, unser Leben in Einklang mit dem Faktum Anatta zu leben. Es gibt acht Schritte in Buddhas Achtfachem Weg, und Meditation ist davon nur einer. Weil viele Meditierende nicht die anderen sieben betreten, ist es möglich, Menschen zu treffen, die offensichtlich sehr gut in der Meditation sind, die aber dennoch geradezu überfliessen mit Egoismus, die ärgerlich werden, besitzergreifend, ängstlich, eifersüchtig und sich über Kleinigkeiten aufregen.

IST EIN LEHRER FÜR DIE MEDITATION NOTWENDIG?

Diese Frage der Notwenigkeit eines Lehrers für die Meditation ist für Menschen im Westen von grösster praktischer Bedeutung, denn fast sicher wird er einen solchen in seinem eigenen Land nicht finden.

Es ist Indien, das Geburtsland von Buddha, das das Land des Guru, oder Lehrer ist. 'Wenn der Jünger bereit ist, dann wird der Guru erscheinen', und wir alle hörten die romantischen Geschichten davon, was passiert, wenn der Jünger bereit ist. Vielleicht ist er gerade dabei, eine Zugfahrkarte zu kaufen, wenn er aus dem Augenwinkel eine gelbe Robe sieht, - oder eine weisse -, sein Geld fallen lässt, die Fahrkarte vergisst, und blindlings dem Träger dieser Robe folgt. Dann geht alles seinen sicheren Gang; er wird geweiht, gelobt dem Lehrer Gehorsam wie Gott, und überlässt sich danach der Formung durch die Meisterhand.

Natürlich entwickeln sich die Dinge nicht immer so glücklich. Mir wurde von einem jungen Mann berichtet, der sicher war, dass sein Guru ihn nach Indien rief. Er sass zu Füssen vieler Lehrer, verbeugte sich vor Yogis, fand eine Gruppe von Paramhansas, Rishis, Maijis vom Himalaya; er traf sogar einen Elephanten Yogi, ganz zu schweigen von den Drachen Siddhis und mächtigen Shaktis. Nach sechzehn Monaten war er noch immer nicht erleuchtet, dafür aber mittellos, schliesslich ohne Guru und von Menschen aus dem Osten wie denen aus dem Westen abgelehnt.

Der burmesische Unterweisende der Vipassana Meditation ist vom indischen Guru eher verschieden. Es ist bedeutsam, dass wir bei den Zeremonien der Initiation uns Buddha für den Rest unseres Lebens verpflichteten, was den Lehrer anbetrifft versprachen wir nur, seinen Anweisungen vertrauensvoll zu folgen. Dennoch, obwohl der burmesische Lehrer nicht, wie in Indien, als Inkarnation der Lehre, Dhamma, angesehen wird, so ist seine Hilfe doch wesentlich.

Aber Buddha sagte, 'Lass die Lehre dein Lehrer sein.' Nimm Zuflucht zum Selbst'. 'Nimm Zuflucht zur Lehre.' Wenn wir die Palmblätter der frühen Mönche und Nonnen prüfen, finden wir, dass sie kaum jemals einen Lehrer für die Meditation hatten. Sogar das Thema der Meditation wurde normaler weise selbst gewählt. Es ist wahr, dass Buddha Singala - Pitar das Thema Skelett gab und Cuja - Panthaka das einer schneeweissen Serviette. Aber das war nicht die Regel. Es gibt nichts in den Palmblättern der Brüder und Schwestern, was darauf hindeutet, dass ein Lehrer notwendig war.

Andererseits stimmt es, dass weltliche Themen offensichtlich leichter mit der Hilfe eines Lehrers von Fleisch und Blut gelernt werden konnten. Wahr ist auch, dass einige wenige Menschen, wie der Kinobesitzer in Mandalay, die kompliziertesten Dinge nur aus Büchern lernen können, aber diese Menschen sind selten.Vermutlich trifft das auch für Meditation zu. Ich lernte sicherlich selbst mehr von U Thein am Maha Bodhi Zentrum, als in vielen Jahren vorher. Jedoch besteht da der sehr grosse Unterschied zwischen etwas Weltlichem und der Meditation, dass bei gegebener Fähigkeit das Erlernen eines weltlichen Subjekts einfach eine Sache harter Bemühung ist. Sie ist auch nötig, um Meditation zu erlernen, aber da ist immer das Innere Licht, die Natur unseres Seins, um uns zu führen und die Richtung zu weisen. Und diese Führung scheint immer offensichtlicher, je mehr wir unsere Begierden aufgeben. Was sonst noch an Leitung nötig ist, wird kommen; mag es in Form eines menschlichen Lehrers oder als Buch sein. Und man muss sich auch daran erinnern, dass es keine Bücher gab, als die Tradition des Guru entstand.

Und weiter, während es Tausende exzellenter Lehrer für solche Themen wie Mathematik und Geologie gibt, findet man sehr wenige Menschen, die ausreichend innerlich befreit sind, um sichere Lehrer für Meditation zu sein. Tatsächlich sind einige der Gurus und Lehrer, auf die man trifft, Erzegoisten, und ehe man ihren Anweisungen folgt, würde es bei weitem weiser sein, auf Bücher und das Innere Licht zu vertrauen.

VORSCHLAG: EINE ERSTE ÜBUNG FÜR WESTLICHE MEDITATOREN

Wie schon gesagt, sollten Menschen aus dem Westen vermutlich Träume und Visionen einige Monate lang betrachten und festhalten, gleichzeitig mit dem Beginn der Meditation, und vielleicht sollten sie warten, bis die erste Blase des Egoismus geplatzt ist, ehe sie für die Meditation einen längeren Zeitabschnitt täglich reservieren. Die folgende Übung dient dazu, Entspannung und Konzentration zu erreichen. Die Praxis von Vipassana wird folgen, vermutlich aus eigenem Antrieb.

Zuerst ist es notwendig zu lernen, sich zu entspannen. Dafür liege flach auf einem Teppich auf auf dem Boden, der Kopf in ein flaches Kissen gebettet, dessen Ecken über die Schulter gezogen werden sollten. Eine sehr kleine Rolle kann unter die Knie und, wenn gewünscht, unter die Rückenmitte gelegt werden. Dann sprich fest und höflich zu jedem Teil des Körpers, von den Fusssohlen bis zum höchsten Punkt des Kopfes, sage ihnen zu entspannen und los zu lassen. Zuletzt sage dem Gehirn dasselbe und steh ihm bei, lass es eine angenehme, glückliche Szene sehen oder etwas, das für Ruhe und Freude steht. Sieh das an und erfreue dich an jeder Einzelheit. Betrachte im Geist zum Beispiel eine rein weisse Wasserlilie, deren Blätter vertrauensvoll auf den Wassern des grossen Sees ruhen, sich mit diesem heben und senken, an nichts gebunden und sowohl auf sanfte Lüfte als auch auf tobende Stürme vorbereitet. Stell dir vor, wie dein ermüdetes Herz ebenso vertrauensvoll auf der Brust allen Seins ruht, sich hebend und senkend mit Freude und Schmerz, die kommen wie Sonne und Schatten, an nichts gebunden und mit Glauben und Zuversicht, die nichts Böses empfinden gegenüber Problemen, Leiden oder Unfreundlichkeit, einem Herz, das vollkommenes Vertrauen in das Gesetz hegt, das alle Dinge in seiner Gewalt hat. Wenn der Körper so ermüdet ist, dass es unmöglich erscheint aufzustehen, dann ist er wirklich entspannt. Schlaf mag kommen, und bei Menschen aus dem Westen, die die Kunst zu schlafen verloren haben, sollte das seinen Weg gehen dürfen.

Aber Schlaf ist nicht Meditation. Einige Meditierende können auf dem Rücken liegen, ohne zu schlafen. Wenn das so ist, dann kannst du weiter liegen. Wenn aber nicht, dann solltest du dich hinsetzen und mit aufrechtem, geradem Rücken sitzen.

Als nächstes nimm Zuflucht zu einer Macht, die nicht das Selbst ist, einer Macht, die gebrochene Knochen und den geschnittenen Finger heilt, die wirkliche Natur unseres Seins, die allein unsere Meditation fruchtbar machen kann.

Nun hülle alles in liebende Gedanken ein, und beginne mit deinem eigenen törichten, dummen Selbst, gib seine Fehler und Versagen zu, nicht länger vorgebend, anderen Menschen überlegen zu sein, und vergib dir dafür, das unvollkommene Wesen zu sein, das du bist. Die Gedanken der Liebe weiten sich dann aus, um die zu umarmen, die nahe und dicht bei dir sind; auch ihnen vergibst du ihre Fehler und Unvollkommenheiten. Der Kreis liebender Güte wird weiter, um Fremde und die, die hinterhältig und grausam sind, einzubeziehen; auch ihnen wird vergeben, und du hoffst, dass auch sie glücklich werden mögen. Zum Schluss werden alle niederen Wesen in den Kreis der Harmonie einbezogen, der durch liebende Gedanken entsteht. Nachdem du Liebe auf alle ausgedehnt hast, dann bitte nun ganz bescheiden die um Liebe und Vergebung, die du selbst verletzt hast. Mögen sie dir vergeben und einbezogen werden in den grossen Kreis der Harmonie.

Nachdem die Grundlage geklärt ist, nimm ein weiteres Mal Zuflucht zu der Macht, die nicht du ist, und beginne, dem Atem zuzusehen, der aus der Nase kommt und geht, erfreue dich an diesem Gefühl, erfasse diese Bewegung des In und Aus, Erschaffung und Zerstörung als eins mit dem ununterbrochenen Rhythmus des Universums, von dem du ein Teil bist. Aber das ist ein Gedanke, den man nur im Hintergrund des Geistes haben sollte; die hauptsächliche Aufmerksamkeit gilt der Nasenatmung. Am Ende der halben oder ganzen Stunde verteile all die Wohltat von Frieden, die du gefunden hast, und nimm ein weiteres Mal Zuflucht zu der Macht, die nicht du ist.

Die Zeitspanne, die für Meditation reserviert ist, muss immer gleich sein und nichts, aber auch gar nichts, darf dazwischenkommen. Sie muss angesehen werden, als hinge das Leben davon ab - wie es ja irgendwie tatsächlich ist. In ihrer 'Jedermanns Mission' berichtet Dr. Rebecca Beard, wie eine Periode, die sie reserviert hatte, gleich war mit der, während der ihr Assistent das Essen zubereitete. Sollte der Assistent sich entfernen und das Kochwasser der Kartoffeln verdunsten und sie begannen anzubrennen, erinnerte sich Dr. Beard daran, dass es andere Kochtöpfe und andere Kartoffeln gab, aber nur ein Himmlisches Reich. Sie würde bleiben, wo sie war und sie anbrennen lassen. Der gewählte Platz sollte auch immer derselbe sein, denn Erinnerungen bringen die Konzentration leichter zurück.

Für die Zeit zwischen den Meditationen ist es wesentlich, eine Art Mantra zu haben, das wiederholt werden sollte, wenn man grade nichts anderes tut. Für jemand aus dem Westen sollte dieses Mantra wahrscheinlich für lange Jahre die Idee von Glaube und Vertrauen transportieren, denn Glaube und Vertrauen sind eine Haltung, von der sogar praktizierende Christen selten irgendetwas wissen. Ein Christ könnte den Text ' Übergib all deine Sorgen dem Herrn, denn Er sorgt für dich' nehmen. Und ein Agnostiker so etwas wie 'Ich nehme Zuflucht in Das, das alles hält'. Nur wenn der Glaube fest begründet ist, ist es sicher, das Mantra zu wechseln, um Übergang, Schöpfung und Zerstörung hineinzunehmen. 'Kommen - und - Gehen' mag für jemand aus dem Westen leichter sein, als 'phyit - pyet, das Mantra, das Meditierenden von Vipassana angeraten wird.

In den Zeiten, wenn man mit etwas beschäftigt ist, gilt die Regel, unablässig achtsam zu sein - achtsam auf die Zähne, die das Essen kauen, den Fuss beim Gehen oder die Worte, die geäussert werden, achtsam auf die Gefühle, die bewusst werden, auf die Gedanken, die einem in den Sinn kommen. Achtsamkeit heisst zu beobachten, was geschieht, ohne irgendein Urteil zu fällen, ob es gut oder schlecht ist. Es bedeutet auch das Ende des Tagträumens. Es heisst in der Gegenwart, im Hier und Jetzt zu leben, statt in der

Zukunft oder der Vergangenheit, dem Morgen und Gestern.

Keine Eile sollte walten, um vom Betrachten des Atems zum Betrachtung der wechselnden Atome, aus denen Geist und Körper bestehen, überzugehen. Tatsächlich schalten einige Methoden von Vipassana niemals irgendwann bewusst über. Bei diesen Methoden fand man, dass Wissen von den unsteten Atomen von selbst ins Bewusstsein kommt, während man immer noch den Atem betrachtet. Nachdem der Wechsel vollzogen wurde, müssen Visionen ignoriert werden.

Welche Methode auch immer benutzt wird, um die Gedanken zu beruhigen, es sollte immer bedacht werden, dass der ultimative Zweck nicht ist, Erleuchtung, samadhi, für den Meditierenden zu erreichen, noch weniger, übernatürliche Kräfte zu bekommen. Der ultimative Zweck ist, hier und jetzt, inmitten dem trivialen Drumherum üblicher Aufgaben mit Eifer, Ruhe, Frieden und Glück zu leben, für das Wohlergehen aller.

NACHWORT DER ÜBERSETZERIN

1962, als 'Journey into Burmese Silence' erschien, war ich mit meiner Familie seit kurzem am Goethe-Institut Rangun, das mein Mann leitete. Wir lasen das Buch, und schon damals kam mir der Gedanke, es zu übersetzen, denn es war so hilfreich, die tief buddhistisch geprägte Gesellschaft Burmas verstehen zu lernen. Aber dieser besondere Reisebericht tat noch ein Übriges. Westlichen Menschen wurde eine Art der Meditation nahe gebracht, die ihm in all der modernen Hektik des Lebens helfen kann, innere Stille und Ruhe zu finden, unabhängig von individueller Religion, im Einvernehmen mit allen fühlenden Wesen und damit die Grundlage eines sanften, dauerhaften Glücks.

Es dauerte 45 Jahre, bis ich die Übersetzung in Angriff nahm, die nun vorliegt zum Nutzen für alle, die sich offen dafür fühlen.

Das Wenige an Verdienst, das ich mir vielleicht erworben habe, verteile ich hiermit an alle fühlenden Wesen, und das schliesst für mich die sogenannte unbelebte Natur ein, auch sie fühlt.

Hannelore Lechner im Frühjahr 2017

ANHANG

VIPASSANA MEDITATION:

DIE LEDI - SAYADAW METHODE

Wie am Maha Bodhi Zentrum, Mandalay, unter dem Lehrer Saya U Thein unterrichtet.

Aus dem Burmesischen übersetzt von Sayalay Daw Saranawati in Zusammenarbeit mit Marie Beuzeville Byles.

Geprüft von U Tun Tin in Absprache mit Saya U Thein.

EINFÜHRUNG FÜR MENSCHEN AUS DEM WESTEN VON DEM MITARBEITER

Das ist keine wörtliche Übersetzung, sondern jeder Satz ist daraufhin geprüft worden, um ihn nicht nur für englische Ohren akzeptabel zu machen, sondern getreu dem burmesischen Original und in Einklang mit Einfachheit und Wiederholungen im Original, das sowohl für den einfachen Bauern wie den Gebildeten geschrieben wurde. Buddhistische Ausdrücke und Wendungen sind erhalten geblieben und der Mensch aus dem Westen muss sie seinem eigenen Hintergrund, seiner Religion und seinen persönlichen Erfordernissen entsprechend interpretieren. Die Vipassana - Methode, die zu ihrem Ziel die Erlösung vom Leiden jetzt und hier hat, ist nicht begrenzt auf Buddhisten und sehr leicht auch für die anwendbar, die anderen Religionen oder auch keiner Religion angehören.

Aber daraus sollte der Mensch aus dem Westen nicht schliessen, auf das Ritual insgesamt verzichten zu können. Die geistige Haltung, die dem Ritual zugrunde liegt, ist die

Basis, besonders die Haltung der Gelassenheit, die verkörpert ist darin, Zuflucht zu nehmen zu einer Macht, die nicht das Selbst ist, die Macht des Gesetzes, das den geschnittenen Finger heilt und gebrochene Knochen zusammenfügt. Tatsächlich sollte ein Meditierender sich vor jeder Meditation ganz bewusst dieser Macht hingeben. Er sollte alle mit liebenden Gedanken einhüllen, besonders die, die ihn verletzt haben und sollte dafür von allen, die er verletzt hat, Liebe und Vergebung erbitten. Anders gesagt, keine Meditation sollte beginnen, bevor man ganz bewusst reinen Tisch gemacht hat, sozusagen, noch sollte sie enden, ohne bewusst Gutes und Verdienst an alle zu verteilen.

U Thein stellt fest, dass es nicht nötig ist zu warten, bis alle Arten von Visionen erreicht wurden, noch die jhanas, die acht Vertiefungsstufen der Meditation, zu bekommen, deren prinzipieller Anspruch ist, übernatürliche Kräfte zu erhalten, nicht die Erlösung vom Leiden. Alles, was wichtig ist, sind Visionen, die auf einen vernünftigen Grad der Konzentration oder Aufmerksamkeit, samadhi, hindeuten. Diese Visionen erscheinen gewöhnlich in drei bis fünf Tagen. Am Maha Bodhi Zentrum waren zehn Tage das Minimum an Aufenthalt, fünf für das Üben von samadhi, fünf für Vipassana.

Menschen aus dem Westen, die nicht im Traum daran denken würden, dem Lehrer ihre physischen Beschwerden zu erzählen, sollten gewarnt sein, dass manche Meditierende in den frühen Stadien, manchmal schon am ersten Tag, körperliche Unpässlichkeit durchaus ernsterer Art entwickeln, wie Erbrechen, Durchfall, Eiweiss im Urin und sogar die Ruhr (Durchfallerkrankung). Diese können vielleicht als der Versuch der Elemente angesehen werden,

Unreinheiten los zu werden. Aber was auch immer die Erklärung sein mag, es ist kein Anlass zu Besorgnis. Halten Sie Schmerzen und Unbehagen aus, und in ein paar Tagen ist es vorüber.

Es war mir nicht möglich, in den Pali Canonical Suttas, den frühesten Erwähnungen dessen, was Buddha unterrichtete, einen Hinweis Buddhas auf die Notwendigkeit eines Lehrers zu finden, aber einige, dass er darauf bestand, die Lehre den Lehrer sein zu lassen. Meiner Meinung nach ist es kein Grund, wenn der richtige Lehrer nicht gefunden werden kann - und es ist höchst unwahrscheinlich, in einem westlichen Land einen zu finden -, nicht mit der Meditation zu beginnen. Sollte ein Lehrer notwendig sein, wird Dhamma, das Gesetz unseres Seins, einen solchen bringen. Es ist nicht nötig, selbst auf die Suche zu gehen.

Als ihren ultimativen Zweck haben alle Religionen die Elimination, Entfernung des Selbst. Aber während andere einen Umweg nehmen, um das zu erreichen, wie die Unterordnung unter Gottes Willen, geht der Buddhismus durch die Praxis der Vipassana Meditation direkt zu dem Ziel durch das Meditieren über die wissenschaftliche Tatsache, dass alles aus dem unablässigen Kommen und Gehen der Atome besteht, eingeschlossen alles, das Körper und Geist konstituiert. Das ist Autosuggestion, antwortet der skeptische Mensch aus dem Westen. Wenn Sie den Ausdruck Autosuggestion für die Vipassana Methode vorziehen, tun sie es. Wenn es den Anhänger der Autosuggestion von der Last des Selbstseins befreit, dann ist es eine sehr gute 'Autosuggestion'.

M. B. Byles

VIPASSANA MEDITATION

Verehrung Ihm, dem Hoch Gepriesenen, dem Reinen, dem Zuhöchst Erleuchteten Buddha.

Die folgenden Verse wurden von dem Schüler Sayadaws, bekannt als Thebyu-Ledi Sayadaw bekannt.

Verehrung dem Herrn Buddha, der allen Seienden Vipassana predigte.

Erstens

PHYSISCH

Die vier Elemente, aus denen alle Dinge bestehen, sind fest, flüssig, Energie und Bewegung. Wenn diese vier Elemente vorhanden sind, dann auch Farbe, Geschmack und Nahrung. Diese acht sind unzertrennbar und bekannt als eins. Sie bestehen aus für das Auge unsichtbaren Atomen. Wenn sie zu Tausenden zusammenkommen, erhalten wir die Eigenschaften von Härte, Weichheit, Leichtigkeit und Schwere, klein und gross, flüssig und fest u.s.w. und dann nehmen sie Gestalten und Formen an und werden zu uns bekannten Phänomenen, dabei ihre innere Zusammensetzung verbergend. Diese Bezeichnungen und Formen betrügen uns hinsichtlich ihrer wahren Natur. Diese Täuschung ist als die 'falsche Ansicht' bekannt. Ungeachtet dieser Gestalten und Formen behalten die Phänomene die ursprünglichen Charakteristiken ihrer

Originalelemente in entgegengesetzten Paaren, das heisst heiss und kalt, weich und hart, flüssig und fest, Bewegung und Stille.

Unserem Karma, also dem, was wir getan haben, unserer geistigen Haltung, der Temperatur in unserem Körper und ausserhalb, dem, was wir essen entsprechend, so sind unsere Körper, und jeden Augenblick verändern sie sich unablässig, sogar als Feuer und Wasserfluss.

Ausserhalb unserer Körper sind Erde, Wasser, Bäume und alles sonst. All das ist gleicherweise aufgebaut, und alle verändern sich gleicherweise, aber diese Dinge werden hauptsächlich durch Hitze und Kälte betroffen.

Wenn die Elemente zusammenkommen, geben wir ihnen verschiedene Namen und teilen sie in Klassen und Kategorien ein. Die ultimative Wahrheit ist durch diese Formen und Gestalten verborgen. Wenn wir aber Dinge mit innerer Sicht sehen (Vipassana), dann sehen wir sie, wie sie wirklich sind, das heisst, vergänglich und ständig zugrunde gehend. Das ist das Werk, höheres Wissen zu erhalten, und wir sind dabei, diese Arbeit zu unternehmen.

Zweitens

GEISTIG

Es gibt sechs Sinne, fünf gehören zum physischen Bereich und der sechste (Verstand oder Geist) zum mentalen. Bei jedem von diesen haben wir das Organ oder den Sinn und das Objekt des Sinnes, oder die Form, die zu ihm gehört. Bewusstsein ist das, was sie zusammenbindet, das heisst, das Auge und was das Auge sieht sind verbunden durch das Bewusstsein. Aber sobald sie verbunden sind, sind sie wieder aufgelöst, - so schnell wie ein Blitz - phyit-pyet, kommen und gehen. Innen und aussen, Erschaffung und Zerstörung. Es ist dasselbe mit dem Ohr und so weiter. Das erste gehört zum physischen Bereich und das letztere zum mentalen.

ERSTER SCHRITT

Das erste, was wir sehen sollten, ist, dass wir aus physischen und mentalen Teilen bestehen. Ausserhalb dieser mentalen und physischen Komponenten ist nichts, nicht so etwas wie Mann, Frau, Seele oder Selbst. Das sind nur Namen. Wenn wir lernen, mit innerer Sicht zu sehen (Vipassana), zeigt es sich, dass alle Dinge nur aus den vier Elementen bestehen.

Wir erkennen die reale Wahrheit nicht, wenn wir sagen 'Ich sitze', 'Ich stehe', 'Ich halte', 'Ich höre', 'Ich sehe', 'Ich weiss' und so weiter. Diese Aktionen sind das Resultat der Bewegung der Elemente. Zu denken, dass es 'Ich' ist, das diese Dinge tut, führt zur falschen Sicht. Die richtige Sicht ist zu wissen, dass es kein 'Ich' gibt, sondern nur mentale und physische konstituierende Teile. So lange wir nicht die falsche Sicht des 'Ich' ablegen, gehen wir unausweichlich herab zu den niedrigen Regionen oder niedrigeren Wesen. Deshalb predigte der Herr Buddha, dass, ebenso wie ein Mann mit dem Speer nahe seines Herzens ihn schnell herausziehen muss, oder ein Mann mit brennendem Kopf das Feuer schnell löschen muss, gerade so müssen wir unsere Bemühung anstrengen und so schnell es geht meditieren, um diese furchtbare Gefahr der Einbildung des 'Ich' zu beseitigen.

Diese sechs Sinne sind in zwei Gruppen unterteilt - die physische bildet die ersten fünf und die mentale die sechste. Wenn wir eine von beiden nehmen und fest darüber meditieren, kommen wir dahin, klar zu sehen, dass sie nur aus den vier Wurzelelementen besteht, und dass diese die grundlegenden konstituierenden Teile aller Dinge sind. Dadurch kommen wir dahin, durch innere Sicht (Vipassana) zu verstehen. Wenn wir Farben und Formen sehen, werden wir getäuscht. Aber wenn wir sie mit innerer Sicht ansehen, lösen sie sich in die vier Elemente auf. Wenn wir sie weiter ansehen, lösen sie sich vollkommen auf, denn sie alle sind nicht permanent.

Die sechs Sinnesorgane, die Objekte des Sinns und der Kontakt des Bewusstseins wandeln sich unablässig. Da ist sozusagen ein Strom des Denkens. Jetzt, in deiner Meditation, versuche, ihn zu greifen. Du siehst sofort die Unbeständigkeit jedes

individuellen Teils, denn gerade, wenn du ihn zu greifen versuchst, ist er vergangen. Auf diese Art kommst du dahin zu verstehen, dass diese sechs Sinne und die Objekte dieser Sinne alle nicht dauerhaft sind, und dieses Wissen führt zu der weiteren Erkenntnis, dass du ohne Selbst bist, dass alle Dinge nur physisch oder mental sind, aufgebaut aus den vier Grundelementen. In diesem Stadium kommst du zu der Wahren Sicht, dass da kein Ego ist. Wenn du zeitweise die Einbildung 'Ich' los geworden bist, bist du als ein Sotapanna ersten Grades, eingetreten in den Strom der

Weisheit ersten Grades bekannt. Wenn du für immer die Einbildung verworfen hast, bist du als ein Sotapanna höheren Grades anerkannt. Du kannst dann nicht mehr in die Niederen Regionen absteigen, sondern musst unausweichlich vorwärts zu Nirwana, Erleuchtung, gehen, wie Visakha. Wenn du dieser Art auf dem direkten Weg zu Nirwana bist, lauf nicht sinnlichen Vergnügen hinterher, wie die, die diesen Grad nicht erreicht haben. Du bist glücklich, deine Füsse auf dem Pfad zu haben, und du solltest deine ernsthaftesten Bemühungen durch Meditation hervorbringen, um den Kreis von Geburt und Tod zu durchbrechen und Erlösung vom Leiden zu finden.

DAS WERK VOM MAHA BODHI ZENTRUM - DIE METHODE DER VIPASSANA MEDITATION

ZEREMONIE DER INITIATION

Möge die Lehre, Dhamma, lange überleben.

Ich verehre Buddha, ich verehre die Lehre, ich verehre die Gemeinschaft, sangha. Ich verehre meine Lehrer. (Damit sollte Meditation immer beginnen).

Ich nehme Zuflucht in Buddha. Ich nehme Zuflucht in der Lehre. Ich nehme Zuflucht in der Gemeinschaft.

Ich lege die Gelübde ab von: Nicht töten; nicht nehmen, was nicht gegeben wurde; Keuschheit; Wahrhaftigkeit; keine Rauschmittel nehmen; nach 12 Uhr mittags nicht mehr essen; Vermeidung von unterhaltenden Shows, Tanz, Musik; Vermeidung vom Schlafen auf hohen, luxuriösen Betten. (Anmerkung: Der Laien - Meditierende, wenn er nicht am Meditationszentrum ist, legt nur die ersten fünf Gelübde ab (mit angemessener Modifikation des Gelübdes der Keuschheit.)

Ich umhülle alles, was ist, mit liebender Güte.

Ich verteile das Verdienst, das ich mit meinem Tun erwerbe.

Ich strebe ernsthaft an, dass, als Resultat meines Tuns, ich Nirwana erreiche.

Ich verehre Buddha mit dem nicht dauerhaften Körper.

Ich ich verehre die Lehre mit dem Körper, der leidet.

Ich verehre die Gemeinschaft mit dem Körper, der kein Selbst besitzt.

Anrufung der Fünf Wohltäter

Möge Buddha, der Herr, auf meinem Kopf ruhen

Möge die Lehre auf meinem Kopf ruhen

Möge die Gemeinschaft auf meinem Kopf ruhen

Mögen meine Eltern auf meinem Kopf ruhen

Mögen meine Lehrer auf meinem Kopf ruhen

Unzählig sind die Wohltaten, welche diese fünf mir gewährt haben.

Ich gebe mich Buddha und dem Lehrer hin.

Oh Herr Buddha! Ich übergebe Dir meinen Körper für den Rest meines Lebens. Und was den Lehrer anbetrifft, so entschliesse ich mich, seine Anweisungen zu befolgen.

(Wiederhole das drei Mal)

BITTE AN DEN LEHRER FÜR DIE MITTEL ZUR KONZENTRATION (SAMADHI)

ODER FÜR ERLANGUNG DER INNEREN SICHT (VIPASSANA)

(was jeweils der Fall sein mag)

(Die Zeremonie der ersten und zweiten Initiation ist gleich, für Samadhi die erste, für Vipassana die zweite.)

Oh Buddha, Herr, gib mir die MITTEL, UM KONZENTRATION ZU ERREICHEN, oder UM DEN ENDLOSEN ZIRKEL VON GEBURT, TOD UND WIEDERGEBURT ZU DURCHBRECHEN UND UM ERLÖSUNG VOM LEIDEN ZU FINDEN UND NIRWANA ZU ERREICHEN (benutze die jeweils zutreffende Formulierung), (Wiederhole es dreimal)

Gelübde der Arier (Ariya, die Weisen, die den achtfachen Pfad beschreiten)

Ich habe den Glauben, dass durch Befolgung dieser Mittel für KONZENTRATION oder VIPASSANA (was immer der Fall sein möge), ich die vier glückselig machenden Stufen der Heiligkeit und schliesslich den Frieden von Nirwana erreichen werde. (Dreimal wiederholen)

Ich entbiete liebende Güte und Vergebung allen jenen, die mich in Tat, Wort oder Gedanken von Anbeginn bis zu diesem Augenblick verletzt haben.

Und im Gegenzug erbitte ich bescheiden (dabei sollte sich der Meditierende nieder zum Boden beugen) die liebende Güte und Vergebung aller, die ich durch Tat, Wort und Gedanken verletzt habe, vom Anbeginn bis zu diesem gegenwärtigen Augenblick.

Methode

Die folgende Methode wurde von Lehrer Saya Set gegeben, der Ledi Sayadaws Jünger war. Er kam aus dem Dorf Dalla Pyawpwegyi.

METHODE DER ATMUNG FÜR KONZENTRATION (SMADHI)

(Wie Atmungsübungen auszuführen sind)

In burmesischen religiösen Büchern sind vierzig Methoden erwähnt, aus denen man für die Meditation auswählen kann. Von denen gefiel Ledi Sayadaw die Atmungsmethode aus folgenden Gründen am besten. Erstens, durch die Atmungsmethode kann man Körperbewusstsein, übernatürliche Kräfte, Vipassana oder Innere Sicht, Trennung von weltlichen Dingen und die vier Stufen der Heiligkeit erreichen. Zweitens, die Buddhas erreichten Heiligkeit durch das Praktizieren dieser Methode. Drittens, all diese Buddhas behielten diese Methode ihr Leben lang bei. Viertens, es ist die beste Methode und kann zu jeder Zeit geübt werden. Schliesslich, Buddha der Herr praktizierte häufig diese Methode als die beste. Auch die Kommentatoren nannten diese Methode die der Ariya, der Edlen Jünger.

Die Kontaktmethode ist das leichteste Mittel, um sich zu konzentrieren

Die Atemübung kann auf vier verschiedene Weisen getan werden:

Erstens: Zählen des aus - und eingehenden Atems.

Zweitens: Mentales Beobachten des Atemwegs von der Nase zum Bauchraum und zurück.

Drittens: Heben und Senken des Bauches beobachten.

Viertens: Das Gefühl des Atems beobachten, wie er aus der Nase hinein und hinaus geht.

Das Vierte ist der schnellste Weg, um Konzentration zu erreichen (samadhi). (Die Zitate aus dem Pali sind hier ausgelassen) Die Kommentatoren erwähnen häufig, dass eins bis drei in Theorie und Praxis von vier enthalten sind.

Vor der Meditation

Erweise Ehrerbietung den Drei Juwelen (Buddha, Dhamma, Sangha,) und den Fünf Wohltätern (zuvor erwähnt).

Meditation kann in einer dieser vier Positionen durchgeführt werden: sitzen, stehen, gehen, liegen. Aber die meiste Zeit sollte im Sitzen zugebracht werden, weil man in dieser Haltung am schnellsten Konzentration und Ruhe des Geistes erreicht. Ein Meditierender sollte einen passenden Platz ohne Geräusche wählen. Er sollte in einer Position, die er lange durchhalten kann, sitzen. (In Burma sitzen die Männer im Schneidersitz, und die Frauen mit den Beinen seitwärts auf dem Boden). Der Rücken gerade und die Hände aufeinander, die Daumen berühren sich. Der Meditierende sollte einen weissen Schal tragen. Sei niemals steif. Der Geist sollte nicht angespannt sein.Wenn die Beine hart aneinander pressen, wird man nicht lange sitzen können. Halte die Augen sanft geschlossen.

Übung

Atme gleichmässig und natürlich, so, wie es normal ist und richte den Geist auf die Nasenspitze, bemerke das Kommen und Gehen der Luft. Halte den Geist standhaft dabei und lass ihn nicht wandern. Sei bewusst, dass der Atem hinein geht und heraus kommt. Wenn der Atem nicht deutlich genug ist, atme länger ein. Beim Gefühl von Müdigkeit atme flacher, aber das tendiert dazu, einen erst recht schläfrig zu machen. Sollte das eintreten, beschleunige die Atmung. Wenn man diese Praxis beibehält, dann, so wie der Jäger, der zuerst von den Tieren ausgetrickst wird, wird man ebenso lernen, wie man die wandernden Gedanken überlisten kann.

Wenn man steif wird, ändere man die Position, man sei aber die ganze Zeit achtsam. Manchmal wird der Atem sehr sanft und langsam, als wenn man kein Leben mehr in sich hätte, und man fühlt sich, als hätte man ein paar Momente geschlafen. Das wird dadurch hervorgerufen, nicht genügend aufmerksam zu sein. Visuddhi Magga nennt das den ersten Schritt.

Wie Visionen erscheinen

Beim Praktizieren dieser Methode der Konzentration auf den Atem durch die Nase, können nach drei, vier oder fünf Tagen zwölf Arten von Visionen erscheinen, und von diesen zwölf wird eine von einer bis zu zehn Minuten dauern. Länger kannst du sie nicht halten. Kehre zur Konzentration auf den Atem durch die Nase zurück. Folge diesen Visionen nicht, und lass dein Denken nicht dadurch beeinflussen. Erwarte nicht, dass sie wiederkehren. Sie sind blosse Ablenkungen.

Zweite Art der Vision

Wenn du mit deiner Übung weiter machst, könntest du eine zweite Art von Vision sehen, wie zum Beispiel die folgenden: Eine Rauchsäule, einen Zyklon oder Staubsturm, helles Feuerwerk, eine Perlenhalskette, eine Kette Diamanten oder Smaragde, das Licht eines Sterns oder des Mondes oder Planeten, einen Haufen flaumiger Baumwolle, einen vorbei streichenden Luftzug, Schwärme von Pollen von einem Baum, einen Haufen Holz, herabfallende Blumengirlanden, aufsteigenden Rauch, eine Spinnwebe, über den Himmel ziehende Wolken, eine Lotosblüte, das Rad eines Karrens, einen Mond mit einem Glorienschein, Strahlen der Sonne. Einige haben Visionen von Wäldern, Bergen, Ozeanen, verschiedenen Szenerien, Pagoden, kleinen Hotels (guesthouses), Höhlen, Klöstern, Bildern, Gebäuden, Unterkünften, Hütten für Meditation oder anderes, was mit Meditation zusammenhängt, wie Rosenkränze, Buddhas oder Heilige (arahats) - alle diese können von dem Meditierenden gesehen werden, der aber sollte dessen ungeachtet mit der Meditation auf der Nasenatmung fortfahren. Diese zeitweisen Visionen werden Uggaha genannt.

Dritte Art der Vision

Von allen den vorangegangenen Visionen wird eines Licht haben und die Grösse einer kleinen oder grösseren Zitrusfrucht, 15 cm von deinem Auge entfernt. Die Vision wird kommen und gehen. Versuche, sie festzuhalten, und schliesslich wird sie da bleiben und wie eine Fata Morgana leuchten. Halte sie fest, bis sie stabil bleibt. Das ist Vitakka genannt, die erste Stufe der ersten jhana (Vertiefungsstufe). Während du fortfährst zu üben, wird es heller werden, wie ein elektrisches Licht, die Sonne oder der Mond, und du fühlst Kühle. In Pali heisst diese Vision Patibhaga. Wenn du diese Vision in stabiler Art siehst, kommst du zur zweiten Stufe der ersten jhana. Dann siehst du diese Vision wieder, und das Leuchten wird heller, und ein Gefühl der Freude kommt; das ist die dritte Stufe der ersten jhana. Danach folgen die vierte und fünfte Stufe der ersten jhana. An dieser Stufe wird die Konzentration Upacara Samadhi genannt. Während du fortfährst, deinen Geist zu fixieren, werden die Vision und du eins. Dann sind die fünf Stufen der ersten jhana vollendet, und du bist steif und ruhig. Diese Stufe heisst Appana Samadhi.

VIPASSANA

Nachdem der Meditierende die zuvor erwähnte Praxis drei bis zu fünf Tage lang befolgte, und nachdem er die Licht - Visionen gesehen hat, besitzt er ausreichende Achtsamkeit, um mit der Praxis der Vipassana Meditation fortzufahren.

Was die zweite Zeremonie für die Vipassana Initiation bedeutet

Es ist wie das Rangieren der Lokomotiven. Sie wechseln von einem Gleis auf das andere. Hier rangierst du von Samatha (oder Ruhe, Stille, unterscheide von Samadhi, Aufmerksamkeit oder Konzentration) zu Vipassana oder Einsicht. Das heisst, du beginnst jetzt zu erkennen, dass alle physischen und geistigen Phänomene in deinem Körper sich stetig verändern, und dass sie nicht permanent sind - phyit-pyet, kommen-gehen, innen-aussen (rein-raus), Erschaffung -und - Zerstörung. Gewahr werden, dass alles, was phyit-pyet ist, Vipassana genannt wird oder auch innere Sicht.

In der zweiten Zeremonie, wie in der ersten, verehrst du die Drei Juwele, legst die Gelübde ab, und übereignest dich usw. usf. Du musst der Methode vertrauen und den ernsten Wunsch haben, die Methode zu befolgen. Du musst auch danach streben, vom Leiden der Welt befreit zu werden, musst bescheiden und ohne Stolz sein, liebende Güte haben und einen reinen Geist in Tat, Wort und Gedanken.

Praxis

Die beste Position für den Anfang ist stehen, aber wenn du nicht stehen kannst, dann sitze. Während du stehst (oder sitzt) hältst du deinen Geist auf dem Atem an dem Naseneingang und siehst, wie er kommt und geht, dabei immer eingedenk, dass er nicht dauernd ist. Übe diese Atmung zehn bis fünfzehn Minuten lang. Dann verändere deine Aufmerksamkeit von der Nase zum Scheitelpunkt deines Kopfes in der Grösse eines Geldstücks (etwa ein Euro). Fixiere deinen Geist darauf und lass ihn nicht umherschweifen. Wie du durch ein Mikroskop kleine Gegenstände klar und sehr vergrössert sehen kannst, so kannst du in Samadhi die vier Elemente in deinem Körper sehen.

Warnung

Wenn die praktische Arbeit getan ist, solltest du einen Lehrer haben, denn obwohl die Vipassana Meditation sehr einfach ist, ist sie schwer auszuführen, wenn da keiner ist, der es dir zeigt. Obwohl du weisst, wie es geht, wirst du ohne einen Lehrer vermutlich nicht erfolgreich sein. Buddha der Herr sagt, dass, wenn man wünscht, Erfolg zu haben, man einen guten Lehrer suchen sollte.

PHYIT - PYET

(KOMMEN - GEHEN, INNEN - AUSSEN, ERSCHAFFUNG - ZERSTÖRUNG)

im Physischen und Mentalen

Es wird gesagt, dass, wenn du auf der Suche nach der Lehre bist, es keine Notwendigkeit gibt, draussen zu suchen. Sie ist innen.

Während du deinen Geist auf der Mitte deines Kopfes fixiert hältst, magst du dort ein leichtes Gefühl von Kühle oder Wärme verspüren, oder es mag schwer oder leicht sein. Lass deinen Geist diesen Platz nicht verlassen. Es mag dann jucken oder zittern, oder sich anfühlen, als schwelle es an. Was immer auch das Gefühl ist, halte deinen Geist fixiert.

Nach einiger Zeit wird der Ort sich erweitern und vergrössern und über den Kopf hinunter sich über den ganzen Körper ausbreiten. Bei einigen Menschen vollzieht sich dieser Prozess schnell, bei anderen langsam. Ob schnell oder langsam, versuche, ihm mit deinem Geist zu folgen, welchen Weg er auch nimmt, phyit -pyet denkend.

Wann immer du beginnst zu meditieren, musst du deinen Geist auf diese Stelle oben auf deinem Kopf fixieren und zwar lange genug, um das phyit - pyet der vier Elemente zu sehen. Erst dann solltest du den ganzen Kopf in das Gebiet deines Bewusstseins einbeziehen und phyit - pyet deutlich sehen. Nun solltest du dein Bewusstsein hinunter über den ganzen Körper bis zu den Zehenspitzen ausdehnen. Während du das tust könntest du feststellen, dass an einigen Stellen das Gefühl von Wärme oder Kälte oder phyit - pyet deutlich ist, an anderen nur schwach. Konzentriere dich auf den Ort, an dem du es deutlich fühlst, und andere werden folgen. Wenn du dir des phyit - pyet über den ganzen Körper bewusst bist, dann hast du das Wissen, dass alles nur das unablässig sich verändernde Physische und Mentale ist, und das ist ihr natürlicher Zustand. Je länger du übst, umso mehr wird der unablässige Wandel den ganzen Körper einbeziehen, ohne dass auch nur ein winziger Fleck entkommt.

Die Lehre kann im materiellen Körper gefunden werden

Wenn du mit der Vipassana Meditation beginnst, bist du dir nur materieller Dinge bewusst, und im Fall der Menschen denkst du an Mann oder Frau, oder du denkst an Formen lebender Wesen. In deinem eigenen Fall stellst du verschiedene Körperteile fest wie Arme, Beine, und so weiter. Später wirst du die Teile nicht voneinander unterscheiden. Alles wird phyit - pyet sein. Aber sei nicht enttäuscht, wenn das nicht alles auf einmal kommt. Sei versichert, nur wenn du fortfährst, dieses phyit - pyet immer wieder zu üben, wirst du schliesslich aus eigener Erfahrung erkennen, dass nichts permanent ist, und nicht länger in Namen und Formen denken und die Wahrheit wissen, dass da nur physische und mentale Phänomene sind. Wenn dir diese Einsichten klar sind, wirst du auch das Reale des Unbeständigen, von Leiden, und des Ohne - Selbst herausfinden, was nur verstanden werden kann, wenn man die innere Sicht erreicht hat.

Wenn du die ständig wechselnden physischen und mentalen Phänomene in deinem Körper gesehen hast, wirst du dasselbe auch in allem sehen, was ausserhalb deines Körpers ist.

Wie du phyit – pyet findest

Wenn du meditierst, wirst du in deinem Körper Phänomene finden wie Hitze oder Kälte, Fülle, ein Schaudern, Jucken, Enge, kleine Bewegungen des Blutflusses, als ob Ameisen oder Würmer über dich krabbeln. Wenn du diese beobachtest, bewege deine Position nicht. Wenn du zu steif geworden bist und das nicht ertragen kannst, bewege dich langsam, verliere aber deine Aufmerksamkeit nicht. Wenn dieses Gefühl während des Stehens kommt, setze dich ganz langsam. Verändere deine Position nicht sehr oft, und wenn du es tust, dann sehr langsam und nur, wenn es unerträglich wird, und erlaube phyit - pyet weiter und ohne Unterbrechung zu geschehen. Darüber hinaus sei aufmerksam beim Essen, Schlafen, Gehen und so weiter, sei die ganze Zeit aufmerksam.

Warnung

Sprich nicht viel, während du dich in Meditation übst, predige nicht viel und lausche nicht zu Austausch über Dhamma, diskutiere nicht, stelle keine Fragen, lies oder rezitiere nicht, denk nicht. Denn wenn du all das tust, kannst du dich nicht leicht konzentrieren.

Wenn irgendein Kontakt entsteht, sei es im Körper oder ausserhalb, betrachte solchen Kontakt als phyit - pyet. Und innerhalb des gesamten Körpers, von Kopf bis Fuss, solltest du nur phyit - pyet sehen. Halte deinen Geist fest, und du wirst verschiedene Formen ausserordentlichen Geschehens erleben.

Verschiedene Arten von phyit – pyet

Im Körper findest du die vier Elemente kommen und gehen und angenehme und unangenehme Gefühle und solche, die weder das eine noch das andere sind. Hier Erfahrungsbeispiele von Meditierenden: Erröten, Bewegungen des Blutes, Schwellen, Gefühle der Leichtigkeit, Hitze bis zum Schwitzen, Frieren, leichte Wärme, Zittern vor Angst, Zuckungen wie ein elektrischer Schock, Schwindel, Herzrasen, Hochschnellen, scharfe Stiche, Steifheit, Schläfrigkeit, Traurigkeit, Vergrösserung des Kopfes und auch des Körpers, Gefühl von Schwere oder Enge der Brust, Krampf, Schweiss, Hitze, Schwitzen.

Vergleiche

Wenn du nach innen schaust, dich konzentrierst und siehst, was geschieht, findest du, dass es ist wie die Blasen, wenn der Kessel kocht, oder wie Schaum auf einem Fluss, oder das Brutzeln von Öl in der Pfanne, oder sprudelnde Getränke beim Öffnen der Flasche. Du siehst das vom Scheitel bis zu den Füssen und wieder zurück zum Scheitel – alles kommt und, geht wie Wärme des Körpers, oder Leuchten eines Feuerwerks, oder eine Wüstenerscheinung, oder ein Kinofilm, oder Fliessen des Wassers in einem Strom, oder ziehende Wolken, oder Fallen von Nebel oder Schnee, oder wandernde Sandbänke, oder die Flamme eines Feuers, oder ein fiebernder Patient. Diese Erfahrungen sind bei verschiedenen Menschen verschieden, und es ist nicht möglich, sie alle zu beschreiben, denn sie sind zahllos, und jeder muss durch eigene Erfahrung lernen, und nicht dadurch, dass man liest oder anderen zuhört.

Physische Veränderungen wie Wärme oder Kühle, die durch die Innensicht gesehen werden durch Konzentration auf phyit - pyet nennt man physische Phänomene. Das Bewusstsein davon mentale Phänomene. Das zu verstehen ist der Anfang von Vipassana oder Innensicht, Einsicht, die Erkenntnis durch tatsächliche Erfahrung, dass man nur aus physischen und mentalen Elementen, die kommen und gehen, besteht. Abgesehen von denen gibt es keine Wesen, keine Tiere, nicht Mann, nicht Frau, kein Selbst, kein 'Ich'. Da ist nur das Nichts.

Wenn du diese Wahrheit verstehst und dich weiter auf phyit - pyet konzentrierst, dann erfährst du darüber hinaus, dass alles Name und Form ist, nama rupa, mental und physisch.

Warnung

Vipassana ist erreicht, wenn du aufhörst, die Dinge dieser Welt zu wünschen, nachdem du phyit - pyet in allem gefunden hast. Du bis dann wie ein Mensch, der sich bemüht hat, Feuer mit einem Feuerstein und und Feuerholz anzuzünden. Er versuchte es wieder und wieder durch Schlagen des Feuersteins. Nun, zu guter Letzt, hatte er eine Flamme.

Die Veränderungen im Körper wie Wärme oder Kälte und so weiter sind das eine. Von ihnen zu wissen das andere - Form und Name, der physische Wandel und der Geist, der das erkennt, keine Person, kein Tier, kein 'er' kein 'ich'. Du zweifelst nicht länger. Du hast klare Einsicht. Und jetzt, beim Beobachten, wie das Physische und das Mentale entsteht und vergeht, fängst du an zu verstehen, dass alles unbeständig ist. Und weil du feststellst, dass alles kommt und geht, magst du das nicht, denn du kannst den dauernden Wandel nicht anhalten. Und dadurch kommst du zu der letzten Wahrheit, dass Leiden in allem ist. Du würdest wünschen, Angenehmes dauerhaft zu machen ohne Leiden. Aber du erkennst nun, dass du das nicht kannst, denn sie gehen ihren eigenen Weg. Du kannst sie nicht beherrschen, denn sie werden vom Gesetz ihres eigenen Seins regiert. Da ist kein Ego, um sie zu regieren. Daher erkennst du jetzt, dass alles ohne selbst ist, dass da nur Name und Form ist, mit den drei Charakteristika von Unbeständigkeit, Leiden und des Seins ohne Selbst. Auf diesem Weg kommt Wissen durch tatsächliche Erfahrung: Dass alles unbeständig ist, voller Leiden und ohne ein Selbst; dass alles kommt und geht: dass alles letzten Endes vergeht und verschwindet. Wenn du erkennst, dass alles vergeht, und du nicht länger an Dingen, die mit den sechs Sinnen zu tun haben, kleben, haften oder Freude verspüren musst. Das erste Gefühl, das dich befällt, wenn du zu diesem Wissen gelangt bist, ist unaussprechliche Depression, die Depression zu wissen, was du in der Vergangenheit nicht bekommen hast, was du auch in der Gegenwart nicht bekommst und was dir nicht möglich sein wird, in der Zukunft zu erreichen. Leben ist insgesamt nicht zufrieden stellend; es hat seine Würze verloren und ist widerwärtig geworden. Deshalb wendest du sich ab von den Dingen dieser Welt.

Du gehst nun mit erhöhtem Eifer zurück zur Betrachtung von Anicca (Unbeständigkeit), Dukkha (Schmerz) und Anatta (ohne Selbst) durch die Praxis von phyit - pyet. Du hast den Willen gefunden, der Verhaftung an Name und Form zu entgehen, und du hast nun keinen Wunsch und keine Abneigung mehr, nicht Hoffnung noch Angst. Du hast perfekten Gleichmut erreicht. Du nimmst entweder Dukkha, Anicca oder Anatta und meditierst darüber, und die Stufen von Heiligkeit werden folgen. Das jeweils Vorhergehende hängt ab von der Reinheit des Geistes, und Reinheit des Geistes hängt vom Vorhergehenden ab. Aber du kannst jetzt sicher sein, dass die Meditation ein Stück in Richtung Vipassana vorangekommen ist, und dass mit Hilfe von zuträglicher Atmosphäre, Ernährung und Freunden weiter Fortschritte gemacht und die vier Stadien der Heiligkeit erreicht werden, und auch, dass durch die Perfektionen früherer Leben du durch die Welt der Sinne durchgehen und einen Vorgeschmack von Nirwana bekommen wirst. Das ist das Stadium der Einsicht, das das Präludium der ersten Stufe von Heiligkeit, Sotapanna ist.

Danach wirst du weitergehen zu den Stufen Sakadagami, Anagami und Arahat. Aber bis du tatsächlich Arahat erreichst, musst du fortfahren, mit Glauben zu praktizieren.

Die schnellsten Mittel

Vipassana Meditation kann als die vier Elemente gesehen werden, Geschmack, Geruch, Tasten (Fühlen) und Erkennen und die fünf Khandas oder Mittel des Begreifens, Aggregatzustände des Geistes (Bewusstsein, Fühlen, Verstehen, gewollte Energien, Formen). Du musst nur im Kopf behalten, dass alles Name und Gestalt ist, nama rupa, geistig und physisch; das Physische ist grob, das Geistige fein, subtil. Es ist leichter, die Veränderungen im Physischen zu sehen als im Geistigen. Das Bewusstsein oder der Geist sieht gewöhnlich das Physische, das aus vier Elementen besteht.

Die erwähnte Vipassana Methode wurde von einem Bhikku Photila praktiziert, der sagte, 'Wenn ein junges Krokodil in einem Hügel lebt mit sechs Öffnungen und du verschliesst fünf davon und wartest auf das junge Krokodil an der sechsten, dann wäre es leicht, es zu fangen.' Gleicher weise sind da sechs Sinnesorgane. Du schliesst fünf dieser Sinnesorgane und lässt das sechste, Kontakt oder Berührung, offen. Hier wartest du sorgfältig und stellst fest, dass nur vier Elemente sich ständig verändern.

Wie es dazu kam, dass diese Methode gegeben wurde.

Diese Methode wurde durch Buddha selbst gegeben an einen gewissen König, Pakkuthati (keine Referenz dazu) und auch zu seinem Sohn Rahula (Majjhima Nikaqya, Sprüche in mittlerer Länge II, S. 9 und III, S. 328) und mehreren anderen Jüngern. Der verehrte Ledi Sayadaw gab es zu U Thet und der wieder an U Thein und es wird jetzt am Maha Bodhi Zentrum für Meditation und verschiedenen Niederlassungen dieses Zentrums praktiziert.

Verschiedene Ermahnungen

Wenn ein Mensch von Feinden umzingelt ist mit einem Fluchtweg, und er benutzt ihn nicht, dann ist nicht der Weg dafür zu tadeln.

Wenn deine Hände schmutzig sind und du hast Wasser, um sie zu waschen, benutzt es aber nicht, ist nicht das Wasser schuld.

Wenn du die Mittel hast, um von den Fesseln der Existenz befreit zu werden durch das Üben von Samatha und Vipassana, und benutzt diese Mittel nicht, dann musst du nur dich selbst dafür tadeln.

Wenn du meditierst, sollten deine Bewegungen begrenzt werden und du solltest sehr wenig und ruhig sprechen, und was immer für Gedanken in deinem Kopf sind, du solltest nicht darüber sprechen. Iss wenig, sprich wenig, bewege dich nicht viel umher, nimm nicht viel freie Zeit. Meditiere so viel und häufig, wie es deine Zeit erlaubt, und bleibe im Geiste immer bei der Meditation.

Der erste Schritt ist Aufmerksamkeit auf den Atem durch die Nase, der zweite das Bewusstwerden von phyit – pyet, kommen und gehen, ein und aus, erschaffen und zerstören. Der dritte: Lass deinen Geist nicht abschweifen und der vierte, denk nicht. Das sind die vier Regeln für Meditation. Aber erinnere dich daran, dass Vipassana

Meditation eine Sache tatsächlicher Erfahrung ist, nicht von Vorstellung.

Was zu tun ist und was man nicht tun sollte

denk nicht an Vergangenheit oder Zukunft,

bemühe dich nicht zu sehr,

sei nicht träge und schlaff.

hoffe nicht und sei nicht enttäuscht.

Dieses sind die sechs Hindernisse für Meditation.

Meditiere nur über phyit - pyet jetzt und hier.

Wie die Saiten einer Harfe sollte deine Meditation weder zu straff noch zu lose sein.

Wenn Hoffnung oder Enttäuschung auftauchen, betrachte sie als phyit - pyet und sie verschwinden.

Wenn irgendeines dieser Hindernisse kommt, sag 'phyit - pyet' dazu und du wirst ganz sicher davon befreit werden.

REGELN AM MAHA BODHI ZENTRUM

14. Sprich sehr wenig und nur, wenn absolut notwendig.
15. Ertrage, was immer andere zu dir sagen oder tun und lebe in Harmonie mit allen.
16. Verbringe die wenigste Zeit mit anderen und arbeitend mit anderen, und wenn in Gemeinschaft, bleib bei dir so viel wie möglich.
17. Schlaf nicht während der Meditationszeiten.
18. Übe vertrauensvoll die Methode, die dir der Lehrer

gegeben hat.

19. Wechsle nicht zu einer anderen Methode.
20. Welche Erfahrungen aus früherer Meditation du auch hast, lege sie beiseite.
21. Wenn du praktizierst, denk nicht an Vergangenheit oder Zukunft, sondern nur an die Gegenwart.
22. Bleibe bei der einen Meditation und weiche nicht aus zu anderen.
23. Wie ein Mann, der Feuer mit Hilfe eines Feuersteins schlagen will, fahre mit deinen Bemühungen stetig fort, unermüdlich und ohne Ende, selbst wenn du dabei stirbst.
24. Halte Zeiten der Meditation pünktlich ein.
25. Vergiss nie, dass, wenn du unablässig meditierst, das Böse nicht eindringen kann, wenn es aber Pausen bei der Meditation gibt, das Böse hinein findet.
26. Meditation kann in vier Positionen ausgeübt werden – liegend, sitzend, stehend, gehend.
27. Glaube, Aufmerksamkeit, Bemühung, Konzentration sollten ausgewogen sein.
28. Meditierende müssen Glauben, Entschlossenheit, den ernsthaften Wunsch haben, dann werden sie das Ziel erreichen, das sie suchen.
29. Meditierende sollen sanft im Tun, in Worten und in Gedanken und bescheiden sowie ohne Stolz sein. Und auch, wenn sie im Augenblick nicht meditieren, sollten sie sich ständig der Übung bewusst sein.
30. Meditierende sollen es als sicher ansehen, dass sie qualifiziert sind, erfolgreich in ihrer Arbeit zu sein und dürfen absolut keinen Zweifel am Ergebnis haben. Sie müssen ehrfürchtig und mit ganzem

Herzen praktizieren und sich bewusst sein, das diese Praxis vom Herren Buddha selbst gelehrt wurde.

31. Wenn der Lehrer den Meditierenden fragt, antworte wahrheitsgemäss und den Tatsachen entsprechend. Sag nicht, was du denkst oder was du dir vorstellst.

Wenn du die kleinen Leiden ertragen kannst, die während der Meditation kommen, dann kannst du befreit werden von grösseren Leiden.

ZEITPLAN

04 Uhr bis 06 Uhr	Zwei Stunden Meditation
06 Uhr bis 07 Uhr	Eine Stunde Frühstück
07 Uhr bis 10 Uhr	Drei Stunden Meditation
10 Uhr bis 11 Uhr	Mittagessen
11 Uhr bis 12 Uhr	Duschen
12 Uhr bis 17 Uhr	Fünf Stunden Meditation
17 Uhr bis 18 Uhr	Gespräch mit dem Lehrer
18 Uhr bis 19 Uhr	Freizeit
19 Uhr bis 22 Uhr	Meditation

22 Uhr bis 04 Uhr Nachtruhe

Zur Zeit der Drucklegung kam die Nachricht, dass U Thein, krank und leidend, letztendlich die gelbe Robe auf Dauer genommen hat und glücklich damit ist - 'Es ist Brauch in Burma' würde er sagen. Aber er hat die Welt nicht verlassen. Ungeachtet der Anweisung des Arztes unterrichtet er die wachsende Zahl derer, die zu ihm kommen, und die gelbe Robe hat ihm nicht Demut, liebende Güte und Weisheit genommen.

GLOSSAR

Anapana	Atmungsmeditation - eine der wichtigsten Methoden der Meditation in Burma
Anatta	Nicht-Ich, Nicht-Selbst, dass nichts in Körper oder Geist ein permanentes Selbst hat
Anicca	Impermanent, unbeständig, ständiger Wechsel
Aharant oder Arahat	Ein Heiliger, oder jemand, der die asavas (Triebe, Begierden) vollständig besiegt hat. Es gibt vier Stufen für Heilige: Sotapapanna,Sakadagami, Anagami, Arahant.
Asavas	Tendenzen, Begierden oder Vorurteile, mit denen wir geboren werden - um sinnliche Befriedigungen zu suchen, eingeschlossen den sechsten Sinn oder Verstand, der an Ansichten und Meinungen festhält - um das eigene Leben hier und jetzt oder auch danach zu verfestigen, - zu versuchen, die wahre Natur der Dinge wie

	sie sind, nicht zu erkennen: zerfressen von Leid, vorübergehend und ohne permanentes Selbst
Daw	Ausdruck von Respekt für eine ältere Frau
Dukkha	Schmerz, Leiden, Unordnung
Edler Achtfacher Pfad	1. Richtige Ansichten – das Wissen vom Leiden, das Aufkommen von Leiden, das Ende vom Leiden und der Weg zum Ende von Leiden
	2. Richtiges Ziel oder Vorhaben, - das Sein, gerichtet auf Verzicht (Triebe), keinen Groll oder Feindseligkeit, Harmlosigkeit
	3. Richtige Rede – Enthaltung von Lüge, Lästern und abfälliger Rede und vom leeren Geplauder
	4. Richtiges Handeln – kein Leben nehmen, nicht nehmen, was nicht gegeben wurde, nichts Schlechtes Tun beim Sex
	5. Richtiger Lebensunterhalt – solchen verdienen, ohne anderen Unrecht zu tun

	6. Richtige Bemühung - das Aufkommen von bösem und unmoralischem Geisteszustand, der noch nicht entstand, zu verhindern, denselben loswerden, wenn er entstand, zum Entstehen guten Geisteszustands beizutragen, und dazu, ihn zu erhalten
	7. Richtige Achtsamkeit - betreffend den Körper, Gefühle, Wahrnehmungen, Handlungen und Gedanken, eigene u. gesammelte, und Kontrollieren von Begierde (Gier) und Ablehnung, die in der Welt sind
	8. Richtige Betrachtung oder Meditation
Karma	Handlung - Säen dessen, was zum Reifen unserer Handlungen, guter und schlechter, führt.
Mantra oder Mantram	Wiederholung eines heiligen Textes.
Pali	Sprache, in der Buddhas Lehren zuerst überliefert wurden.
Phongyi	Mönch
Phongyi-Kaung	Aufenthaltsort für Mönche

	Kloster
Samadhi	Konzentration und Meditation
Saya	Alt, verehrungswürdig
Sayadaw	Haupt einer Gruppe Mönche Abt
Sayalay	Einfache Nonne
Sayagyi	Ältere Nonne mit Verdiensten
Sangha	Religiöse Gemeinde - normalerweise für einen Mönchsorden. Zu Zeiten Buddhas auch für Orden von Nonnen benutzt. Es kann auch Gemeinde von Edlen, (Ariya) bedeuten.
Sutra oder Sutta	Ein geheiligter Diskurs, Abhandlung, Gespräch
U	Ausdruck von Respekt für einen älteren Mann
Vinaya	Regeln guter Führung für das Leben von Mönchen und Nonnen.
Vipassana	Innere Sicht (insight) - Wissen durch eigene Erfahrung von der Natur der Dinge - Schmerz, Unbeständigkeit, Nicht - Selbst.

Yoga	Einheit oder Verbindung. Der Weg oder Pfad, durch den selbst vereint wird mit dem Selbst, so würde es ein Hindu beschreiben. Der Pfad zum Dahinter, zu dem, was hinter den weltlichen Dingen ist, so beschreibt es ein Buddhist.
Yogi	Jemand, der Yoga praktiziert – ein Meditierender

Zeitfracht Medien GmbH
Ferdinand-Jühlke-Straße 7
99095 Erfurt, Deutschland
produktsicherheit@kolibri360.de